क्रान्तिजोती सावित्री फुले

क्रान्तिजोती सावित्री फुले

जिया लाल आर्य

वाणी प्रकाशन

वाणी प्रकाशन

4695, 21-ए, दरियागंज, नयी दिल्ली 110 002

फ़ोन : +91 11 23273167 फ़ैक्स : +91 11 23275710

शाखाएँ

अशोक राजपथ, पटना 800 004, बिहार

कॉफ़ी हाउस कैम्पस, महात्मा गांधी मार्ग, इलाहाबाद 211 001, उत्तर प्रदेश

महात्मा गांधी अन्तरराष्ट्रीय हिन्दी विश्वविद्यालय, वर्धा 442 001, महाराष्ट्र

सुल्तानिया रोड, मोतिया पार्क, भोपाल 462 001, मध्य प्रदेश

www.vaniprakashan.com
marketing@vaniprakashan.in
sales@vaniprakashan.in

KRANTIJOTI SAVITRI PHULE
by Jiya lal Arya

ISBN : 978-93-87648-59-3
Novel

प्रथम संस्करण 2018
द्वितीय संस्करण 2021

मूल्य : ₹ 295

एशियन ऑफ़सेट प्रेस, दिल्ली-110 093 में मुद्रित

वाणी प्रकाशन का लोगो मक़बूल फ़िदा हुसेन की कूची से

पूर्व पीठिका

'जोतीपुंज महात्मा फुले' उपन्यास 2006 में पाठकों के समक्ष प्रस्तुत किया था। साहित्य जगत में इसका स्वागत हुआ। महाराष्ट्र और मध्य प्रदेश के कुछ पाठकों ने सुझाव दिया कि मैं महात्मा फुले की विदुषी पत्नी सावित्री फुले के जीवन-संघर्ष पर भी उपन्यास लिखूँ। महात्मा फुले उपन्यास का प्रकाशन करते समय इतनी सामग्री मैंने एकत्र कर ली थी कि सावित्री फुले के जीवन पर आधारित उपन्यास लिख सकूँ। अत: मैंने 16 अगस्त 2011 को इस उपन्यास की नींव डाल दी। उसका परिणाम है यह उपन्यास 'क्रान्तिजोती सावित्री फुले'।

महात्मा फुले के जीवन-संघर्ष पर उपन्यास लिखने के क्रम में मैंने मुम्बई, पुणे, सतारा जिलों का भ्रमण किया और महात्मा फुले एवं सावित्री फुले के जीवन से सम्बन्धित स्थलों का भी परिदर्शन किया। इसी सिलसिले में महात्मा फुले के पूर्वजीय ग्राम कटगुण, तालुका खटाव, जिला सतारा और ग्राम खानबाड़ी, तालुका सिरवल जिला पुणे के अलावा पुणे जिला के विभिन्न पेठों और पार्वती पहाड़ी का भी दर्शन किया। वहाँ के लोगों से विचार-विनिमय किया।

सावित्रीबाई फुले के बिना महात्मा फुले का जीवन अधूरा है। अत: सावित्रीबाई फुले के जन्मस्थान ग्राम नायगाँव तालुका खण्डाला जिला सतारा का भ्रमण किया। वहाँ के लोगों से साक्षात्कार किया/विचार-विनिमय कर सावित्री के जीवन से सम्बन्धित घटनाओं को सँजोया। उनसे सम्बन्धित स्कूल और उनके मकान का तीर्थदर्शन किया। ग्राम-देवता भैरवनाथ के मन्दिर में पुष्प, एवं सुगन्धादि अर्पण कर उनका आशीर्वाद लिया।

23 दिसम्बर 1999 की शाम पुणे पहुँच गया। परिसदन में रात्रि विश्राम किया। दूसरे दिन 24 दिसम्बर को सावित्रीबाई के जन्मस्थान नायगाँव के लिए प्रस्थान किया। साथ में मेरी धर्मपत्नी कल्पना आर्या, मुम्बई की स्थानीय गाइड और मित्र श्रीमती सुनन्दा के अलावा मेरा पौत्र अतिकान्त आर्य भी था। पुणे के गंजपेठ में अवस्थित महात्मा फुले के पैतृक निवास फुलेबाड़ी को देखा, दर्शन किया और मकान के प्रभारी श्री रवीन्द्र शरोदे से फुलेबाड़ी से सम्बन्धित

इतिहास पर विमर्श किया। वहीं से सावित्री फुले के नैहर ग्राम नायगाँव के लिए प्रस्थान किया। उन दिनों मैं बिहार (बिहार एवं झारखंड) में राज्य निर्वाचन आयुक्त था, अतः स्थानीय प्रशासन ने सिरवल पंचायत मुख्यालय में पंचायत से सम्बन्धित अधिकारियों यथा सरपंच एवं पंचायत सेवक आदि से पंचायत के कार्यकलाप की जानकारी हेतु श्री दशरथ निगड़े के नेतृत्व में विचार-विनिमय का कार्यक्रम बनाया था। वहां पर नायगाँव के स्कूल के अध्यापक मिले। बताया गया कि वे लोग हमारी अगवानी के लिए उपस्थित हुए हैं।

हमारी अगवानी के लिए ग्राम नायगाँव से जो लोग थे, उनमें प्रमुख थे श्री श्याम राव नेवसे नायगाँव के ग्राम देवता भैरवनाथ मन्दिर के सचिव एवं भैरवनाथ शिक्षण संस्थान के प्रभारी, श्री रंग पवार, प्रधानाचार्य क्रान्तिजोती सावित्रीबाई फुले विद्यालय, श्री मुरली भैरव निवसे, अध्यापक क्रान्तिजोती सावित्रीबाई फुले विद्यालय। यहीं पर श्री वी.डी. चिपलूणकर, शिक्षा निदेशक मोहेर प्रोजेक्ट के साथ समाज की अशिक्षित महिलाओं की शिक्षा और प्रौढ़ शिक्षा की समस्याएँ विषय पर विमर्श हुआ। ऐसी ही शिक्षा की ज्योति प्रसारित करने के लिए सावित्रीबाई फुले ने अपना जीवन अर्पित किया था।

सिरवल पंचायत मुख्यालय से करीब 12 किलोमीटर की दूरी पर ग्राम नायगाँव बसा है। ग्राम के बाहर ही 'क्रान्तिजोती सावित्रीबाई फुले विद्यालय' एवं भैरवनाथ शिक्षण संस्थान स्थापित हैं। हमारा प्रथम ठहराव यहीं पर हुआ। सावित्रीबाई फुले स्मारक भवन में उनकी आदमकद प्रतिमा स्थापित है। विद्यालय में बच्चों द्वारा आयोजित सांस्कृतिक कार्यक्रम देखने के पूर्व सावित्रीबाई फुले का दर्शन किया। वहाँ की प्रथा के अनुसार प्रतिमा को फूलमाला से विभूषित किया। रोली, हल्दी, कुमकुम अर्पित किया। मेरी पत्नी कल्पना ने भी सावित्रीबाई फुले की अर्चना एवं आराधना की। ऐसा करते समय हमें वे दिन स्मरण हो आये जब सावित्रीबाई बच्चियों को विद्यादान के लिए पाठशाला जाती थीं और रास्ते में ब्राह्मणों के नवयुवकों द्वारा उन पर गन्दगी फेंकी जाती थी। गालियाँ दी जाती थीं। उनको और उनके पति जोतिबा फुले को अपमानित किया जाता था। परन्तु आज उसी वर्ग-वर्ण के लोग उनका आदर-सम्मान करते हैं। उनके नाम पर स्कूल चलाये जा रहे हैं। स्मारक बना कर उनकी पूजा-अर्चना की जाती है। फुले ट्रस्ट के माध्यम से पंचायत भवन और सभागार बनाये जा रहे हैं। सावित्रीबाई का जन्म दिन 3 जनवरी को राज्य सरकार द्वारा बालिका दिवस के रूप में मनाया जाता है। क्रान्तिजोती सावित्रीबाई फुले विद्यालय के पधानाचार्य श्री रंग पवार ने मेरी चेतना वापस लाते हुए कहा, ''विद्यालय

के बच्चे आपका सभागार में प्रतीक्षा कर रहे हैं। आपसे मिलकर प्रेरणा लेना चाहते हैं।''

हम लोगों ने बच्चों द्वारा आयोजित सांस्कृतिक कार्यक्रम को देखा। उनसे बातें कीं। उन्हें प्रोत्साहन दिया और वहाँ से सावित्रीबाई फुले के जन्मस्थान के लिए पैदल ही प्रस्थान किया। भैरवनाथ बाबा का दर्शन किया। मन्दिर के सचिव श्री श्याम राव नेवसे ने भैरवबाबा के महात्म्य पर प्रकाश डाला। फूलमाला अर्पित किया। यह मन्दिर ग्राम्यपथ से चार-पाँच फीट अधिक ऊँचाई पर है। वहाँ से उतरकर सावित्रीबाई के जन्म-गृह गया। वहाँ पर नायगाँव पंचायत की सरपंच अपने सहकर्मियों के साथ प्रतीक्षारत थी। इस पंचायत की प्रथम महिला सरपंच देवीताई कानाड़े सावित्रीबाई की सम्बन्धी है। पंचायत उप सरपंच यशवन्त रामचन्द्र नेवसे और सावित्रीबाई के सम्बन्धी नेवसे कानाड़े ने पुष्पमाला से स्वागत किया। मैंने सावित्रीबाई फुले के चित्र पर पुष्पांजलि एवं श्रद्धा अर्पित किया। सावित्रीबाई का, जिस मकान में जन्म हुआ था, उसका पार्श्वभाग बचा है। परन्तु जिस कक्ष में उनका जन्म हुआ था, वह कमरा धराशायी हो चुका है। इस मकान की मरम्मत के लिए सरकार ने कोई कदम नहीं उठाया है।

भैरवनाथ मन्दिर के परिसर में पंचायत की ओर से एक भव्य सभा का आयोजन किया गया था जिसकी अध्यक्षता सरपंच देवीताई कानाड़े ने की। हमारा स्वागत मराठी पगड़ी और नारियल से किया गया। मेरी पत्नी कल्पना को शॉल देकर सम्मानित किया गया। सम्मान समारोह की समाप्ति के बाद हमलोग रास्ते में सर्पोद्यान देखते हुए पुणे वापस आ गये। सर्किट हाउस में ठहरने का अच्छा प्रबन्ध था।

पुणे से प्रस्थान करने के पूर्व पार्वती पर्वत पर शिव-पार्वती का दर्शन किया। वहीं पर बालाजी पेशवा संग्रहालय भी देखा। इस स्थल का महात्मा फुले के पूर्वजों से निकट का सम्बन्ध है। इसी पर्वत की तलहटी में पेशवा ने शेटीवा का फूलवाड़ी आदि के लिए 30 बीघे जमीन दी थी। यहाँ पर नहर से सिंचाई की सुविधा थी। वहाँ से बुधवार पेठ, हुतात्मा चौक होते हुए महात्मा फुले द्वारा 1848 में स्थापित पाठशाला को भी देखा। लड़कियों के लिए यह पहली पाठशाला थी पुणे में।

25.02.2000 को एक बार पुनः मुम्बई का भ्रमण किया। मांडवी स्थित शिवनेरी सभागार का परिदर्शन किया। यहीं पर जोतीराव फुले को 11.05.1888 को 'महात्मा फुले' की उपाधि से विभूषित किया गया था, जिसकी प्रत्यक्षदर्शी थी सावित्रीबाई।

कोलीवाड़ा सभागार के पीछे पीपल का एक छतनार वृक्ष था, जिसकी छाया में बैठकर सावित्रीबाई फुले कोली समुदाय के बच्चों को पढ़ाती थीं। जोतीराव फुले पास में ही 'जोतीराव पुष्प बाजार' का आयोजन किया करते थे जो आज फुले बाजार के नाम से अभिहित है।

महात्मा फुले के देहावसान के बाद पुणे और मुम्बई के कार्यकलापों का बृहत् भार सावित्रीबाई के कन्धों पर आ पड़ा था। उन्होंने आजीवन गरीबों, शूद्रों, अतिशूद्रों और बेसहारा लोगों की सेवा की और उन्हें स्वाभिमानपूर्वक जीने का पाठ पढ़ाया।

महात्मा फुले का पैतृक निवास फुलेबाड़ी को अब ऐतिहासिक-सांस्कृतिक-धरोहर बना दिया गया है। इसकी देख-रेख अब भारतीय पुरातत्व सर्वेक्षण के अधीन है।

महात्मा फुले की वसीयतनामा के अनुसार उनके पार्थिव शरीर को उनके पैतृक आवास में दफनाया नहीं जा सका। इससे सावित्रीबाई को मानसिक दु:ख रहता था। अत: उन्होंने अपने पति महात्मा फुले की समाधि-स्थल (अस्थि-स्थल) पैतृक आवास परिसर में स्थापित किया। महात्मा फुले का पैतृक आवास खसरा नं.-394 एवं 397 में अवस्थित है। इस क्षेत्र का नाम था गंजपेठ जो अब सावित्रीबाई के प्रयास से 'महात्मा फुले पेठ' हो गया है।

महात्मा फुले के सहोदर राजाराम के मकान और फुलेवाड़ी के बीच में है यह समाधि-स्थल। समाधि-स्थल पर एक पट्ट मराठी में लगा है जिसका हिन्दी अनुवाद यहाँ प्रस्तुत है-

महात्मा जोतिबा का देहान्त 28 नवम्बर 1890 को हुआ। उनकी इच्छा थी कि मरणोपरान्त मेरे शरीर को जलाने की बजाय नमक लगाकर दफन किया जाय, परन्तु तत्कालीन शासन ने उन्हें इस तरह की इजाजत नहीं दी।

मृत्यु के बाद उनकी पत्नी सावित्रीबाई फुले ने महात्मा फुले को अन्तिम अग्नि दी।

30 नवम्बर 1890 को सावित्रीबाई फुले ने अस्थियों को घर के आँगन में, जहाँ पर जोतिबा फुले ने दफन करने की इच्छा व्यक्त की थी, उसी जगह पर उनकी अस्थियाँ दफनाई और उसी जगह उनकी समाधि बनी। इस समाधि-स्थल पर सावित्रीबाई फुले ने 'तुलसी वृन्दावन' स्थापित किया और महात्मा फुले को स्मरण करने के लिए 'चरण पादुका' स्थित किया।

इस उपन्यास के लिखने के क्रम में मैंने उन सभी सामग्रियों का उपयोग किया, जिन्हें 'जोतीपुंज महात्मा फुले' उपन्यास के लिए संकलित किया था।

पुणे और सतारा जनपदों के गजेटियर का अध्ययन किया। डॉ. मु. व. शहर की पुस्तक 'भारतीय समाज क्रान्तिजनक महात्मा जोतिबा फुले', श्री मुरलीधर जगताप की कृति 'युगपुरुष महात्मा फुले', महाराष्ट्र सरकार की महात्मा फुले स्रोत सामग्री प्रकाशन समिति द्वारा अनूदित ग्रन्थ 'स्लेवरी' (Slavery), कल्टीवेशंस ह्विपकार्ड (Cultivations Whipcard) और सेलेक्सन्स (Selections) का भी अध्ययन किया। तथ्यों की निकटता के लिए 'महात्मा जोतिबा फुले रचनावली' जिसका सम्पादन एल.जी. मेश्राम विमल कीर्ति ने किया है, का कई बार अध्ययन करना पड़ा।

मुम्बई दशस्थ मराठा जाति धर्म संस्था की स्मरणिका 1999 क्रान्तिजोती सावित्रीबाई फुले स्मृति शताब्दी समिति, मंगलवेदा, महिला मेलावा विशेषांक 'नागर' 1997 की सामग्रियों का भी सदुपयोग किया।

रजनी तिलक की पुस्तक 'भारत की पहली शिक्षिका सावित्रीबाई फुले' और श्री शान्ति स्वरूप बौद्ध की कृति 'सावित्रीबाई फुले सचित्र जीवनी' सुसंगत सूचनाओं का भी मैंने उपयोग किया। मैं उनके प्रति व्यक्तिगत आभार व्यक्त करता हूँ।

डॉ. शिवनारायण ने इस उपन्यास की पाण्डुलिपि पढ़कर बहुमूल्य सुझाव दिये। मैं उनके प्रति आभार प्रकट करता हूँ।

एम. कमर्शियल पटना के श्री विनय कुमार ओझा और कम्प्यूटर विशेषज्ञ श्री महेश कुमार को उनके अथक परिश्रम के लिए धन्यवाद देना अपना कर्तव्य मानता हूँ, जिन्होंने कम्प्यूटर पर इसकी पाण्डुलिपि को सजाया और सँवारा।

–जिया लाल आर्य

पूना नगर के अत्यन्त व्यस्त गंजपेठ में अवस्थित 'महात्मा फुलेबाड़ा' सामाजिक परिवर्तन का केन्द्र बन गया है। यह ऐतिहासिक भवन जोतीराव गोविन्दराव फुले जिन्हें आज पूरा विश्व महात्मा फुले या जोतिबा के नाम से जानता है, का निवास है। इसके पास में ही महात्मा फुले के सहोदर राजाराम का भी मकान है। 'फुलेबाड़ा' में प्रवेश करते ही एक भव्य और विशाल हाल है, जिसमें बैठकर महात्मा फुले आहत हृदय लोगों से साक्षात्कार किया करते थे और उनकी समस्याओं का निदान। बरामदे से आगे चलने पर दूसरा कक्ष है जिसमें महात्मा फुले अपनी पत्नी सावित्रीबाई फुले के साथ रहते और जीवन की समस्याओं पर मन्त्रणा किया करते थे। उसके बाद वह कक्ष है जिसमें खाना-पकवान बनता था और धान कूटने की ढेकुली लगी हुई थी। मकान के अन्दर एक बड़ा-सा खुला हुआ आँगन है, जिसके मध्य में है वह सामाजिक परिवर्तन की बावली, जिससे महात्मा फुले ने तत्कालीन अछूतों को पानी लेने की अनुमति दे रखी थी। यह पावन स्थल आज भी प्रेरणा और परिवर्तन का केन्द्रबिन्दु है, जहाँ हजारों देशी-विदेशी पर्यटक, समाज सुधारक, धर्म चिन्तक, प्रेरणार्थ आते हैं और अपनी जीवन में आये परिवर्तन के साथ समर क्षेत्र में उतरने के लिए चले जाते हैं।

नवम्बर का माह पूना में बड़ा सुखदायी होता है। न अधिक गर्मी और न अधिक सरदी। शरदान्दित मौसम। पठारी क्षेत्र होने से धूल-धक्कड़ से मुक्त। चौड़े राजपथों के किनारे निर्मित पैदल पथों पर सुबह-सुबह ऑक्सीजन लेते सैलानियों की अनगिनत संख्या दीखती है। गंजपेठ में वृक्षाधिक्य नहीं है परन्तु महात्मा फुलेबाड़ा के विशाल वटवृक्ष एवं अन्य वृक्षों की जड़ों पर लोग सुबह

से आकर आसनासीन हो जाते है। महात्मा फुले और उनकी संगिनी से वार्तालाप करके मन शुद्ध और प्रसन्न करते हैं। पिछले कुछ दिनों से महात्मा फुले घर से बाहर नहीं आते हैं। स्वास्थ्य समस्या बढ़ती जा रही थी। वे लकवा से ग्रस्त हो गये थे। अत: मिलने वाले लोग बाहर चबूतरों पर बैठे तत्कालीन अंग्रेजी राज पर बातें करके समय बिता रहे थे। सावित्रीबाई अपने पति महात्मा फुले के पास बैठी, उन्हें हिम्मत बँधा रही थी।

महात्मा फुले की बीमारी की सूचना वायुवेग से बिखर गयी थी। इसकी सूचना बड़ौदा के महाराज सयाजी राव गायकवाड़ को मिली। उन्होंने अपने सचिव को पुणे भेजा। वे महात्मा फुले के गंजपेठ आवास 'महात्मा फुलेबाड़ा' में मिले और महाराजा का सन्देश दिया और साथ में कुछ वित्तीय सहायता। उन्होंने कहा कि महाराज ने सन्देश भेजा है कि बीमारी का इलाज ठीक से कराया जाय। उपचार में जो भी खर्च लगेगा, महाराज अपने कोष से उपलब्ध करायेंगे।

महात्मा फुले की चिकित्सा का भार डॉ. विश्राम रामजी घोले पर था। वे वहाँ पर उपस्थित थे। उन्होंने सचिव से कहा, "महात्माजी का उपचार पूरी मुस्तैदी से हो रहा है। अभी तक वित्तीय समस्या नहीं है। महाराज को चिन्ता करने की आवश्यकता नहीं है।"

सावित्री फुले ने महाराज के स्नेह और सहायता के लिए कृतज्ञता जाहिर की और कहा कि महाराज की मदद की जब भी आवश्यकता पड़ेगी, हम उन्हें अवश्य स्मरण करेंगे।

महाराज सयाजीराव के सचिव को विदा किया गया। महात्मा जोतिबा का उपचार निरन्तर चल रहा था। डॉ. विश्राम रामजी घोले उनके पास ही रहते थे। शुभैषियों की भीड़ सुबह से एकत्र होने लगती थी। नवम्बर का अन्तिम सप्ताह शुरू हो गया। मौसम में शीतलता बढ़ गयी थी। महात्मा फुले सच्चे सन्त थे। वे भविष्य को पढ़ने में सक्षम थे। 27 नवम्बर 1890 की गोधूली बढ़ती जा रही थी। भास्कर अस्ताचल में छिपते जा रहे थे। महात्मा फुले ने अपने परिजनों, हितैषियों, अनुयायियों और सार्वजनिक सत्यशोधक समाज के सदस्यों को अपने निकट बुलाया। क्षीण स्वर में डॉ. विश्राम का हाथ पकड़कर कहा, "अब इलाज का कोई उपयोग नहीं है।"

महात्मा फुले की साँस अटकने-सी लगी। सावित्रीबाई ने चम्मच से एक दो घूँट जल महात्मा फुले के हलक में डाला। हिचकी कम नहीं हुई। उनके मित्र अनुयायी फुले के कक्ष में एकत्र होने लगे। डॉ. घोले ने कहा, 'सावित्रीजी महात्मा के मुँह में गंगाजल या तुलसीजल जो भी हो देने का समय आ गया है।'

"क्यों? डॉ. साहब क्या हुआ, मेरे महात्मा को।" सावित्री ने आँखों में बलात् ढुलके अश्रुकणों को छिपाने का प्रयास करते हुए प्रश्न किया। "सावित्रीजी, अब विलम्ब नहीं कीजिए। तुलसीजल जल्द मँगाइए।" डॉ. विश्राम रामजी घोले ने सलाह दी। आँगन में लगे तुलसी के पौधे से एक मुट्ठी तुलसीपात तोड़कर लाया गया और एक कटोरे में रखकर जल से भर दिया। महात्मा फुले ने सावित्रीबाई का हाथ अपने हाथ में लिया और यशवन्त की ओर इशारा करके अटकती आवाज में कहा, "सावित्री, आपने सदैव मेरा साथ दिया। गरीबी और सामाजिक समस्याओं की वैचारिक लड़ाई में साथ रहीं। आप बहुत साहसी हैं। मैं सदैव तुम्हारे साथ रहा हूँ और आगे भी रहूँगा। दो साल तक यह आत्मा तुम्हारे आस-पास ही रहेगी। दो साल बाद नया घर मिल जाएगा, जिसमें वह अपना निवास बनायेगी।" यह कहते-कहते महात्मा की आवाज बन्द हो गयी। मुँह खुला का खुला ही रह गया। वे चिरनिद्रा में सो गये थे।

सावित्रीबाई फुले को महात्मा द्वारा लिखी नसीहत का स्मरण हो आया। उन्होंने अपनी वसीयतनामा में लिखा था।, "अज्ञानी लोगों की गलत मान्यताओं के अनुसार चिरंजीव यशवन्त का ब्याह हुआ हो या न हुआ हो, मैं जोतीराव गोविन्दराव फुले और मेरी शादी-शुदा पत्नी सौभाग्यवती सावित्रीबाई पति जोतीराव फुले हम दोनों के मरने के बाद, हम दोनों के अन्तिम संस्कार और तमाम विधि सत्यशोधक समाज की पद्धति के अनुसार करने के लिए केवल चिरंजीव यशवन्त को ही यह अधिकार है और हम दोनों के मृत शरीर को हमारे परम्परागत रिवाज के अनुसार यथा सामर्थ्य नमक डाल करके दफन कर देना चाहिए। आर्यभट्ट ब्राह्मणों की नकल करके हमारे मृत शरीर को अग्नि को समर्पित नहीं करना चाहिए। चिरंजीव यशवत यदि हमारी मृत्यु के समय न हो तो सत्यशोधक समाज का जो भी सदस्य वहाँ मौजूद हो, उसको सभी संस्कार और विधि करने का अधिकार है।"

जोतीराव गोविन्दराव फुले उर्फ जोतिबा के शरीर त्याग की सूचना अरण्याग्नि-सी पूना और आस-पास के क्षेत्रों में फैल गयी। चारों दिशाओं से महात्मा जोतिबा के अनुयायी, प्रशंसक और सत्यशोधक समाज के सक्रिय सदस्य आने लगे। देखते ही देखते 'फुलेबाड़ा' का परिसर भर गया। हर आदमी महात्मा के दर्शन के लिए लालायित था। महात्मा के आत्माहीन शरीर को मकान के बाहर एक चारपाई पर लिटा दिया गया था। अगरबत्ती की सुगन्ध से पूरा वातावरण गमक रहा था। नासिकारन्ध्रों में इत्रसिंचित रूई के फाहा की सुगन्ध अक्षति-आरूढ स्वतः प्रसरित हो रही थी। देशी घी में दिया प्रज्वलित

था। लोग पंक्तिबद्ध होकर महात्मा के चरणों में पुष्पांजलि अर्पित कर रहे थे। नगरपालिका के अध्यक्ष, माननीय सदस्य और शासन के भी प्रतिनिधि सम्मानार्थ पंक्तिबद्ध थे। स्थानीय आरक्षीबल भीड़ नियंत्रण में लगा था। लोगों से पंक्तिबद्ध होकर सम्मान प्रदर्शित करने के लिए अनुरोध कर रहा था।

औरतों का समूह पीछे नहीं था। प्राय: हर वर्ग की महिलाएँ सावित्रीबाई को सान्त्वना दे रही थीं। "ईश्वर की जैसी मरजी। ऐसे महात्मा को असमय उठाकर ईश्वर ने पूरे समाज को अनाथ कर दिया। आपके दुःख से हम सभी मर्माहत हैं। आपकी जिम्मेदारी बढ़ गयी है। आपके सामने आपका अबोध बालक यशवन्त है, जिसको न केवल माँ की ममता देनी है बल्कि महात्मा की इच्छानुसार इसे पढ़ा-लिखाकर समर्पित मानव बनाना है। इसी से महात्मा की आत्मा को शान्ति मिल सकेगी।"

"सावित्री जी, अब महात्मा जी के पार्थिव-पिण्ड के अन्तिम संस्कार का समय हो गया है। अधिक देर तक यहाँ रखना उचित नहीं होगा।" सत्यशोधक समाज के एक अनुभवी सदस्य ने सुझाव दिया।

"मेरे पति ने अपने वसीयतनामा में इच्छा व्यक्त की है कि उनका अन्तिम संस्कार सत्यशोधक समाज की पद्धति के अनुसार किया जाय। अन्तिम संस्कार का अधिकार चिरंजीव यशवन्त को दिया है उन्होंने। और उनकी हृदयेच्छा थी कि हमारे मृत शरीर को परम्परागत रीति-रिवाज के अनुसार यथा सामर्थ्य नमक डालकर दफन किया जाय और उनकी देह को इसी परिसर में दफना दिया जाय।" सावित्री ने झरझराते आसुओं को बलात् रोकने का प्रयास करते हुए बताया।

"सावित्री माता जी, जैसा आपने बताया महात्मा की इच्छा का सम्मान करते हुए उसी रीति-रिवाज के अनुसार उनका अन्तिम संस्कार किया जायगा।" समाज के निकटवर्ती सदस्यों ने वचन दिया।

अंग्रेजी प्रशासन के प्रतिनिधि ने आगे बढ़कर कहा, "अन्तिम संस्कार के लिए सरकार के कुछ नियम हैं, जिनका अनुपालन करना आप सब का दायित्व है। शव को रिहायशी क्षेत्र में दफनाने की अनुमति नहीं है। इनके शव को भी अन्त्येष्टिघाट पर ले जाकर वैश्वानर देव को समर्पित करना है। सरकार किसी मृतक की इच्छानुसार नहीं चलती है। जहाँ तक मुखाग्नि देने की बात है, यह अधिकार उनके दत्तक पुत्र को सरकार ने नहीं दिया है। जोतीराव को अपना वंशज नहीं है तो यह अधिकार उनकी धर्मपत्नी को दिया जा सकता है। आप सबको प्रशासन के नियमों का पालन करना है।"

महात्मा फुले की पत्नी सावित्री ने अपने दुख को प्रशमित करते हुए प्रशासन के प्रतिनिधि से अनुरोध किया, "साहब जी, मेरे पति की अन्तिम इच्छा, जो उन्होंने वसीयतनामा में पूरे होशोहवास में लिखी है उसका पालन करने से प्रतिबन्धित करना उचित नहीं होगा। मैं उनकी अन्त्येष्टि किसी सार्वजनिक स्थान पर नहीं, बल्कि अपने घर के परिसर में करना चाहती हूँ। सरकार के नियम का उल्लंघन नहीं होगा। जहाँ तक बात रही मेरे पुत्र यशवन्त की, तो मुखाग्नि देने का अधिकार उसके पिता यानी मेरे पति ने दिया है। यह अधिकार तो किसी को भी दिया जा सकता है। वह मेरी कोख से नहीं जनमा तो क्या यशोदा की ममता का दुग्धपान तो मैंने ही कराया है।"

"सावित्री फुले की बात में दम है।" वहाँ पर एकत्र सभी स्त्री-पुरुषों ने एक स्वर में कहा कि "प्रशासन अपने को शासन करने तक सीमित रखे तो अच्छा होगा। महात्मा के शव को इसी परिसर की क्षिति-कोख में दफनाया जायगा।"

भीड़ से एक साथ आवाज आयी।

इतना सुनते ही किसी ने नारा दिया, "महात्मा फुले अमर रहे, अमर रहे, अमर रहे।" पूरा मुहल्ला इस नारे से गुंजायमान हो गया। लोग अन्तिम यात्रा की तैयारी करने लगे। इसी बीच प्रशासन के प्रतिनिधि ने सशस्त्रबल बुला लिया। शासन के प्रतिनिधि ने ऐलान किया, "मैं आप लोगों को अन्तिम बार चेतावनी देता हूँ। आप लोग शान्तिपूर्वक शव को शमशान घाट पर ले जायँ। शासन आपको सुरक्षा देने के लिए तैयार है। सरकार के आदेश का उल्लंघन करने का परिणाम आपको पता है।"

सावित्री फुले ने लोगों से अनुरोध किया, "मेरे पति ने सदैव कानून का पालन किया है। वे अंग्रेज सरकार को 'दयालु' कहते थे। अंग्रेज सरकार की यदि यही दयालुता है, तब हमलोग इसका पालन करें। मैं अपने पति के शव की दुर्गति नहीं सुगति चाहती हूँ। आप लोग मेरे पति की अन्तिम यात्रा शुरू करें। मेरा बेटा मेरे साथ रहेगा। यदि ईश्वर की यही इच्छा है तब हम दोनों महात्मा को मुखाग्नि देंगे। चलिए उठाइये। इसे धरती माँ की गोद में रखें या अनलकोख में। पंचतत्व की इस देह को पंचतत्व में समा जाने दीजिए।"

शवयात्रा प्रारम्भ हुई। 'राम नाम सत्य है' का नारा दिग्दिगन्त में छा गया। जैसे-जैसे यात्रा बढ़ती गयी, वैसे-वैसे अन्तिम यात्रा में सम्मिलित होनेवालों की संख्या बढ़ती गयी। घाट पर तो लगा कि भीड़ नियन्त्रण से बाहर हो जायगी।

शव को चिता पर लिटाया गया। यशवन्त जलपात्र लेकर आगे-आगे चलने लगा। उसके पीछे माता सावित्रीबाई अग्निज्वाल लेकर चल रही थीं। अचानक उनके पाँव रुक गये। लगा वे अतीत में खो गयीं।

पुणे से करीब सत्तर किलोमीटर की दूरी पर सतारा जिला में एक प्रसिद्ध ग्राम है नायगाँव। सावित्रीबाई का जन्म इसी ग्राम में हुआ था। उन दिनों जन्मतिथि अंकित करने और कुण्डली बनवाने की प्रथा ब्राह्मणों तक ही सीमित थी। शूद्रों और अतिशूद्रों में न तो शिक्षा थी और न ही जन्म-मृत्यु का लेखा-जोखा रखा जाता था। परन्तु त्योहारों, तिथियों, दिनों का स्मरण घर के बुजुर्ग रखते थे। इसी आधार पर सावित्रीबाई का जन्म 3 जनवरी 1831 को मान लिया गया है। महाराष्ट्र सरकार ने 3 जनवरी को 'बालिका दिवस' मनाने का संकल्प किया है।

नायगाँव में प्रवेश करते ही पगडंडी से उत्तर का भाग काफी ऊँचा है। इस ऊँचे स्थल पर करीब छह सात फीट की उँचाई पर निर्मित-चबूतरे पर ग्राम देवता भैरवनाथ बाबा का प्राचीन मन्दिर है। मन्दिर के सामने का स्थल खाली है जहाँ पर ग्राम-मेला का आयोजन होता है। इस मन्दिर के सटे उत्तर में खण्डोजी नेवसे का कच्ची मिट्टी की दीवार का मकान है। खण्डोजी नेवसे सावित्री के पिता थे। सक्रिय समाज सेवी होने के कारण खण्डोजी नेवसे को पाटिल की उपाधि प्रदत्त थी। उनका पुकारू नाम था काबड़े पाटिल। फूल की अच्छी खेती थी जिसकी खपत भैरव बाबा के मन्दिर में भक्तों द्वारा चढ़ावा के रूप में हो जाती थी। मन्दिर आय का मुख्य स्रोत था। फूल के अतिरिक्त मक्का की खेती भी पाटिल परिवार कर लिया करता था। नायगाँव का मुख्य बाजार करीब पन्द्रह किलोमीटर पर शिरबल बाजार है जो एक विकसित पंचायत मुख्यालय बन गया है। उन दिनों प्रतिदिन की आवश्यकताओं की पूर्त्ति इसी बाजार से होती थी।

सावित्रीबाई का पैतृक निवास अब खण्डहर हो गया है। जिस कक्ष में उनका जन्म हुआ था वह गिर गया है। दर्शनार्थियों के लिए जन्मस्थल पर सावित्री जी का फोटो रख दिया गया है। लोग वहीं पर पुष्पांजलि चढ़ा कर अपनी श्रद्धा निवेदित करते हैं। हमलोगों ने भी ऐसा ही किया। नायगाँव अब एक विकसित ग्राम पंचायत है। शिक्षा-दीक्षा की सुविधाएँ उपलब्ध हो गयी है।

सावित्रीबाई के पिता बताया करते थे कि जब सावित्री का अवतरण हुआ तब वे मन्दिर की सीढ़ियों के पास दुकान पर थे। उनके परिवार के किसी सदस्य ने सूचित किया कि आपके घर में लक्ष्मी का आगमन हुआ है।

काबड़े पाटिल आंतरिक प्रसनन्ता का दिग्दर्शन करते हुए घर की ओर दौड़ पड़े। दुकान की चिन्ता नहीं। घर में औरतें सोहर-गीत गा रही थीं। पूरा घर खुशियों की महक से गमक गया था। घर में आकर मन्दिर के मुख्य पुजारी का चरणस्पर्श किये और विनयावनत होकर पूछा, "पुजारी जी मेरी पत्नी ने अभी कुछ देर पूर्व एक कन्या को जन्म दिया है। उसका भविष्य कैसा होगा, बताने का कष्ट करें।"

"खण्डोजी आज जनवरी की 3 तारीख है। इस तिथि को जन्मे बच्चे अत्यन्त प्रतिभाशाली होते हैं। इनके रूलिंग प्लेटेन बृहस्पति। बृहस्पति या गुरु सौर परिवार के सबसे विशाल और उन्नतिकारक ग्रह हैं। गुरु आत्मविश्वास, ऊर्जा और अच्छा स्वास्थ्य प्रदान करते हैं। इन्हें वाणी राजा भी कहा जाता है। गुरु आत्मविश्वास के साथ दबंग और लोकप्रिय बनाते हैं। ऐसे व्यक्तियों को सूर्य, चन्द्र और मंगल का भी आशीर्वाद प्राप्त होता है। हमारे ज्ञान के अनुसार इस कन्या की बाल्यावस्था सामान्य, युवावस्था संघर्षपूर्ण और प्रौढ़ावस्था गौरवपूर्ण होगी। आप बड़े भाग्यशाली हैं कि आपके घर में ऐसी लक्ष्मी ने पदार्पण किया है।" पुजारी ने आशीर्वाद स्वरूप अपना हाथ नेवसे के सिर पर रख दिया।

पुजारी जी की गणना ने खण्डोजी नेवसे की हार्दिक प्रसन्नता को आसमान स्पर्श करा दिया। गुड़ की भेली बँटवाई। सावित्री के चक्षुदर्पण में अपूर्व सौन्दर्य था। कोमलांगी और चाँद-सा हँसता मुखारविन्द, और आकर्षक व्यक्तित्व की धनी थी। जो भी देखता, देखता ही रह जाता। उनकी माती श्री उबटन लगाने के साथ ही काजल का टीका लगा देती थी, जिससे किसी की नजर न लगे। सावित्री के जन्म से न केवल नेवसे परिवार बल्कि गाँव के सभी वर्गों के लोग, स्त्री-पुरुष सब खुश थे। वह चन्द्रबदन सी बढ़ने लगी। देखते-देखते अपने पिता की दुकान पर भैरवनाथ बाबा के मन्दिर परिसर में वंकैंया चलकर आ जाती। पुजारी जी दोनों हाथ उठाकर आशीर्वाद देते।

खण्डोजी की पत्नी अपनी बिटिया की चन्द्रवत बढ़ती उम्र से प्रसन्न होती। आँगन में क्रीड़ा करती देखकर ताली पीट-पीट कर हृदयोद्गार व्यक्त करती। अगल-बगल की महिलाएँ भी सावित्री को देखकर प्रसन्न होतीं और कहती कि ऐसी पुत्री भगवान सबको दे।

दक्षिण भारत विशेषकर महाराष्ट्र में पेशवा राज बेखटक चल रहा था। पेशवा राज का तात्पर्य था ब्राह्मण राज। जीवन के हर क्षेत्र में ब्राह्मणों का आधिपत्य था। इसी समय ईस्ट इंडिया कम्पनी का आगमन हुआ, जिसका अहसास कमजोर, शोषित, अछूत और पिछड़ी जातियों के लोगों को प्रथमतः

मिला। पेशवा राज में महार, माँग, चमार, वाल्मीकि जैसी अछूत मानी जानेवाली जातियों का जीवन नरक से भी बदतर था। सड़क पर चलने का समय निर्धारित था। दिन की तपती दोपहरी में ही बाहर निकल सकते थे। उस समय ब्राह्मण लोग अपने घरों में आराम करते रहते थे। उन्हें थूकने के लिए गले में हंडिया बाँधना पड़ता, कमर में झाड़ू बाँधना पड़ता जिससे सड़क से उनकी पगधूलि-साफ होती चले और किसी कारणवश यदि दिन के अन्य भागों में घर से निकलना हो, तो थाली पीटते चलना पड़ता था, जिससे भूदेव ब्राह्मण देवता अपने घर से बाहर नहीं निकले। सुबह-शाम तो अछूतों को बाहर निकलना प्रतिबन्धित था क्योंकि इस समय मानवतन की परछाई लम्बी रहती है और परछाई का स्पर्श होने पर ब्राह्मण देवता को स्नान करके पवित्र होना पड़ता था। ऐसे सामाजिक वातावरण में अंग्रेजों का विस्तार अबधगति से होना स्वाभाविक था।

पेशवा बाजीराव के शासन का अत्याचार और शोषण शीर्ष स्पर्श कर रहा था। ऐसे में कमजोर वर्ग के लोगों का सहयोग मिलना सम्भव नहीं था। अंग्रेजों का वर्चस्व तीव्रगति से बढ़ रहा था। अंग्रेजों के बढ़ते और कसते शिकंजे से निजात पाने के लिए पेशवा बाजीराव को जून 1801 में पुणे सन्धि करनी पड़ी। इसके परिणामस्वरूप पेशवा का सामन्ताधिकार सेना, धन-दौलत आदि अंग्रेजी शासन को सौंपना पड़ा। पेशवा ने इस शर्मनाक स्थिति से उबरने के लिए अपने सैन्य बल को पूना के बाहर अपने इने-गिने ब्राह्मण मित्रों की मदद से संगठित किया। पुणे से बाहर किरकी और धोखड़े गाँवों में पेशवा और अंग्रेजी सेना के बीच घमासान लड़ाई हुई। 17 नवम्बर 1817 को अंग्रेजों के भीषण संघातों से संत्रस्त होकर पेशवा मैदान छोड़कर सतारा जनपद मुख्यालय की ओर भाग गया। पेशवा के पूरे राज्य पर अंग्रेजों का शासन कायम हो गया। पेशवा के ही निजी आदमी वाला जी नाहू ने पूना के शनिवार वाड़े पर लहरा रहे पेशवा के प्रतापध्वज को उतार दिया और अंग्रेजों का झंडा फहरा दिया। पेशवा बाजीराव के द्वितीय राज का सूर्य डूब गया और गरीब, पिछड़े, अछूत, अन्त्यजों के भाग्योदय की लालिमा के दर्शन होने लगे।

ऐसे ही बदलते समय में, 1827 में, जोतिबा का खानबाड़ी ग्राम में जन्म हुआ और सावित्री का सतारा के नायगाँव में जन्मोदय हुआ। खानबाड़ी के शेटिवा का परिवार सुखी-सम्पन्न था। खानबाड़ी आने के पूर्व जोतिबा के परदादा शेटिवा कटगुण में रहते थे। कुलकर्णी के अत्याचार और धोखे से त्रस्त 'चौगुला' का सम्मानित पद छोड़कर यहाँ आ गये। यह ग्राम पुणे से करीब 35 किलोमीटर पर

सासवड़ पुरन्दर तालुका में है। कभी यह ग्राम सदावाही करा नदी के किनारे थे। जल की पर्याप्त सुविधा थी। अतः पूरा क्षेत्र हरा-भरा था। साग-सब्जियों के साथ सुमन वाटिकाएँ चारों ओर फूलों की गमक फैलाती थीं। फूलों की खपत स्थानीय भैरवनाथ मन्दिर में हो जाती थी और साग-सब्जियाँ सासवड़, पुरन्दर और पुणे भेज दी जाती थीं। खानवाड़ी ग्राम से प्रकृति नाराज हो गयी। नदी में पानी कम हो गया। खेत सूखने लगे। यहाँ के निवासी आस-पास में बस गये। आज भी खानबाड़ी में केवल जोतीराव का पैतृक आवास खण्डहर रूप में खड़ा है। वहाँ पर 'महात्मा जोतीराव फुले स्मारक सांस्कृतिक भवन' का निर्माण करा दिया गया है। वर्ष में एक दिन 28 नवम्बर को महात्मा फुले की पुण्यतिथि पर सांस्कृतिक कार्यक्रम होता है। खानबाड़ी गाँव के लोग अब फुलेबाड़ी, होलेबाड़ी, पाटिलबाड़ी, बारावके बाड़ी और शिन्देबाड़ी आदि टोलों में निम्नजाति समूहों में रह रहे हैं। प्रकृति की मार से बचने के लिए महात्मा फुले का परिवार उन्हीं दिनों पुणे में आकर बस गया था।

कटगुण और खानबाड़ी के शेटिबा को पूरे सतारा और पुणे जनपद के स्वजाति के लोग जानते थे। शेटिबा गाँव के चौगुला थे। अपनी जाति में अकेले थे इस पद पर। नायगाँव के खण्डोजी नेवसे इस परिवार से पूर्व परिचित थे। नेवसे भी गाँव में पाटिल कहलाते थे अतः उस परिवार के बारे में स्वजाति में सम्मान था। कुछ समय से दोनों परिवार एक दूसरे से अपरिचित से हो गये थे क्योंकि खण्डो जी नेवसे का परिवार तो नायगाँव में स्थायी था परन्तु शेटिवा चौगुला का परिवार इधर-उधर बसता उजड़ता रहा। परन्तु अब वह परिवार भी पुणे में स्थायी रूप से बस गया था। वहाँ पर फूल की खेती करके पुष्पगुच्छ, माला, वेणी और पुष्पहार आदि बनाकर बेचते थे और सुमन खपत का मुख्य आकर्षण था गणपति बप्पा का चमत्कारी मन्दिर, जहाँ पर हजारों लोग प्रतिदिन पूजा के लिए आते थे।

नायगाँव में अवस्थित ग्राम देवता भैरवनाथ का महात्म्य आसपास के जनपदों में सुपरिचित है। सैकड़ों की संख्या में भक्त प्रतिदिन पूजा-अर्चना के लिए आते और अपनी मनोवांछित इच्छा की सन्तुष्टि करते। नवरात्र के समय कुछ सन्त महात्मा और प्रवचन कर्त्ता भी आते थे। मन्दिर की ओर से उनके रहने-खाने आदि का प्रबन्ध होता था। उनकी सेवा के लिए नेवसे परिवार संलग्न रहता। उनका मकान भी मन्दिर से लगा हुआ है। ऐसे ही अवसर पर एक महान आत्माधारी प्रवाचक आये। उनका प्रवचन प्रतिदिन सुबह आठ बजे से बारह बजे तक होता। खण्डोजी नेवसे सुबह से ही उनकी सेवा में लग

जाते। उस दिन महात्मा नेवसे के साथ आयी उनकी सोनवर्णी बिटिया को देखकर हतप्रभ रह गये। उन्होंने पूछा, "नेवसे, क्या यह तुम्हारी पुत्री है?"

"यह आपकी बिटिया महाराज" नेवसे ने सविनय स्वीकार किया।

"आपका आशीर्वाद चाहिए, महाराज!" खण्डोजी नेवसे ने दोनो हाथ जोड़कर महात्मा के चरण स्पर्श किये।

"नेवसे इसे देखकर पता नहीं क्यों मेरी हृदितंत्री मुझे प्रेरित कर रही है कि आज प्रवचन में सावित्री-सत्यवान की कथा सुनाऊँ भक्तों को।" महात्मा ने अपनी मंशा व्यक्त की।

"महाराज की जैसी इच्छा" कहकर नेवसे ने अपने हाथों से बनाई माला महात्मा की ग्रीवा में सजा दी। महात्मा ने व्यास गद्दी पर पहले से ही स्थान ग्रहण कर लिया था। उन्होंने प्रवचन प्रारम्भ किया।

महाभारत में एक अत्यन्त रोचक और प्रेरणास्पद कथा आती है सावित्री-सत्यवान की। मैं आप लोगों के समक्ष उन्हीं का उद्बोधन करने जा रहा हूँ। मध्य प्रदेश में एक धर्मात्मा राजा थे अश्वपति। वे सत्यवादी और जितेन्द्रिय थे। प्रजा परमसुखी थी, परन्तु राजा को अभी तक उत्तराधिकारी का अभाव था जिससे वे दुखी रहा करते थे। एक दिन सरस्वती देवी ने उन्हें स्वप्न में कहा "राजन तुम इतने दुखी क्यों हो? कर्म करो, व्रत करो, प्रार्थना करो, तुम्हारा दुख दूर होगा।"

राजा अश्वपति ने दूसरे दिन से ही पुत्रप्राप्ति हेतु जप-तप आरम्भ कर दिया। लगातार नियमों का पालन करते हुए अठारह वर्ष बीत गये। अष्टादश वर्ष पूर्ण होते ही देवी का प्राकट्य हुआ। उन्होंने आशीर्वाद दिया। "शीघ्र ही तुम्हें एक तेजस्विनी कन्या प्राप्त होगी।" वे अन्तर्धान हो गयी। राजा प्रसन्न मन से प्रजा पालन में सन्नद्ध हो गये। समयान्तराल पर महारानी ने गर्भ धारण किया और नौ माह बाद एक सुन्दर कमलनयनी कन्या का जन्म हुआ। राजा ने जातकर्म संस्कार सम्पन्न कराये और उस कन्या के स्वस्थ जीवन के लिए सावित्री मन्त्र से हवन किया गया। सरस्वती का एक नाम सावित्री भी है। अतः ज्ञानी पंडितों ने सुझाव दिया कि पुत्री का नाम सावित्री रखना कल्याणकारी होगा क्योंकि यह कन्या सरस्वती के आशीर्वाद का सुफल है। राजा ने सुझाव को सहर्ष मान्य कर अपनी प्रसन्नता का उद्घाटन किया।

राजकन्या सावित्री चन्द्रकला-सी बढ़ने लगी। देखते-देखते वह दिव्यात्मावान कन्या युवती हो गयी। जिस किसी पर भी उसकी दिव्यदृष्टि पड़ती वह उसके तेज से प्रतिहत हो जाता। लोग उसे देवकन्या भी कहते थे।

सावित्री का वय विवाह के योग्य हो गया। राजा उसके योग्यवर के लिए चिन्तित रहने लगे। कोई भी वर उसके तुल्य नहीं मिला। राजा ने एक दिन प्रस्ताव रखा, ''बेटी अब तुम विवाह के योग्य हो गयी हो, अतः स्वयं ही योग्य वर की खोज कर अपना विवाह कर लो।'' पिता की बात मानकर, वृद्ध एवं योग्य मंत्रियों और सुरक्षा सहयोगियों को साथ लेकर सावित्री राजर्षियों के स्मरणीय तपोवनों में विचरण करने लगी। निर्बाधगति से वह भिन्न-भिन्न तीर्थों, राज्यों और देशों का भ्रमण करती रही।

एक दिन राजा अश्वपति अपनी एकान्तिक राजसभा में बैठकर समाचार सम्राट नारद जी से विचार-विमर्श कर ही रहे थे कि राजपुत्री सावित्री देशाटन एवं तीर्थाटन कर राजमंत्रियों के साथ वापस आयी। उसने अपने पिता और नारदमुनि के चरण स्पर्श कर आशीर्वाद लिया और राजमहल के अन्तःपुर में प्रवेश कर गयी। नारद जी ने पूछा, ''राजन आपकी सुपुत्री तो सयानी हो गयी है। कहाँ से आ रही है? इसकी शादी के लिए कोई राजकुमार ढूँढ़ा या नहीं?''

''देवर्षि, मैंने सुयोग्य वर के चयन का भार अपनी बेटी को ही दे रखा है। इसी अभियान से अभी लौटकर आयी है। उसी से सुनते हैं क्या करके लौटी है।'' राजा ने अपनी मंशा प्रकाशित करते हुए पुकारा, ''बेटी सावित्री, यहाँ आओ।''

''जी पिताजी, आपने याद किया। सावित्री ने पूछा।'' ''हाँ बेटी, नारद जी और हम दोनों यह सुनने को व्याकुल हैं कि क्या तुम्हें तुम्हारी पसन्द का कोई वर मिला?'' राजा ने पूछा।

सावित्री ने बताया, ''पिताजी, शाल्वदेश में एक धर्मात्मा राजा थे, द्युमत्सेन। किसी कारणवश वे अन्धे हो गये। उनका एकमात्र पुत्र अल्पवय था। उनकी कमजोरी को भाँपकर उनके शत्रुओं ने आक्रमण करके उनका राज छीन लिया। राज चले जाने के बाद वे अपनी पत्नी और पुत्र के साथ अरण्याश्रम में चले गये। उनका पुत्र सत्यवान अब वयस्क हो गया है। उन्हीं को मैंने अपना पति चुना है।''

नारद जी ने तात्कालिक प्रतिक्रिया व्यक्त की। ''राजन, यह तो अनजाने में अनर्थ हो गया। राजा द्युमत्सेन और उनकी पत्नी सदा सत्याचरण करते हैं, इसीलिए पुत्र राजकुमार का नाम सत्यवान रखा है।''

''तो इसमें अनर्थ क्या देख रहे हैं नारद जी। राजकुमार तेजस्वी बुद्धिमान, क्षमावान और कर्मवीर तो है?'' राजा ने प्रश्न किया।

''राजा द्युमत्सेन के पुत्र सत्यवान में सभी गुण हैं। उसमें सूर्य की सी आभा है, बृहस्पति की गुरुता है, इन्द्र-सा शौर्य है, पृथ्वी के समान क्षमाशील,

रन्तिदेव के समान दानवीर, राजा ययाति की भाँति उदार और अश्वनी कुमारों जैसा नयनाभिकर्षक है।" नारद ने पूरी बात पूरी नहीं की थी कि राजा अश्वपति ने व्यग्रता से पूछा, "यदि सभी गुण हैं, राजकुमार में, तो आपको बुराई कहाँ दृष्टिगोचर हो रही है मुनिवर?"

"राजा सत्यवान में एकमात्र दोष है जो सभी गुणों को अर्थहीन कर देता है। इस दोष का कोई निवारण भी नहीं है। आज से ठीक एक वर्ष बाद उसकी आयु समाप्त हो जायगी। उसे पंचतत्व की यह देह छोड़नी पड़ेगी।" नारद ने दोष का विवरण कह सुनाया।

पुत्री सावित्री ने नारद के प्रति सम्मान व्यक्त करते हुए कहा, "पिताजी सत्यवान दीर्घायु हो या अल्पायु, गुणवान हो अथवा निर्गुण, मैंने एक बार उन्हें अपना पति स्वीकार कर लिया, तो कर लिया। अब दूसरे पुरुष को मैं वर नहीं स्वीकार कर सकती।"–

सकृदंशो निपतति, सकृत कन्या प्रदीयते।
सकृदाह ददानीति त्रीण्येतानि सकृत सकृत।।
दीर्घायुरथवाल्पायुः सगुणो निगुणोऽपि वा।
सकृदवृतो मयाभर्त्ता न द्वितीयं वृणोऽम्यहम्।।
मनसा निश्चयं कृत्वा ततो वाचामिधीयते।
क्रियते कर्मणा पश्चात् प्रमाणं मेमनस्ततः।।

(महाभारत, वनपर्व 249/26-28)

"धन के बँटबार की चिट्ठी एक ही बार डाली जाती है। कन्या किसी वर को एक ही बार दी जाती है। मैं दूँगा की प्रतिज्ञा भी एक ही बार की जाती है। ये तीनों बातें एक ही बार की जाती हैं। अतः सत्यवान दीर्घायु हो या अल्पायु, गुणवान हो या निर्गुण, मैंने एक बार उनको अपना पति स्वीकार कर लिया तो कर लिया, अब दूसरे पुरुष को मैं नहीं वर सकती। पहले मन से निश्चय करके फिर वाणी से प्रकट किया जाता है और जो वाणी से प्रकट किया जाता है उसी को क्रिया द्वारा पूर्ण किया जाता है। अतः मैंने पति का जो निश्चय कर लिया उसमें मेरा मन ही प्रमाण है।"

अपनी पुत्री के अकाट्य प्रण को सुनकर राजा अभिभूत हो गये। वे कुछ प्रतिक्रिया व्यक्त करते, इसके पूर्व नारद जी ने ही कहा, "महाराज, सावित्री की बुद्धि स्थिर है। इसने धर्म का आश्रय लिया है। अतः इसके निश्चय से इसको विचलित नहीं किया जा सकता। मेरा सुविचारित मन्तव्य है कि सत्यवान को कन्यादान कर दें।"

राजा अश्वपति ने नारद की सलाह और पुत्री के निश्चय का सम्मान करते हुए सावित्री के विवाह की स्वीकृति दे दी। नारद जी ने भी सावित्री के निर्विघ्न विवाह का आशीर्वाद दिया, "आप सब लोगों के कल्याण हों, इसके लिए मैं अपने संचित तप व्रत को लगा दूँगा। विश्व का कल्याण ही मेरा काम है।" यह कहकर नारद जी पूर्व की भाँति अन्तर्धान हो गये।

"भक्तो, सावित्री-सत्यवान कथा का अर्द्धांश पूरा हुआ। इसके बाद की कथा और रोचक है। 'होइ है वही जो राम रचि राखा' की कहावत पर प्रश्नचिह्न लगने वाला है। सतकर्म और निष्ठा से विधि के विधान को बदला जा सकता है। कल मैं आगे की कथा से आप सबसे अभिभूत करने का प्रयास करूँगा।" यह कहकर वह व्यास गद्दी से उठ गये।

खण्डोजी पाटिल कथा सुनने में इतना रम गये थे कि फूल बेचने की सुधि नहीं रही। उनकी दुकान का संचालन उनके भतीजे ने किया। शाम को जब घर गये तो अपनी पत्नी लक्ष्मीबाई से बोले "आज तो कमाल हो गया। मेरी बेटी को देखकर महात्मा प्रवाचक इतना अभिभूत हो गये कि वे भागवत कथा छोड़कर सती-सावित्री की कथा कहने लगे। उन्होंने कहा कि पाटिल तुम्हारी बेटी मामूली कन्या नहीं है। इसके दर्शनमात्र से मैं सावित्री कथा कहने के लिए प्रेरित हो गया। आज मन्दिर के पुजारी की बात सत्य होती दिखी।"

"हमारी बेटी है ही ऐसी। जो भी देखता है वह अपना दुख भूल जाता है। दुख विमोचनी है यह। हमारे भी दुख-कष्ट शीघ्र ही दूर हो जायेंगे। बेटी हमारी और हमारे परिवार के साथ उस परिवार का भी नाम रोशन करेगी जहाँ वह ब्याह कर जायेगी।" खण्डोजी पाटिल की पत्नी ने अपने मन के उद्गार को व्यक्त किया। लक्ष्मीबाई ने अपने हृदय की बात कह दी।

सावित्री पूरे घर में धमाचौकड़ी मचा रही थी। मन्दिर में आरती हो रही थी। 'ऊँ जय जगदीश हरे।' साथ में ढोल, मजीरा एव शंख का समवेत संगीत भी चल रहा था। मन्दिर की आरती की मधुरध्वनि खण्डोजी के घर तक स्पष्ट सुनाई दे रही थी। सावित्री आरती की धुन पर आँगन में नाचने लगी। खण्डो और उनकी पत्नी ने ताली बजाकर उसका उत्साहवर्धन किया। लगा कि घर में देवता का वास हो गया है। उनका भाग्योदय होना प्रारम्भ हो गया है। दोनों का मन प्रफुल्लित हो गया।

"आज मैं आप भक्तों को सावित्री-सत्यवान कथा का शेष भाग सुनाने जा रहा हूँ। कल नारद मुनि अपना तम्बूरा बजाते और हरि का गीत गाते अन्तर्धान हो गये थे। उनके जाने के पश्चात् राजा अश्वपति ने अपने पुरोहित और विद्वान

ऋषियों को बुलाया। शुभ मुहुर्त निकलवाकर पण्डित, पुरोहित, ब्राह्मणों को साथ लेकर राजा द्युमत्सेन के अरण्य आश्रम के लिए प्रस्थान किये। साथ में उनकी पुत्री सावित्री भी थी। फल-फूल, धन-धान्य एवं कन्यादान के लिए आवश्यक सामग्री और राज प्रथानुसार वांछित सामग्री लेकर राजा द्युमत्सेन आश्रम की सीमा पर पहुँचे। वहाँ से पैदल ही राजर्षि द्युमत्सेन के आश्रम में पहुँचकर यथोचित सम्मान दर्शाते हुए अपना परिचय दिया और वहाँ आने का प्रयोजन बताया। राजा अश्वपति ने नम्रतापूर्वक निवेदन किया, ''राजर्षि, मेरी पुत्री जिसका नाम सावित्री है, आपके आश्रम में मेरे साथ उपस्थित है। आप धर्मानुसार इसे अपनी पुत्रवधू स्वीकार कर हमें अनुगृहीत करने का कष्ट करें।''

''महाराज अश्वपति जी आप तो देख रहे है कि हमलोग आश्रमवासी हैं। राज़पाट नहीं है। आपकी कन्या राजमहल में जन्मी, बढ़ी, पली है। वह सुख भोगी है। यहाँ पर वे सुविधाएँ उसे नहीं मिलेंगी। ऐसी कन्या को पुत्रवधू स्वीकार करना उसके प्रति अन्याय होगा।'' राजर्षि द्युमत्सेन ने कहा।

''आप ठीक कह रहे है राजर्षि, परन्तु इन सब परिस्थितियों को देखने के पश्चात् ही मेरी बेटी ने आपके पुत्र को अपना पति वरण किया है। यदि आप चाहें तो अपने पुत्र की मनसा भी जान लें।'' राजा अश्वपति ने विनय की।

''आप ठीक कहते हैं। बेटा सत्यवान यहाँ आओ। देखो राजा अश्वपति तुम्हारे विवाह का प्रस्ताव लेकर आये हैं। इनकी सुपुत्री भी आयी है।'' राजर्षि ने अपने पुत्र को सम्बोधित किया।

सत्यवान सामने आया। अपने पिता और राजा अश्वपति का अभिवादन किया। कन्या को देखते ही बोले, ''पिता जी यह कन्या तो कुछ दिन पूर्व आश्रम में आयी थी और मुझसे विचार-विनिमय कर के चली गयी थी। जहाँ तक विवाह की बात है आपकी इच्छा सर्वोपरि है।''

वातावरण अचानक हर्षोल्लसित हो गया। शादी की तैयारी होने लगी। पंडितों और पुरोहितों ने शुभ मुहुर्त्त में वेदमन्त्रों के साथ पाणिग्रहण संस्कार सम्पन्न कराया। राजा अश्वपति प्रसन्नता से अभिभूत विदा लिए। सावित्री पतिगृह (आश्रम) में रह गयी। पिता के जाने के पश्चात् उसने आश्रम के नियमानुसार वस्त्र धारण किये। आभूषण उतार दिये। कुछ ही दिनों में सास-ससुर का मन, अपनी सेवा से जीत लिया। पति की सेवा और उसके मनोवांछित कार्यों में हाथ बँटाकर शीघ्र ही दो बदन एक दिल हो गये। सावित्री के आने से आश्रम का पूरा वातावरण सौहार्दमय हो गया।

सावित्री राजर्षि परिवार की श्लाघनीय सदस्य बन गयी। परन्तु उसे नारद

की भविष्यवाणी हठात् स्मरण हो आती। समय गतिमान है। पति सत्यवान की मृत्यु का समय निकट आता जा रहा था, यह सोचकर सावित्री खिन्न हो जाती, परन्तु इसका आभास अपने सास-ससुर-पति को नहीं होने देती थी। नारद की भविष्यवाणी का वह दिन सन्निकट आ गया। सत्यवान के जीवन का मात्र एक दिन ही शेष रह गया। उसने पूरी रात्रि ईश प्रार्थना में जागकर बितायी।

सुबह हुई। सत्यवान नित्यक्रिया से निवृत्त हुआ। अल्पाहार लेकर समिधा की लकड़ी और जंगल से फलफूल लाने के लिए तैयार हुआ। सावित्री ने पति सत्यवान से अनुरोध किया, "आज मैं भी आपके साथ चलूँगी।"

सत्यवान ने समझाया, "सावित्री जंगल का रास्ता कठिन है। तुम वन में कभी नहीं गयी हो। और गत एक सप्ताह से तुम व्रत-उपवास करती रही हो। शरीर कमजोर हो गया है। यहीं आश्रम में रहकर माता-पिता की सेवा करो। मैं दिन ढले तक तो आ ही जाऊँगा।"

सावित्री को भविष्य का ज्ञान था। मृत्यु का समय निश्चित है। नारदवाणी असत्य नहीं हो सकती। उसने कहा, "उपवासव्रत से मुझे किसी प्रकार की कमजोरी और थकावट नहीं है। मेरे मन के उत्साह को विराम न दें।"

सत्यवान पत्नी के आग्रह को अस्वीकार नहीं कर सका परन्तु उसने सावित्री को समझाते हुए कहा, "मैं तुम्हारे उत्साह का स्वागत करता हूँ। परन्तु मेरे साथ वनगमन के लिए माता-पिता की आज्ञा आवश्यक है।"

सावित्री ने माता-पिता की आज्ञा लेकर पति के साथ वन के लिए प्रस्थान किया। उसकी प्रसन्नता चेहरे पर परिलक्षित थी, किन्तु हृदय दुखी था। जंगल में लकड़ी काटते-काटते सत्यवान को थकावट का अनुभव होने लगा। ऐसा पहली बार हो रहा था। परिश्रमाधिक्य से श्रमबिन्दु शरीर में चुहचुहाने लगे। सिर और शरीर में दर्द बढ़ने लगा। लकड़ी काटना बन्द कर पत्नी के पास आया और बोला, "आज पता नहीं क्यों मेरे सिर व शरीर में दर्द बढ़ता जा रहा है। दिल में पीड़ा का अहसास हो रहा है। मेरा मन बैठता जा रहा है। शक्ति क्षीण होती जा रही है। मुझे सोने की इच्छा हो रही है।"

सावित्री को नारदमुनि की बात याद थी। फिर भी बिना कुछ कहे उसने पति को सान्त्वना और अपनी गोद में लेकर सिर दबाने लगी। शायद आराम मिल जाय। उसने मन ही मन नारद की बातों का हिसाब लगाया तो लगा कि वह क्षण आ गया है, जब सत्यवान को लेने यमराज आयेंगे।

सावित्री शून्यवत पति को गोद में लेकर बैठ गयी। दूर क्षितिज में एक पुरुष छाया दिखाई दी। वह छाया उसी की ओर बढ़ रही थी। सावित्री का दिल

धक-धक करने लगा। वह पुरुष निकट आ गया था। सिर पर मुकुट और शरीर पर लाल वस्त्र था। रंग साँवला, नेत्र रक्तिम लाल और हाथ में पाश धारण किये था। उसके शरीर से अव्यक्त तेज प्रवहमान हो रहा था। वह सत्यवान के पास आकर खड़ा हो गया और एकटक उन्हें देखने लगा। सावित्री को उसकी भयावह आकृति से किसी प्रकार का भय या घबड़ाहट नहीं हुई, क्योंकि उसे तो पता था कि वह कौन हो सकता है। सावित्री ने पति के निश्चेत होते शरीर को अपनी गोद से उठाकर धरती माता की गोद में रख दिया।

''महात्मा जी, सती-सावित्री के माहात्म्य को तो बहुत बार सुन चुके हैं,'' एक श्रोता ने जिज्ञासा-समाधान के लिए प्रश्न किया, ''महात्मा जी प्रवचन के मध्य में प्रश्न पूछना धृष्टता होगी परन्तु मैं मनुष्य हूँ। हो सकता है कि मैं अपनी शंका को भूल जाऊँ । इसलिए आपसे क्षमा याचना करते हुए जानना चाहता हूँ कि एक स्त्री सती कब कहलाती है। इतिहास से तो मालूम होता है कि जो नारी अपने मृत पति के शव के साथ चिता में जल जाती है उसे ही लोग सती कहते हैं, क्या सती सावित्री ऐसी ही सती थी।''

''भक्तो, अभी एक जिज्ञासु ने बड़ा ही महत्वपूर्ण प्रश्न किया है। इसका समाधान आप सब भी चाहते होंगे। अतः सती सावित्री की मूल कथा को कुछ क्षण के लिए स्थगित करते हैं और सती की विवेचना करते है।'' प्रवाचक महात्मा ने श्रोताओं को सम्बोधित किया।

''जो स्त्री अपने मृत पति के शव के साथ चिता पर अग्निदाह करती है उसे लोग 'सती' की संज्ञा से महिमामंडित करते हैं। परन्तु यह तो जीने के अधिकार का उल्लंघन है, इसीलिए अंग्रेज सरकार ने ऐसी सती प्रथा को प्रतिबन्धित कर दिया है। राजा राममोहनराय ने इसके विरोध में समाज को खड़ा किया। सती का तात्पर्य स्कन्दपुराण के धर्मारण्यखण्ड में स्पष्ट किया गया है जिसके अनुसार-

व्यालग्राही यथा व्यालं वलादु हदरते विलात्।
एवमुत्क्रभ्य दूतेभ्यः पतिं स्वर्ग ब्रजेत्सती।।
यमदूताः पलायन्ते तामालोक्य पतिव्रताम्।
तपनस्तप्यते नूनं दहनोऽपिच दह्यते।।

अर्थात् जैसे सपेरा सर्प को उसके बिल से बलपूर्वक निकाल लेता है उसी प्रकार सती स्त्री अपने पति को यमदूतों के हाथ से छीनकर स्वर्गलोक ले जाती है। उस पतिव्रता स्त्री को देखकर यमदूत भाग जाते हैं। पतिव्रता के तेज का अवलोकन कर सूर्यदेव स्वयं सन्तप्त हो उठते हैं।

सरस्वती की एक संज्ञा सावित्री भी है। जिसपर सरस्वती की कृपा होती है उससे महाकाली और महालक्ष्मी स्वयं प्रसन्न हो जाती है। शायद आपकी शंका का समाधान हो गया होगा।''

अब मैं सावित्री की मूल कथा पर आता हूँ। सावित्री ने यम के समक्ष खड़ी होकर कहा, ''आपकोई देवता हैं ऐसा मेरा मानस अनुभव कर रहा है, क्योंकि आपका शरीर मनुष्य-सा नहीं है। अतः आप प्रसन्न होकर बतायें कि आपकौन हैं और क्या करना चाहते हैं?''

यम ने कहा, ''तू सावित्री है। तेरे पातिव्रत्य और तप ने तुम्हें सती होने की शक्ति दे रखी है। ऐसी स्त्री से मैं बात-विनिमय कर सकता हूँ। मैं यमराज हूँ। तेरे पति की आयु समाप्त हो चुकी है, अतः मैं उसे लेने आया हूँ।''

ऐसा कहकर यम ने सत्यवान के शरीर से अंगुष्ट स्वरूप जीव को निकाला और स्वर्ग की ओर चल पड़े। दुख तप्त सावित्री भी यम के पीछे-पीछे चल पड़ी। सावित्री को पीछे आते देख यम रुक गये और पूछा, ''सावित्री तू कहाँ जा रही है। अब लौट जा और अपने पति का दाह संस्कार कर। तू पति के ऋण से मुक्त हो चुकी है। पत्नी भी धर्म निभायेगी बस श्मशान तक तो तुमने सुना ही है।''

सावित्री ने कहा, ''यम भगवान, जहाँ मेरे पति जायेंगे, वहाँ मुझे भी जाना चाहिए। नारी के लिए पति का अनुशरण ही सनातन धर्म है।''

''तेरी धर्मानुकूल युक्तियुक्त बात से मैं प्रसन्न हुआ। अतः सत्यवान के जीवन के अतिरिक्त कोई वर मुझसे माँग ले।'' यम ने सावित्री को समझाते हुए कहा।

सावित्री ने अपने श्वसुर की नेत्र-ज्योति पुनः प्राप्ति का आग्रह किया जिसे यम ने स्वीकार कर लिया। 'एवमस्तु'। यम ने कहा, ''अब तू लौट जा। अन्यथा क्लान्तिग्रस्त हो जाओगी।''

''पति के सान्निध्य में थकावट नहीं होती। मुझे अपने पति के साथ रहना है। सत्पुरुषों का सत्संग अभीष्ट की पूर्त्ति करता है और यदि सत्पुरुष से प्रेम हो जाय तब क्या कहना सन्त-समागम कभी निष्फल नहीं होता, अतः सत्पुरुषों के साथ रहना चाहिए। मेरे पति सत्पुरुष हैं, सन्त हैं।'' सावित्री ने अपनी आस्था का द्वार खोल दिया।

यम का दिल डोल गया। उन्होंने कहा, ''तूने जो बात कही, वह सबके लिए कल्याणकारी है और मुझे भी प्रिय है। तुम्हारी बात सारस्वत सत्य है। अतः सत्यवान के जीवन को छोड़कर तुम दूसरा वर माँग लो।''

"भगवान मेरे श्वसुर का खोया हुआ राज्य उन्हें पुनः मिल जाय और वे कभी धर्म का परित्याग न करें।" सावित्री ने विनय की।

"एवमस्तु, सावित्री अब तुम लौट जाओ।"

सावित्री ने अनुग्रह किया और यमराज का अनुगमन करती ही रही। चलते-चलते उसने कहा, "आप सारी प्रजा का नियमन करते हैं, इसीलिए 'यम' की संज्ञा से विभूषित हैं। मैंने तो सुना है कि मन, वचन, कर्म से प्राणियों के प्रति दयावान होना, श्रेष्ठ पुरुषों का सनातन धर्म है। आप जैसे श्रेष्ठ पुरुष तो शत्रु पर भी दया करते हैं, ऐसा मैंने सन्तो से सुना है।"

"सावित्री तुम तो बड़ी गुणज्ञ और ज्ञानज्ञ प्रतीत होती हो। तुम्हारी धर्मानुकूल बातें सुनकर मुझे आत्मिक प्रसन्नता हुई। अतः तुम सत्यवान के जीवन के सिवा तीसरा वर माँग ले।" यमराज ने स्मित होंठों से कहा।

"मेरे पिता के कोई पुत्र नहीं हैं। उन्हें औरस पुत्र देने की कृपा करें।" सावित्री ने वर माँगा और यम ने उसकी प्रार्थना स्वीकार कर ली और कहा, "सावित्री अब तक तू बहुत दूर तक आ गयी है। इसके आगे चलना पृथ्वी के मनुष्य की शक्ति से परे है। अब लौट जा और सत्यवान के शव को मुखाग्नि से अन्तिम संस्कार पूर्ण करो।"

"भगवान, मैं तो अपने पति के साथ हूँ अतः दूरी का अनुभव नहीं हो रहा है। पत्नी के सभी सुख पति के साथ रहते हैं। पति से विलग रहना ही दुख है नारी के लिए। एक बात और, आप विस्वान के पुत्र हैं अतः वैवस्वत कहलाते हैं। आप सबके साथ समान न्याय करते हैं। चूँकि आपकी प्रेरणा से प्रजागण धर्म का आचरण करते हैं। आप इसीलिए धर्मराज भी कहलाते हैं। विश्वास ही सौहार्द का कारण है और सौहार्द ही विश्वास का। सत्पुरुषों में लोगों के विश्वास का कारण उनका सौहार्द है, ऐसा आप जैसे सत्पुरुषों की वाणी है।"

यमराज सावित्री के व्यवहार और शास्त्रसमस्त विचार से पूर्णतया अभिभूत हो गये। उन्होंने कहा, "बेटी सावित्री, तूने जो सार्थक और धर्मानुसरण की बातें कीं, ऐसा मैंने किसी अन्य से कभी नहीं सुना। अतः मैं प्रसन्नता से लबालब है। माँग तू चौथा वर माँग ले, पर सत्यवान का जीवन नहीं।"

"भगवान, मुझे अपने कुल के सातत्व के लिए औरस पुत्रों का आशीर्वाद दें। वे सभी बलवान और पराक्रमी हों, धर्माचारी और कल्याणकारी हों।" सावित्री ने निवेदन किया।

"तेरी यह भी अभिलाषा पूर्ण होगी। अब तू लौट जा बेटी मुझे अपना काम करने दे।" यमराज ने कहा।

''भगवान आप मुझे वापस जाने को कह रहे हैं और मेरे पति को लिए जा रहे हैं। इससे आपके वर की पूर्त्ति कैसे हो सकेगी। सत्यवान का जीवनदान करने से ही आपके सत्य और धर्म की रक्षा हो सकेगी। बिना पति के पुत्र प्राप्ति कहां? पति के बिना मैं सुख, स्वर्ग, लक्ष्मी तथा जीवन की भी इच्छा नहीं रखती।''

न कामये भतृविनाकृता सुखं न कामये भतृविनाकृता दिवम्।
न कामये भतृविनाकृता श्रियं न भतृहीना व्यवसामिजीवितुम्।।

''प्यारे भक्त श्रोताओ। अन्ततः वचनबद्ध धर्मराज ने सत्यवान को मृत्यु पास से मुक्त कर दिया और लम्बी आयु प्रदान की। सावित्री ने अपने सतीत्व और पातिव्रत्य से अपने पति सत्यवान को मृत्यु मुख से पुनः प्राप्त कर लिया। ऐसी होती है सती-धर्म की अमोघशक्ति।

''प्रिय भक्तो, सावित्री-सत्यवान की कथा सुनाने की प्रेरणा मुझे खण्डोजी नेवसे की पुत्री को देखकर मिली। इस पुत्री में मुझे पातिव्रत की शक्ति का आगार प्रतीत हो रहा है। ईश्वर इसे आयु और प्रतिष्ठा प्रदान करें।''

महात्मा के प्रवचन सुनकर खण्डोजी नेवसे और उनकी पत्नी लक्ष्मीबाई की प्रसन्नता अमाप लगने लगी। उनकी पत्नी ने ही कहा कि महात्मा जी बड़े विद्वान हैं। अभी तक हम लोगों ने अपनी मुनिया का नामकरण नहीं किया है। अब बड़ी हो रही है कब तक मुनिया कहकर पुकारते रहेंगे।

''नाम क्या? कुछ भी रख लेंगे। हमलोगों की बिरादरी में दिन के नाम पर या देवी-देवता के नाम पर रख लिया जाता है। अच्छा नाम रखने का हम लोगों को ब्राह्मणों ने कहाँ अधिकार दिया है। वे कहते हैं कि ईश्वर का विधान है कि शूद्र के नाम में सेवाभाव होना चाहिए।'' खण्डोजी नेवसे ने अपनी पत्नी को समझाया।

''आपने ही तो बताया कि महात्मा को कथा कहने में मेरी बिटिया से प्रेरणा मिलती है। क्या वे अच्छा सा नाम नहीं बता देंगे।'' लक्ष्मीबाई ने पति से साग्रह कहा।

''बात तो तुम ठीक कहती हो। कल सुबह फूलमाला लेकर जाऊँगा तो महात्मा से तुम्हारी बात अवश्य कहूँगा।'' पति ने विश्वास दिलाया।

खण्डोजी नेवसे फूलमाला से सजी थाली लेकर महात्मा जी के पास गये। उन्होंने विशेष रूप से तैयार की गयी माला उनकी ग्रीवा में सजायी। सुमन सुगन्ध से पूरा कक्ष गमक उठा। खण्डोजी नेवसे ने महात्मा जी के पैर स्पर्श करते हुए प्रार्थना की-''महाराज, मेरी बेटी अब दौड़ने-खेलने लगी है। हम

लोग उसे मुनिया कहते हैं। अभी तक उसका नामकरण नहीं किया है। मेरे घरवाली की प्रार्थना है कि आप ही उसका नामरकरण कर दें।''

''खण्डोजी, आपने तो मेरे मन की इच्छा को जगा दिया। दो दिनों से मैं सावित्री-सत्यवान की कथा सुना रहा हूँ। मेरा मन कहता है कि तुम्हारी बेटी का नाम भी सावित्री होना चाहिए। उसमें पातिव्रत के बीज छिपे हैं। उन्हें अंकुरित करना तुम्हारा काम है। तुम तो फूलों को खाद-पानी देकर उनमें छिपे रंग-बिरंगे पुष्पों को खिलाते हो। तुमसे अच्छा माली कहाँ मिलेगा जो तुम्हारी मुनिया के अन्दर छिपे गुणों का विकास कर सके। जाओ ईश्वर तुम्हारी रक्षा करेंगे।''

खण्डोजी नेवसे उर्फ कावड़े पाटिल ने अपने सगे-सम्बन्धियो को बुलाकर एक जातभोज दिया और उसी में अपनी बेटी का नाम 'सावित्री' रखा। सभी ने हृदय से आशीर्वाद दिया। इस पुनीत नामकरण संस्कार में पंडित-पुरोहित को कष्ट नहीं दिया गया।

सावित्रीबाई की आयु ज्यों-ज्यों बढ़ने लगी, उसका सौन्दर्य लावण्य निखरने लगा। उसकी शैशवावस्था कब बीत गयी, पता ही नहीं चला। बाल्यावस्था में पदार्पण करते-करते वह अपनी माँ लक्ष्मीबाई के कार्यो में हाथ बँटाने लगी। सुबह-शाम माँ के साथ रहती और दिन में पिता के साथ फूलों की बाड़ी में। खिलते सुमनों से बातें करती, उन्हें प्यार करती और चुन-चुनकर फूल एकत्र कर घर लाती। घर के आँगन में पत्तों से ढक कर फूलों को रखती, जिससे वे सुबह भी नवीनता लिए हुए हों। भैरवनाथ के मन्दिर में चढ़ाने के लिए सुबह से माँग होने लगती। बाप-बेटी दुकान सजाते। भक्तगण अपनी सामर्थ्य के अनुसार पुष्प गुच्छ, पुष्पमाला, फुटकर पुष्प लेते और भैरवबाबा को अर्पित करते।

सावित्री बचपन से ही नटखट और तेजतर्रार थी। वह प्रतिदिन बाबा भैरवनाथ का दर्शन करती और अपने नन्हे हाथों से चयनित पुष्प चढ़ाती थी। एक दिन वह अपने पड़ोसी के साथ मन्दिर परिसर में खेल रही थी। एक नटखट बच्चे ने एक छोटे बच्चे के हाथ से गुलाब का फूल छीन लिया। बच्चा रोने लगा। सावित्री अपने मित्रों के साथ पहुँच गयी और लड़के से पूछा, तुमने बच्चे से फूल क्यों छीना? लड़का सावित्री से उम्र में बड़ा था। उसने रोब दर्शाते हुए कहा, ''क्यों सावित्री तू कौन होती है पूछने वाली? वह तुम्हारा भाई है क्या?'' ''हाँ वह मेरा भाई है और मैं उसकी बहन।'' यह कहते-कहते उसने यकायक उस लड़के के हाथ से फूल छीनकर बच्चे को दे दिया। उसकी फुर्त्ती देखकर वह लड़का भाग गया और इसके पश्चात् अन्य बदमाश बच्चे उससे डरने लगे।

सावित्री बचपन से ही सत्यवादी थी। फूल छीनने वाले की माँ ने जब

उसकी माँ लक्ष्मीबाई से शिकायत की तो उसने सच-सच बता दिया और बच्चों ने भी उसकी सच्चाई की पुष्टि की। शैतान बच्चे की माँ ने अपने बेटे पर ही गुस्सा का प्रदर्शन किया।

नायगाँव के आस-पास अब घने जंगल या आम के बाग नहीं हैं। उन दिनों कुछ आम के पेड़ थे। सावित्री गुलेल से आम तोड़कर लाती थी। एक दिन उसने देखा कि पेड़ के एक खोते में पक्षी के कुछ नवजात बच्चे चहक रहे थे। एक जहरीला सर्प पेड़ के खोते में खेलते बच्चों को खाने की फिराक में पेड़ पर चढ़ गया। सावित्री की दृष्टि पड़ी। उसने गुलेल से सर्प पर प्रहार किया। साँप नीचे जमीन पर आ गया। बच्चे वहाँ से भाग कर गाँव आये और कहा कि सावित्री वहाँ अकेले है और साँप गुस्से से फुफकार रहा है। खण्डोजी और लागों को लेकर बाग में पहुँचे तो देखा कि सावित्री पेड़ की एक टहनी से साँप का काम तमाम कर चुकी थी। पिता ने उसे गले से लगाया और कहा, ''तुम्हें डर नहीं लगा, साँप काट लेता तो।''

''पिताजी वह बदमाश साँप पक्षियों के निस्सहाय बच्चों को खाने जा रहा था, इसलिए मैंने गुलेल का निशाना साधा और वह जमीन पर आ गिरा। मैंने इस टहनी से ही उसे दंडित किया। काटता कैसे, चोर और बदमाशों में साहस का अभाव होता है।'' सावित्री के साहस की चर्चा पूरे गाँव में फैल गयी।

भैरवनाथ मन्दिर के सचिव श्याम राव नेवसे ने बताया था कि सावित्री सिरवल बाजार अपनी सहेलियों के साथ जाया करती थी। एक दिन वह पकौड़े लेकर खा रही थी। पास में पेड के नीचे मिशनरी के नारी-पुरुष ईसा-मसीह की प्रार्थना गा रहे थे। सावित्री भी वहाँ पहुँच गयी। मिशनरी के एक बुजुर्ग सदस्य ने पास आकर कहा, ''इस तरह पकौड़े खाना अच्छी आदत नहीं। खुला रहने से कीड़े-मकोड़े और धूल इसे दूषित कर देते हैं। खाना ढँक कर रखना चाहिए।'' सावित्री ने पकौड़े वहीं फेंक दिये। उसने सावित्री को ईशा-मसीह की कहानियों की एक पुस्तक दी और कुछ मिठाई और कहा कि इसे घर जाकर खाना और पुस्तक के चित्रों को देखना। अच्छा लगेगा। सावित्री ने घर आकर इस घटना को अपने पिता को बताया और पुस्तक दिखाई। पिता ने डाँटा और कहा कि ईसाई लोग हमारा धर्म नष्ट कर रहे हैं। उनका दिया हुआ कुछ भी खाना धर्म भ्रष्ट करना है। उन्होंने मिठाई और पुस्तक छीन कर फेंक दिया। सावित्री मायूस नहीं हुई। पुस्तक को उठाकर घर ले गयी और छिपाकर रख दिया। समय मिलने पर वह किताब में छपे चित्रों को देखती। वह पढ़ी-लिखी नहीं थी परन्तु चित्रों में भगवान का दर्शन करती।

खानबाड़ी में अकाल की स्थिति उत्पन्न हो गयी थी। वर्षा के पानी के अभाव में फूल की खेती और दूसरे अनाज भी नहीं पैदा किये जा सकते थे। शेटीवा परिवार ने पुणे शहर में आकर पार्वती पहाड़ी की तलहटी में एक झोंपड़ी डाल दी। ऊधिया की जमीन में फूल के पौधे रोप दिये। अच्छी वर्षा हुई। फूल की खेती लहलहा उठी। गणेशबप्पा मन्दिर में फूल की अच्छी खपत थी।

शेटीवा के तीन पुत्र यहीं पैदा हुए थे–राणोजी, कृष्णा और गोविन्द। बच्चे शुक्लपक्षीय चाँद की भाँति बढ़ने लगे। घर की आमदनी बढ़ाने के लिए शेटीवा ने अपने पुत्रों को एक पुष्प विक्रेता महाजन की गद्दी पर लगा दिया। बच्चों को फूल से माला, वेणी और पुष्पगुच्छ बनाने की कला मालूम थी। महाजन की दुकान से जो भी फूलमाला लेकर मन्दिर में चढ़ाता उसकी मनोकामना पूरी हो जाती। लोगों में यह भावना घर कर गयी कि इन बच्चों के हाथों में ईश्वरीय कला है। महाजन का धन्धा बढ़ चला। बच्चों की ख्याति पूरे पुणे शहर में फैल गयी।

तीनों भाइयों की कला की ख्याति पेशवा दरबार तक पहुँच गयी। पेशवा के यहाँ से तीनों बच्चों का बुलावा आया और बच्चों को राजा ने आदेश दिया कि अब तुम तीनों भाई महल में काम करोगे। तीनों भाई पेशवा दरबार में काम करने लगे। इन बच्चों के काम और कर्त्तव्यपरायणता से प्रसन्न होकर पेशवा ने शेटीवा को पार्वती पहाड़ी की तलहटी में, 35 बीघे जमीन अपनी पसन्द की लेने का आदेश दे दिया। शेटीवा ने नहर के किनारे की जमीन ले ली।

शेटीवा ने तीनों बेटों की शादी कर दी। परिवार का मान-सम्मान बढ़ने लगा। छोटे बेटे गोविन्द की शादी धनकबाड़ी के झगड़े पाटिल की पुत्री चिमड़ाबाई से हुआ। कुछ समय के अन्तराल पर उनके परिवार की वृद्धि हुई। दो पुत्र राजाराम और जोतीराव का जन्म हुआ।

ईश्वर एक हाथ देता है तो दूसरे हाथ लेता भी है। गोविन्द का पारिवारिक जीवन सुखमय होता जा रहा था तभी उनकी पत्नी का असामयिक निधन हो गया। गोविन्द का साहस टूटता सा लगा परन्तु अबोध बेटों का भविष्य उन्हें ढाँढस बिना काम के मौज करने से उनका रास्ता अवरुद्ध हो जायेगा। शिक्षा परिषद के सदस्य धाकजी दादाजी प्रभु ने परिषद की एक बैठक में संकल्प पारित करा दिया कि शूद्रों के बच्चों को स्कूल से निष्कासित किया जाय अन्यथा वे अपने बच्चों को स्कूल से हटा लेंगे। प्रगतिशील समाज सुधारकों के प्रबल विरोध करने पर भी शूद्रों के बच्चों को स्कूल छोड़ना पड़ा।

डेढ़ सौ साल बाद भी ब्राह्मणों की मानसिकता में कोई बदलाव नहीं आया

है। सरकार ने 'मिड डे मील' की योजना स्कूलों में लागू की है जिससे गरीब और दलित बच्चे भी शिक्षा के लिए स्कूल आएँ। जिन स्कूलों में अनुसूचित जाति की महिला रसोई बनाती है, उन स्कूलों के बच्चों के अभिभावकों ने इसका विरोध शुरू कर दिया है, और वे अपने बच्चों को स्कूल से हटा लेने की धमकी देने लगे हैं। नियम, कानून, संविधान और सरकार पर आज भी ब्राह्मण लोग भारी पड़ रहे हैं।

लड़कियाँ अचानक कम वय में बड़ी लगने लगती हैं। सावित्री की बढ़ती उम्र से उसके माता-पिता उसके विवाह के लिए चिन्तित होने लगे थे। नायगाँव में कोई स्कूल नहीं था। प्राथमिक विद्यालय सिरबल और तालुका मुख्यालय खण्डाला में था परन्तु लड़कियों को शिक्षित करना पाप माना जाता था। इसलिए सावित्री को स्कूल भेजने का कोई मतलब नहीं था। खण्डोजी नेव्रसे का उठना-बैठना मन्दिर में आनेवाले विद्वानों, पंडितों के साथ होता रहता था। वह सुमनमाला गूँथकर उनकी ग्रीवा काश्रृंगार किया करता था। उनकी विद्वत्ता से उसे यह भान हो गया था कि पढ़ने-लिखने के कारण ही वे इतने अच्छे प्रवचन करते हैं। उसकी इच्छा होती कि वह अपनी बेटी सावित्री को स्कूल भेजे परन्तु ब्राह्मणी-समाज के अंकुश के डर से वह ऐसा न करने के लिए मजबूर था। पढ़ाई से अधिक नेवसे दम्पति की चिन्ता बेटी के हाथ पीले करने में थी। शूद्रों में उन दिनों बचपन में ही शादी करने की प्रथा थी। सावित्री करीब सात-आठ साल की हो गयी थी।

जोतीराव को स्काटिश मिशन स्कूल में भरती करा दिया गया था। उन्हें भरती कराने स्वयं उसकी मौसीमाँ सगुणा बायी गयी थी। इस स्कूल में पढ़ते हुए जोतीराव को पता चला कि संस्कृत पाठशाला में ब्राह्मणेतर बच्चों को पढ़ने की इजाजत नहीं है। उन्होंने इसका विरोध किया। कालान्तर में इस पाठशाला को पुणे कॉलेज का रूप दिया गया और अन्य जातियों के बच्चों को भी स्कूल में प्रवेश मिलने लगा।

जोतीराव की पढ़ाई से पूना के ब्राह्मण खुश नहीं थे। उन्होंने गोविन्दराव को समझाया, "आपका बेटा पढ़-लिखकर क्या करेगा? न तो उससे खेती हो पायेगी और न व्यवसाय। ऊपर से तुम और तुम्हारी सात पीढ़ी तक के पुरखे धर्मच्युत हो रहे हैं। अंग्रेज लोग बच्चों को ईसाई बना रहे हैं। क्या अपने पुरखों को नरक की यातनाएँ देने से आपका कल्याण हो सकेगा?"

ब्राह्मणों की मन्त्रणा काम कर गयी। गोविन्दराव ने अपने बेटे जोती को स्कूल से हटा लिया। इसकी जानकारी अंग्रेज अधिकारी लिजिट साहब को

मिली। उन्होंने गोविन्दराव को समझाने का प्रयास किया, ''गोविन्द ब्राह्मणों के जाल में आप पुनः फँस गये। कारण–आप अनपढ़ हैं। आप ब्राह्मणों से पूछिये कि शिक्षा से यदि धर्म का अपहरण होता है तो वे अपने बच्चों को क्यों शिक्षित कर रहे हैं? स्कूल में पढ़ने के लिए क्यों भेजते हैं? आप जैसे अनपढ़ लोगों के बन्द ज्ञानचक्षु को खोलने के लिए ही कानून और शिक्षा मन्त्री थामस मैकाले ने अंग्रेजी भाषा पढ़ाने का कानून बनाया है। आप जोतीराव को फिर से स्कूल में पढ़ने भेजिए।''

पढ़ाई-लिखाई की समस्या अपनी जगह पर थी। गोविन्दराव के समक्ष उससे बड़ी समस्या थी जोतीराव के विवाह की। शूद्रों में बाल्यावस्था में ही विवाह कर देने की प्रथा थी। उम्र बढ़ने पर शादी के लिए लड़की मिलना कठिन था। जोतीराव की उम्र 13 वर्ष की हो रही थी।

गोविन्दराव के माथे पर तनी लकीरों को देखकर सगुणा बाई क्षीरसागर ने समस्या का अनुमान लगा लिया। उन्होंने गोविन्दराव से पूछा, ''भैया आप जोती के विवाह को लेकर चिन्ताग्रस्त लगते हैं। आप चिन्ता न करें, एक लड़की मेरी दृष्टि में है। दोनों की जोड़ी अच्छी रहेगी। शीघ्र ही नायगाँव जाकर बात चलाऊँगी।''

''बहन तुम्हारी बात से मेरी चिन्ता कुछ कम हो गयी है। परन्तु जब तक शादी न हो जाय, मेरी चिन्ता बनी रहेगी।'' गोविन्द ने अपने मन की बात कही।

सगुणा बाई क्षीरसागर का सम्बन्ध सुदूर क्षेत्रों में था। वे अपने सगे-सम्बन्धियों से मिलती रहती थी। अनाथाश्रम में काम करने से भी बहुत से लोगों के साथ सम्बन्ध बन गया था। सतारा जिले के नायगाँव में उनके दूर के रिश्तेदार खण्डोजी नेवसे रहते थे। उनकी इकलौती कन्या भी विवाह के योग्य हो रही थी। योग्य क्या उस समय की प्रथानुसार वह किंचित बड़ी हो गयी थी। लड़की की माँ लक्ष्मी बाई से बहुत पहले मिली थी। वह सुन्दर और गौरवर्णी है एवं व्यवहार कुशल भी। सगुणा बाई ने अनुमान लगा लिया कि उसकी कन्या भी उसी की भाँति सुन्दर, सुशील और चरित्रवान होगी। खण्डोजी नेवसे से यदा-कदा पुणे में मुलाकात भी हो जाया करती थी। उन्होंने ही कभी कहा था कि मेरी बेटी के लिए कोई सुयोग्य वर दिखे तो बताना।

सगुणा बाई क्षीरसागर ने गोविन्दराव से बात की और दोनों परिवारों के सम्बन्ध को जोड़ने के लिए एक दिन नायगाँव के लिए प्रस्थान कर गयी। पूणे से करीब 62 किलोमीटर की दूरी पर पुणे-सतारा राजमार्ग से थोड़ा हटकर खण्डोजी नेवसे का ग्राम नायगाँव है। सिरवल तक लारी से गयी। वहाँ से

पैदल करीब 10 मील चलकर नायगाँव पहुँची। रास्ते में एक वर्षावाही नदी मिली। नायगाँव के पूरब में भैरवनाथ का मन्दिर है, जिसका पिलिन्थ जमीन से करीब आठ-दस फीट उँचाई पर है। उसके पीछे है खण्डोजी नेवसे का मकान। इस गाँव में मालियों की संख्या अधिक है फिर भी सगुणा बाई को खण्डोजी नेवसे के मकान तक पहुँचने में कोई कठिनाई नहीं हुई।

सगुणा बाई क्षीरसागर पादरी के अनाथाश्रम में काम करती थी। उनके रीति-रिवाज से भी अवगत थी। उनके यहाँ शादी-विवाह बड़ी शालीनता के साथ होता है। अकारण खर्चा नहीं करते। जोतीराव और सावित्रीबाई के विवाह के लिए उन दिनों शूद्र परिवारों में प्रचलित प्रथा के अनुसार बारात खण्डोजी नेवसे के घर गयी, परन्तु विवाह-संस्कार तत्कालीन रीति-रिवाज से हटकर किया गया। शादी कराने के लिए पण्डित को नहीं बुलाया गया। दोनों पक्षों ने शादी में अपनी-अपनी क्षमता के अनुसार बढ़-चढ़ कर भाग लिया। अशूद्रीय विवाह पद्धति की चर्चा चारों ओर होने लगी। पूना के ब्राह्मणों को जब इसकी जानकारी मिली तो उन्होंने निश्चय किया कि अंग्रेजियत का प्रभाव समाज में बढ़ता जा रहा है। इससे शूद्रों का मनोबल भी बढ़ रहा है। अतः अंग्रेजी सरकार और पादरियों का विरोध किया जाना चाहिए।

जोतीराव और सावित्रीबाई का विवाह सम्पन्न हुआ। विवाह के समय जोतीराव की उम्र 13 वर्ष और सावित्री की उम्र मात्र 9 वर्ष थी। उन दिनों की प्रचलित प्रथा के अनुसार यह लम्बित विवाह था। शूद्रों में बचपन में ही शादी करने की प्रथा थी। नायगाँव के नेवसे और पूना के फुले परिवार सम्बन्धी के बन्धन में बन्ध गये और जोतीराव तथा सावित्री पति-पत्नी के।

बावा भैरवनाथ की आरती सम्पन्न हुई। रात्रि के सात बजे थे। आज की आरती में खण्डोजी नेवसे ने अपनी पत्नी लक्ष्मी और बेटी सावित्री उर्फ मुनिया के साथ भाग लिया। घड़ी-घंटा के संगीत और मन्त्रोच्चारण की मधुरध्वनि से भक्तों का मन सराबोर हो गया।

नेवसे परिवार आरती का प्रसाद लेकर घर आया। बेटी सावित्री ने अपने पिता से जिज्ञासा की कि सावित्री ने सत्यवान को धर्मराज से मुक्त करने के लिए प्रथम वर न माँग कर अपने सास-श्वसुर के राजपाट, सुख-सुविधा और नेत्रज्योति का वर पहले माँगा। क्या सत्यवान का जीवनदान उनके लिए अन्तिम विकल्प था?

पिता खण्डोजी नेवसे को बेटी का प्रश्न समझ में नहीं आ रहा था। साथ ही उनको आश्चर्य हो रहा था कि यह किशोरवय पुत्री के दिमाग में

ऐसी बातें कहाँ से आ गयी। उन्होंने कहा कि बेटी इसका उत्तर तो मुझे नहीं ज्ञात। महात्मा जी से पूछ कर बताऊँगा। लेकिन महात्मा जी ने अपने प्रवचन में सावित्री-सत्यवान के बारे में जो कहा, वह तो भगवान की वाणी है। उसे वैसे ही मान लेना चाहिए।

पिताजी महात्मा जी तो वही कथा सुनायेंगे जो उन्होंने पढ़ा है या अपने गुरु से अर्जन किया है। उनका स्ववेदन और सम्वेदन अपना नहीं है। मेरा नाम भी तो सावित्री है और यह नाम महात्मा जी ने ही दिया है जैसा कि आपने बताया था। पिताजी यदि मुझसे यमराज वर माँगने को कहते तो एक ही वर माँगती और उसी में सभी समस्याओं का निदान हो जाता।

''अच्छा बिटिया, हमलोग भी तो सुनें तुम क्या वर माँगती?'' सावित्री के पिता ने बिटिया से पूछा।

पिताजी मैं कहती कि, ''धर्मराज जी, मुझे वरदान दीजिए कि मेरे सास-ससुर' अपने खोये हुए महल में अपने पोतों को दूध-भात खाते देखें।' धर्मराज के 'एवमस्तु' कहते ही उन्हें सभी कुछ देना पड़ता।''

बेटी की मेधा एवं तर्क सुनकर खण्डोजी की चिन्ता बढ़ने लगी। एक तो माली जाति में बचपन में ही शादी-ब्याह करने की प्रथा है, दूसरे ऐसी अपढ़ विदुषी पुत्री के लिए सुयोग्य वर का मिलना। बेटी नौ साल की हो रही है। खण्डोजी को चिन्तातुर देखकर लक्ष्मी बाई ने कहा, ''चिन्ता क्यों करते हैं? सुना नहीं ईश्वर शादी के जोड़े ऊपर से ही बनाकर पृथ्वी पर भेजते हैं। मेरी बेटी को सुयोग्य वर भी शीघ्र ही मिल जायगा।''

''सन्तोष के लिए अच्छा विचार है लक्ष्मी'' दोनों ऐसी ही उलझन में गोते खा रहे थे तभी सगुणा बाई क्षीरसागर जोतीराव का प्रस्ताव लेकर आ गयी और सावित्री की शादी हो गयी थी।

सावित्री जब नायगाँव से विदा होकर पूना आयी तब पिताश्री गोविन्दराव का सुखी परिवार मिला। उन्होंने उसे पुत्री का प्यार दिया परन्तु नायगाँव का पितृगृह छोड़ने का दुख होना स्वाभाविक था। श्वसुर गृह में उसे पति और पिता का इतना सारा प्यार मिला कि वह कुछ ही दिनों में पूना के हवा-पानी में मिश्रित होने लगी। हाँ माता की ममता का अभाव अवश्य ही खटकता था। सगुणा बाई ने वह कमी भी पूरी कर दी। गोविन्द परिवार की गाड़ी सुगमता से आगे बढ़ने लगी।

गोविन्दराव अपनी बहन सगुणा बाई से पादरी के अनाथाश्रम, चर्च प्रबन्धन और स्कूल की व्यवस्था आदि पर प्रायः सुना करते थे। विद्याधनी को चार

आँखें होती हैं, यह कहावत भी कभी-कभी सुना करते थे। सगुणा बाई की सलाह मानकर गोविन्दराव ने जोतीराव का स्थानीय प्राइमरी पाठशाला में नाम लिखवा दिया। जोतीराव पढ़ने में अच्छा था परन्तु कुछ माह के भीतर ही ब्राह्मणों के दबाव में आकर बेटे को स्कूल से वापस बुला लिया। पंडितों का कहना था कि मनु भगवान ने स्पष्ट रूप से लिखा है कि शूद्र को विद्या की आवश्यकता नहीं। उसका काम है तीनों वर्णों की सेवा करना। इसी में उसका स्वर्ग-नरक है। ऊपर से ब्राह्मणों के श्राप का भय जो कई पुश्तों को नर्क में ढकेल सकता है। इन सब के डर से जोतीराव की पढ़ाई अधर में ही छूट गयी थी।

सगुणा बाई को यह जानकर बड़ा मानसिक क्लेश हुआ। जोतीराव पढ़ना चाहता है। मैंने उसकी बुद्धिशक्ति देखी है। बड़ा होकर उसमें कुछ विशेष करने की क्षमता है। परन्तु क्षमता का विकास बिना शिक्षा के नहीं होगा। सगुणा बाई अपनी क्षमतानुसार जोतीराव को घर पर पढ़ाने लगी। परन्तु उनका विद्याज्ञान अल्प था। अतः उन्होंने गोविन्द भाई को पुनः समझाने का प्रयास किया।

गोविन्दराव तो अनपढ़ थे ही। उनके दिमाग में भी ज्ञान की बातें घुसती नहीं थी। अतः उन्होंने बिना तर्क-वितर्क किये कह दिया, "बहन सगुणा, तुम जो उचित समझो, करो। विद्या के बारे में तुम मुझसे अधिक जानती हो। मैं तो चाहता हूँ कि मेरा बेटा पढ़-लिख कर इंसान बने। जिससे हमारे दादा-परदादा की भाँति वह कुलकर्णी और पाटिल के चंगुल में न फँसे। मेरा जीवन तो जैसे-तैसे कट जायगा।"

जोतीराव घर में पढ़ने लगा। दिन में दोनों भाई पिता की खेती में मदद करते और रात्रि में पढ़ाई। ज्ञानवृद्धि होने लगी। जोतीराव अपनी जिज्ञासा की परिशान्ति के लिए जब कभी ब्राह्मणों से कुछ पूछता तो उन्हें डाँट पड़ती, "साला, शूद्र चला है भागवत बाँचने।" जोतीराव निराश नहीं होते। उनकी मुलाकात मुंशी खफ्फार बेग से हो गयी। उन्होंने सदैव जोतीराव को प्रोत्साहित किया और यथाशक्ति संशय समाधान भी। वे स्वयं उर्दू और फारसी के विद्वान थे।

पूना शहर में एक ईसाई धर्म प्रचारक थे लिजिट साहब। उन्होंने गोविन्द से मुलाकात की और जोतीराव की पढ़ाई जारी रखने की सलाह दी। उन्होंने कहा कि आपका बेटा बड़ा होनहार है। उनकी सलाह और प्रयास रंग लाया। चार साल तक पढ़ाई छोड़ने के बाद जोतीराव को गोविन्दराव ने, 'स्काटिश मिशन' में दाखिल करा दिया।

स्काटिश मिशन में पढ़ाई के समय पेशवा बाजीराव के शोषण और अत्याचार

की जानकारी मिलने लगी। समाज में शूद्रों की स्थिति से भी अवगत होने लगे। ग्रामसेवकों को 'बारबलूता' कहा जाता था। बारबलूता जातियों में बढ़ई, लोहार, नाई, धोबी, कुम्हार, सोनार, मूर्तिकार, जलवाहक, चमार, रस्सी बनाने वाले, चौकीदार या सूचनावाहक, सीमारक्षक और महारधेड़ या परवारी आदि थे। इनका ग्रामीण जीवन और ग्राम्य अर्थव्यवस्था से सघन सम्बन्ध हुआ करता था। इनके अतिरिक्त मुल्ला, पुजारी और ज्योतिषी ब्राह्मण समाज में धार्मिक अनुष्ठान सम्पन्न कराते थे। ये सभी पद पारम्परिक और जाति से जुड़े थे।

फूलमाली का सीधा सम्बन्ध मन्दिरों से था अत: उनका गणना ग्राम सेवक के रूप में नहीं होती थी। वे देवी, देवताओं यथा हनुमान, ब्रह्मा, महादेव, गणेश और भैरवनाथ को सजाने-सँवारने के लिए पुष्प, पुष्पगुच्छ, फूलमाला आदि की आपूर्त्ति करते और कभी सजाने-सँवारने में मदद भी करते थे। ईश्वर या भगवान की सेवा से उनका प्रत्यक्ष और परोक्ष सम्बन्ध होता था। इन सब बातों से जोतीराव और सावित्री पूर्व परिचित थे। भैरवनाथ का मन्दिर तो सावित्री के पितृगृह में लगा हुआ था।

समय गतिमान है। वह कभी नहीं रुकता। इसीलिए कहा गया है कि जो समय निकल गया वह लौट कर फिर कभी नहीं मिलता। जोतीराव जीवन के हर क्षण का सदुपयोग करना जानते थे। मिशन स्कूल की शिक्षा पूरी करके दाम्पत्य जीवन एवं गृहस्थ जीवन को सार्थक बनाना चाहते थे। समय मिलने पर सावित्री के साथ अपने अनुभवों को बाँटा करते थे। सावित्री अनपढ़ थी, पर अशिक्षित नहीं। एक शाम दोनों बैठे थे। सावित्री ने कहा, "मेरे गाँव में अपने लोगों की संख्या अधिक है। भैरवनाथ मन्दिर मेरे घर से सटा हुआ है। हमलोगों की ही बनायी फूलमालाएँ भक्तगण बाबा भैरवनाथ पर चढ़ाते हैं और अपनी मनोकामना की पूर्ति करते हैं, परन्तु हमलोगों को, पुजारी देव मूर्त्ति को स्पर्श नहीं करने देते। कहते हैं भगवान रुष्ट हो जायेंगे। इससे पूरे गाँव पर संकट छा जायगा। अन्य शूद्रों को तो मन्दिर के चबूतरे तक आना भी मना है। ऐसा क्यों है? आदमी आदमी में अन्तर क्यों है? क्या आप जानते हैं?"

"सावित्री तुम बहुत भोली हो। पढ़ने से ज्ञानोदय ही नहीं ज्ञानवृद्धि भी होती है। मिशनरी स्कूल में किताबी पढ़ाई के अतिरिक्त अन्धविश्वास, दकियानूसी एवं कट्टरपन्थी सोच के कारणों को भी समझाया जाता है। इन सबका एकमात्र कारण है अनपढ़ होना, अशिक्षित होना और अज्ञानी होना। विद्या इन अन्धविश्वासों से दूर ले जाती है। अज्ञानता से मुक्ति दिलाती है। सा विद्या या विमुक्तये।" जोतीराव ने समझाया।

"ब्राह्मण लोग नहीं चाहते कि शूद्र लोग या अन्य वर्ण वाले विद्यार्जन करें। शिक्षा ही ज्ञान की कुंजी है। वे भली-भाँति जानते हैं। शूद्र को बुद्धि मत दो। 'शूद्राय मतिं न दद्यान्न।' मनु महराज स्मृति में लिख गये हैं। ब्राह्मण देवता को मालूम है कि विद्या पाकर शूद्र लोग उनके द्वारा लिखे गये ग्रन्थों को पढ़ेंगें और असलियत जान जायेंगे। वेदों-उपनिषदों को ब्रह्मा या भगवान ने लिखा है उनके द्वारा फैलाए गये भ्रम का भंडा फूट जायगा। 'शूद्र न पूजहिं राज प्रवीणा। पूजहिं विप्र यद्यपि गुण हीना।' लिखकर तुलसी ने समाज का बहुत बड़ा अपकार किया है। अब तुमको शायद मालूम हो गया होगा कि मन्दिरों में शूद्रों और शूद्रातिशूद्रों का प्रवेश क्यों वर्जित है। जो मन्दिर का निर्माण करता है, जो मूर्तियों को काटकर तराशता है उसे मन्दिर में प्राणप्रतिष्ठित कर देने पर स्पर्श करना, दर्शन करना वर्जित हो जाता है।"

"आपकी बात कुछ-कुछ समझ में आ रही है। हमें तो पढ़ने का अवसर ही नहीं मिला। गाँव में स्कूल नहीं था। पुजारी जी और गाँव के पंडितों को कहते सुना है कि लड़कियों को शिक्षित करने से परिवार और समाज बिगड़ जाता है।" सावित्री ने पंडितों की भाषा का खुलासा किया।

"नहीं सावित्री, ऐसा कुछ नहीं है। हम सोचते हैं कि अपने मुहल्ले में ही लड़कियों के पढ़ने के लिए एक पाठशाला की स्थापना करें। और समाज में फैली भ्रान्तियों को दूर करें।"

"हाँ हाँ, आप ठीक सोचते हैं। मैं भी, लेकिन मैं तो बड़ी हो गयी हूँ, नहीं तो मैं भी पढ़ती। बूढ़ा तोता क्या राम-राम सीख सकता है?" सावित्री ने सकुचाते हुए अपने हृदय की बात कह दी।

"पढ़ने की कोई उम्र नहीं होती, सावित्री। पढ़ाई तो कभी भी की जा सकती है। हमें ही देखो। जब मैं मिशन स्कूल में गया तो मेरी उम्र और मेरी काया अन्य बच्चों से कहीं बड़ी थी। शुरू में तो मुझे भी शर्म आती थी। परन्तु शर्म से बड़ी थी पढ़ने की ललक। तो मैं रम गया। मेरे गुरुओं ने भी मुझे पूरा उत्साहित किया। और फिर तुम्हारी उम्र तो मुझसे भी कम है।" जोतीराव ने अपना ही उदाहरण देकर सावित्री को प्रेरणा दी।

जोतीराव और बुआ माँ सगुणा बाई के संगवास में सावित्री को इतनी तो समझ हो गयी थी कि समाज में सभी दूषणों का मूल कारण अज्ञान और अशिक्षा है। इसीलिए मनु महाराज ने लिख दिया कि 'शूद्राय मतिं न दद्यान्न" शूद्रों को ज्ञान, शिक्षा नहीं देनी चाहिए। जोतीराव दम्पति ने 1848 में लड़कियाँ के लिए पूना के बुधवार पेठ में एक स्कूल का प्रारम्भ किया। यह स्कूल उस

समय पूरे देश में अपने ढंग का अनूठा ज्ञानकेन्द्र था। इस स्कूल को खोलने के लिए प्रेरणा जोतीराव को मिशनरी स्कूलों से मिली और उनके मित्र सखाराम यशवन्तराव परांजपे एवं सदाशिवराव गोवंडे ने उनके मनोबल को दृढ़ता दी। सबसे अधिक आत्मबल तो उनकी पत्नी सावित्री ने उन्हें प्रदान किया। वे हर मोड़ पर साथ रहीं।

अहमदनगर की मिशनरी में मिस फैरार एक स्कूल चला रही थी। जोतीराव ने अपनी पत्नी सावित्री एवं मित्र सदाशिवराव गोवंडे के साथ जाकर स्कूल की शिक्षा पद्धति को देखा, विचारा जो उन्हें सातिशय प्रीतिकर प्रतीत हुई। उन्होंने वहीं सोच लिया कि लड़कों के स्कूल के बजाय लड़कियों का स्कूल होना अधिक आवश्यक है। माताएँ बच्चों को जो संस्कार शिशुता एवं बाल्यावस्था में देती हैं, वही संस्कार बच्चों के लिए भविष्य की आधार पीठिका बन जाती है।

जोतिबा के मित्र सदाशिवराव गोवंडे का पूना से अहमदनगर स्थानान्तरण हो गया। वे सरकारी कार्यालय में कार्यरत थे। उनका पूरा सहयोग मिला। मिस फैरार से लड़कियों के लिए स्कूल प्रारम्भ करने के बारे में विस्तार से विमर्श हुआ। मिस फैरार की यह बात जोतीराव दम्पति को बहुत पसन्द आयी कि, ''जब तक स्त्रियों को शिक्षित नहीं किया जायगा, तब तक भारत जैसा विशाल देश क्या एक घर भी नहीं सुधरेगा।''

मिस फैरार के विचारों ने सावित्री को सीधे प्रभावित किया। उन्हें भी तो परिवार चलाना है अतएव उनके लिए शिक्षित होना परम आवश्यक है। एक शिक्षित लड़की दो परिवारों को उन्नत करती है।

अहमदनगर से लौटकर जोतिबा ने अपनी पत्नी सावित्री के साथ अपने मित्र सखाराव यशवन्तराव परांजपे और सदाशिव गोविन्द हाटे आदि के घर जाकर लड़कियों के लिए स्कूल खोलने की योजना पर विस्तार से विमर्श किया। श्री भिड़े ने स्कूल चलाने के लिए मकान देने की पहल की। अगस्त 1848 में जोतीराव ने बुधवार पेठ में श्री भिड़े के मकान में 'कन्या पाठशाला' का शुभारम्भ अपनी पत्नी की उपस्थिति में किया। तत्कालीन समाज में यह एक साहसिक अभियान था। समाचार-पत्रों में इस योजना की प्रमुखता से चर्चा की गयी।

अहमदनगर से चलते समय जोतीराव के मित्र सदाशिवराव गोवंडे ने स्कूल संचालन के लिए आर्थिक मदद का आश्वासन दिया था। इससे जोतीराव दम्पति का मनोबल और बलवान हो गया। बुधवार पेठ में स्कूल के शुभारम्भ के अवसर पर जोतीराव ने घोषणा कि, ''कन्या पाठशाला का शुभारम्भ करते हुए

मैं आप सब का आभारी हूँ, विशेषकर बुधवार पेठ के निवासियों का, जिन्होंने हमें हर सम्भव सहयोग करने का आश्वासन दिया है। मैं उन अभिभावकों के प्रति अपनी आत्मिक अशेष श्रद्धा अर्पित करता हूँ जिन्होंने अपनी लड़कियों को दाखिला दिलाकर, आज स्कूल के प्रथम दिन ही कराकर मेरे उत्साह को उन्नत किया है। आप सबसे मेरी अपील है कि इस कन्या पाठशाला को उन्नत-प्रगत करने में मेरी मदद करें।''

जोतीराव ने अपनी पत्नी का परिचय उपस्थित लोगों से कराया। मेरी पत्नी सावित्री अनपढ़ है, परन्तु मुझे ऐसे कार्यों के लिए भरपूर प्रोत्साहन देती है। आज भी पाठशाला के शुभारम्भ पर मेरे पीछे खड़ी है। आप सब जानते हैं कि हर सफल व्यक्ति के पार्श्व में नारी होती है। इन्होंने स्वयं इच्छा व्यक्त की है कि वे घर में रहकर शिक्षा ग्रहण करना चाहती हैं। लोगों ने करतल ध्वनि से सावित्री का स्वागत किया।

जोतीराव-सावित्री की पाठशाला खोलने की चर्चा समाचार-पत्रों में इतनी हुई कि इस कार्य की पूरे मराठा क्षेत्र में लोगों को जानकारी हो गयी। पूना और आस-पास के ब्राह्मणों में उबाल आने लगा। उन्होंने ब्राह्मण समाज की बैठक बुलाई और कहा कि लड़कियों को शिक्षा देना पाप है। पढ़-लिख कर नारियों का चरित्र गिर जाता है। आचरण दोषपूर्ण हो जाता है। देखते नहीं, अंग्रेजों की औरतें बाल खोलकर डाइन की तरह सड़कों पर घूमती हैं। शरीर पर पूरा वस्त्र नहीं रहता। कुछ अंग्रेज स्त्रियों को तो आदमी के बराबर हाथ में हाथ लेकर टहलते देखा जा सकता है। क्या हमलोग अपने घर की लड़कियों, औरतों को ऐसा बनने देना चाहेंगे? नहीं ना?

''गोविन्द का बेटा तो ईसाई स्कूल में पढ़ा है, इसलिए वह ईसाई धर्म से प्रभावित है। वह हमारी बेटियों को ईसाइयत की शिक्षा देगा और उन्हें चरित्रहीन बना देगा। देखा नहीं, पाठशाला खुलने के दिन उसकी अपढ़ पत्नी कैसे उसके पीछे खड़ी थी। हमलोग गोविन्द को समझाएँ कि यदि उसकी बहू और बेटा लड़कियों को पढ़ायेंगे तो उसके पुरखों को नरक भोगना पड़ेगा। सुना है कि उसकी पत्नी भी पढ़ने की इच्छा रखती है।''

''गोविन्द को समझाना तो आसान है,'' एक ब्राह्मणमण्डली के एक सदस्य ने कहा, ''परन्तु गोविन्द अपने लड़के और बहू को क्या समझा सकेगा जिससे वे स्कूल चलाना बन्द कर दें? इससे अच्छा होगा कि हमलोग एक दूसरे जतन का सहारा लें जो अधिक कारगर होगा।'' एक दूसरे सदस्य ने कहा, ''तुम उम्र में कम हो परन्तु हमलोगों में अधिक बुद्धिबल रखते हो,

बताओ दूसरा जतन क्या हो सकता है।'' उसने कहा, ''जोतीराव लड़कियों को पढ़ाता है। क्या मर्द का लड़कियों को पढ़ाना हमारे समाज में उचित है। सामाजिक मान्यताएँ भी तो कुछ होती हैं। यदि इस प्रश्न को उछाला जाय तो समाज के हर वर्ग का साथ मिलेगा और जोतीराव को पढ़ाने के लिए कोई शिक्षिका भी नहीं मिलेगी। विवश होकर उसे पाठशाला बन्द करनी पड़ेगी।''

यह सुझाव तो बहुत अच्छा है। साँप मर जायेगा, लाठी भी नहीं टूटेगी। दूसरे दिन से ही यह प्रचार किया जाने लगा कि जोतीराव लड़कियों को पढ़ाने के लिए शिक्षिका न रखकर स्वयं पढ़ाता है। एक तो लड़कियों को पढ़ाना पाप है। ऐसा धर्मशास्त्रों में लिखा है। दूसरे जब पुरुष लड़कियों को पढ़ायेगा तो निश्चय ही लड़की का चरित्र क्षीण होगा और उसका पूरा परिवार नरक में चला जायेगा। यह बात कारगर साबित होने लगी। समाज के कुछ लोगों ने जोतीराव से कहा कि पाठशाला में शिक्षिका बहाल करें अथवा हम लोग अपनी लड़कियों को पाठशाला में भेजना बन्द कर देंगे। ब्राह्मण देवता का कहना सत्य प्रतीत होता है कि आपके पढ़ाने से कलयुगी नरक भोगना पड़ेगा। लड़कियों का चरित्र खराब हो जायगा।

जोतीराव शाम को घर आये। क्लान्ति मन एवं शरीर से स्पष्ट लगता था कि उन्हें कोई विशेष चिन्ता ने घेर लिया। अन्यथा जोतीराव के साहस और कर्त्तव्यबोध से परेशानियाँ दूर भागती हैं। पास आकर सावित्रीबाई चारपाई पर बैठ गयी। जोतीराव के सिर पर हाथ फेरकर पूछा, 'आपके मुखमंडल की क्लान्ति से स्पष्ट है कि आप परेशान हैं। बताइये कैसी परेशानी है? हम दोनों मिलकर सामना करेंगे। हम गरीब शूद्रों का जन्म ही परेशानियों से लड़ने और पछाड़ने के लिए होता है।''

जोतीराव चारपाई पर उठकर बैठ गये। पत्नी का हाथ अपने हाथ में लेकर बोले, 'आज तुम बहुत सुन्दर लग रही हो। और पास आओ।'

''परेशानियों और दुःखों के बीच सुख और आनन्द का अनुभव करना कोई आप से सीखे। एक तरफ क्लान्त मन और दूसरी ओर प्रेमधन। सुन्दर न होती तो आपके साथ रहती कैसे? अब बताओ अपनी परेशानी।'' सावित्री ने जोतीराव का हाथ दबाते हुए कहा।

''सावित्री कोई बड़ी परेशानी नहीं है। लड़कियों का स्कूल अच्छी तरह चल रहा है। कल शाम ब्राह्मण समाज ने सामाजिक पंचायत की बैठक बुलाई थी बुधवार पेठ में। इन्होंने स्कूल का विरोध करते हुए कहा कि, ''गोविन्दराव के बेटे ने मुहल्ले में एक कन्या पाठशाला शुरू कर दी है। कुछ ब्राह्मण,

शेणवी और प्रभुजाति के दिग्भ्रमित लोगों ने अपनी लड़कियों को पाठशाला में भेजना भी शुरू कर दिया है। आप सब जानते हैं हमारे धर्म में महिलाओं को शिक्षित होने का अधिकार नहीं दिया है। आप सब यह भी जानते हैं कि हमारे धर्म में शूद्र की परछाई पड़ना भी वर्जित है। यहाँ तो पुरुष पढ़ाने का काम करता है लड़कियों का हाथ पकड़कर लिखना सिखाता है। इससे हमारी मर्यादा और धर्म दोनों की चिता धधक उठेगी। यह बात एक ब्राह्मण मित्र ने हमें बताया है।''

सावित्री ने पति के साहस को बढ़ाते हुए कहा, ''इसमें घबड़ाने की बात नहीं है। विद्या-विरोध की यह बात पुणे से पूरे महाराष्ट्र में फैलेगी फिर पूरे देश में। बहस होगी कि लड़कियों को शिक्षा दी जाय या नहीं।''

''बहस तो छिड़ गयी है सावित्री, प्रगतिशील लोग नारी शिक्षा के पक्ष में वकालत कर रहे हैं। कट्टरपन्थी ब्राह्मण धर्म की दुहाई देकर इसका विरोध कर रहे हैं। अंग्रेज मिशनरियाँ भी नारी शिक्षा पर बल दे रही हैं। पर हमारी चिन्ता का कारण नारी शिक्षा नहीं। वह तो हमने शुरू कर दिया है। पुरुष द्वारा लड़कियों को पढ़ाने का बहाना बनाकर समाज को बरगलाना चाहते हैं ब्राह्मण लोग। स्त्री शिक्षिका का प्रबन्ध कैसे होगा, यही एक समस्या है जिससे ब्राह्मणों के मुँह पर ताला लग सकता है। पर ऐसी शिक्षिकाएँ कहाँ से लाऊँ?'' जोती ने स्वयं से प्रश्न किया।

''बुआ सगुणा बाई ने मुझे, शादी के बाद से ही, रात्रि में अक्षर ज्ञान कराने लगी थी। उनके अथक प्रयास के बावजूद मैं धाराप्रवाह पढ़ नहीं पाती परन्तु रुक-रुक कर पढ़ने और लिखने में कठिनाई नहीं है। आपने भी तो मुझे उत्साहित किया था। सगुणा बाई मुझसे अधिक शिक्षित हैं। जितना वह कर सकती थीं, उन्होंने किया। आप मुझे पढ़ाइये। रात तो अपनी हैं, परिश्रम करेंगे। शिक्षिका के अभाव में पाठशाला बन्द नहीं होगी।''

जोतीराव फुले को पत्नी की बात सुनकर नवीन ऊर्जा मिली। उन्होंने खेती-बाड़ी में पिता का हाथ बँटाना, स्वयं की शिक्षा के साथ सगुणा बाई क्षीरसागर और अपनी पत्नी सावित्री को शिक्षा देने का भगीरथी प्रयास किया। पढ़ने-लिखने का ज्ञान हो जाने पर पुणे स्थित नार्मल स्कूल की प्रमुख मिशेल ने सावित्री का तीसरी कक्षा में नाम लिख लिया। वे भी नारी शिक्षा के प्रसार के लिए कृतसंकल्पित थी। ब्रिटिश शासकों ने 1832 में ही पूना में लड़कियों की एक पाठशाला खोली थी परन्तु ब्राह्मणों के प्रकोप से त्रस्त लोगों ने नारी शिक्षा को बढ़ावा नहीं दिया। इससे प्रभावित अंग्रेजों ने जोतीराव को हर सम्भव

मदद देने का आश्वासन दिया था। साथ ही जोतीराव के अपने मित्रगण जिसमें हर वर्ग के लोग थे, ने भी मकान, धन एवं उपहार देकर जोती के मनोबल को उठाया था।

सावित्रीबाई फुले न केवल पूना में बल्कि पूरे देश में प्रथम शूद्र महिला शिक्षिका बन गयी। स्कूल बिना किसी समस्या के चल पड़ा।

जोतीराव फुले और सावित्री की सफलता से ब्राह्मणों की क्रोधाग्नि और भड़क उठी। वे हार मानने को तैयार नहीं थे। उन्होंने एक धर्मगुरु का सहारा लिया। आज भी धर्मगुरुओं की बात को शिक्षित-अशिक्षित सब वर्ग के लोग मानते हैं। बात की सच्चाई को नहीं परखते। यही अन्धविश्वास शिक्षित समाज में भी दिखाई देता है। ब्राह्मणों ने एक विद्वान धर्मगुरु को आमंत्रित किया और बुधवार पेठ के एक सार्वजनिक स्थल पर प्रवचन प्रारम्भ कराया। लोगों की अपार भीड़ एकत्र होने लगी। धर्मगुरु ने प्रवचन में कहा, "प्यारे भक्तजनो, आज हमारे समाज के अस्तित्व पर विकट खतरा मँडरा रहा है। कलयुग का प्रभाव परिलक्षित होने लगा है। ऐसी विकट घड़ी में हम सभी हिन्दुओं को एकता के सूत्र में बन्धकर इस समस्या का सामना करना है। धर्मग्रन्थों द्वारा प्रवर्तित भूलों एवं सिद्धान्तों की रक्षा करनी है। समाज परिवार से बनता है और परिवार को बनानेवाली होती हैं नारियाँ। इसीलिए मनु स्मृति में कहा गया है कि, 'यत्र नार्यस्तु पूज्यन्ते रमन्ते तत्र देवता :'। हमारे ग्रन्थों में यह भी कहा गया है कि स्त्री को कभी स्वतन्त्र मत छोड़ो। 'न स्त्री स्वतंत्रयमर्हत' अन्यथा समाज बिखर जाएगा। उनका काम है प्रसन्नतापूर्वक घर-परिवार को सँभालना। 'सदा प्रदृष्टया भाव्यं गृहकायेषि दक्षया।' उनके लिए अलग से अनुष्ठान की व्यवस्था नहीं है शास्त्रों में। पति की सेवा से ही वह स्वर्गलोक में भी पूजनीय हैं। इन स्त्रियोचित धर्मों के सम्पादन के लिए विद्या या शिक्षा की आवश्यकता नहीं है। मैंने सुना है कि कुछ धर्मच्युत शूद्र लड़कियों को पढ़ाने के लिए पाठशाला चला रहे हैं। ऐसे अधर्म को रोकने और धर्म की स्थापना का दायित्व आप लोगों का ही है।"

धर्मगुरु के प्रवचन का लोकमानस पर गहरा प्रभाव पड़ा। ब्राह्मणों को लगा कि उनका तीर मछली की आँख पर लगा है। अन्धविश्वासी ब्राह्मण की एक समिति ने गोविन्दराव को आदेश दिया कि वह अपने बेटे बहू को अधर्म करने से रोके और पाठशाला बन्द कराये, अन्यथा वे समाज से बहिष्कृत कर दिये जायेंगे।

गोविन्दराव ने बेटे-बहू और बहन क्षीरसागर से रात्रि में सलाह-मशविरा

किया और कहा कि ब्राह्मण देवता और धर्मगुरु के आदेश का पालन करना हमारा कर्तव्य है।

जोतीराव ने अपने पिता की सलाह को अनसुनी करके कहा, ''पिताजी मैंने स्कूल में शिक्षा पाई है। बड़े-बड़े धर्मग्रन्थों को पढ़ा है। उनमें स्पष्ट रूप से कहा गया है कि, 'बुद्धि-वृद्धि कारण्यासु धन्यानि च हितानि च।' अर्थात बुद्धि को बढ़ाने वाले, धन और आरोग्य की शिक्षा देने वाले शास्त्रों का नित्य अध्ययन करे। बिना शिक्षा के शास्त्रों का अध्ययन सम्भव नहीं है। अतएव लड़के-लड़कियों दोनों को पढ़ाया जाय।'' उन्होंने धर्मान्ध समाज को ललकारते हुए लिखा भी कि–

अब तो आप पीछे न हटे, धिक्कारे मनुन्मत।
शिक्षा पाते मिलेगा सुख, जोती की यह बात सुने।

जोतीराव की पाठशाला में लड़कियों की संख्या दिन-प्रतिदिन बढ़ने लगी। पढ़ाने और पाठशाला चलाने का भार उन्होंने अपनी पत्नी सावित्री को दे दिया। सावित्री ने यह जिम्मेदारी बखूबी सँभाल ली।

सावित्री पादरी द्वारा दी गयी बाइबिल पुस्तक को यदा-कदा निकालकर देखती थी। यह वही पुस्तक थी जिसे उसके पिता खण्डोजी नेवसे ने छीनकर फेंक दिया था और सावित्री छिपाकर उसे उठा लायी थी और अपने पास छिपाकर रखती थी। उसके चित्रों को देखा करती थी। उस समय वह अनपढ़ थी। अब जब वह एक प्रशिक्षित शिक्षिका बन गयी थी, तब उस पुस्तक को चित्र के साथ पढ़ती भी थी। ईसा मसीह के जीवन से प्रेरणा ग्रहण करती थी। वह सोचती थी कि ईशा मसीह कितने संवेदनशील और त्यागमूर्त्ति रहे होंगे, जिन्होंने जनकल्याण के लिए अपना जीवन अर्पण कर दिया। मैं भी अपने पति को सहयोग देकर गरीब, दलित, शूद्रातिशूद्र, अपढ़ और अशिक्षितों को शिक्षा दान कर उनके आत्मसम्मान को जगाने का कार्य करुँगी और उन्हें मानव होने का अहसास कराऊँगी।

शाम को जोतीराव दम्पति पाठशाला बन्द करके अपने गंज पेठ के मकान के बरामदे में बैठे थे। सावित्री को मजाक सूझा। उन्होंने अपने पति को सम्बोधित करते हुए कहा, ''लोग कहते हैं कि पति परमेश्वर होता है। आप मेरे परमेश्वर हैं परन्तु मेरी ओर देखते भी नहीं। दिनभर पाठशाला संचालन के बाद मेरे परमेश्वर मेरी ओर देखकर मुस्करा दें तो मेरा आत्मबल दो गुना हो जायगा।''

''सावित्री, तुम बहुत सुन्दर ही नहीं आकर्षक स्वभाववाली भी हो। मैं सोचता हूँ कि यदि तुम्हारी ओर देखूँगा तो चकोर की भाँति मैं अपनी सुध-बुध

खो बैठूँगा और फिर हमारे संकल्प का क्या होगा? तुम थकी हुई लगती हो'' यह कहकर जोतीराव ने सावित्री को गले से लगा लिया।

''यह क्या? शाम को यह सब अच्छा नहीं लगता। हर काम का समय होता है।'' इसी बीच किसी ने दरवाजा खटखटाया।

''लो, अच्छा लगे या न लगे। आ गये फरियादी। मैं देखता हूँ।'' बाहर जाकर देखा तो कोई नहीं था। पुरवा हवा कुछ तेज चल रही थी। उसी से दरवाजा खटखटाया था।

सावित्रीबाई ने स्कूल का पूरा काम यथा अध्यापन, बच्चों की देखभाल और अध्ययन से जुड़ी अन्य समस्याओं को सँभाल लिया था। जोतीराव को स्कूल के संचालनार्थ संसाधनों को एकत्र करने के लिए यथेष्ट समय मिल रहा था। आस-पास के सभी वर्गों के लड़के-लड़कियाँ स्कूल आने लगे थे। परन्तु सावित्रीबाई का अध्यापिका होना और बिना किसी कठिनाई के स्कूल संचालित करना कट्टरपन्थी दकियानूसी ब्राह्मणों को अच्छा नहीं लग रहा था। उन्होंने ब्राह्मण सभा का आयोजन किया और ऐलान कर दिया कि गोविन्दराव की बहू ने समाज और धर्म के विरुद्ध विद्रोह कर दिया है। उसके बेटे जोतीराव का दिमाग तो पहले से ही अनियंत्रित है। यदि ऐसे शूद्रों को कठोर सबक नहीं सिखाया गया तो देश नरक में बदल जायेगा। औरत, वह भी शूद्रा, चली है बच्चे-बच्चियों को शिक्षित करने। वेदों में सही कहा गया है कि शूद्रों को ज्ञान मत दो। अर्धशिक्षित ब्राह्मण हर बात को वेद-पुराण से जोड़कर कहा करते थे जिससे लोग भयभीत रहें और उनकी बात का प्रतिकार न करें।

ब्राह्मण सभा ने अपने समाज के कुछ नवयुवकों को निर्देश दे दिया कि वे सावित्री को स्कूल जाते समय तंग किया करें, उसे भयभीत करें, जिससे वह स्वयं स्कूल जाना बन्द कर दे। परन्तु सावित्री की दृढ़शक्ति का उन्हें पता नहीं था। ब्राह्मण लड़के सावित्री को सुनाकर गालियाँ देते। वह सुनकर आगे बढ़ जाती। उसने जोतीराव को इसकी जानकारी दी। जोतीराव ने समझाया। ऐसी बन्दरघुड़की से डरने की आवश्यकता नहीं है। जिसके पास जो होता, वही देता है। ब्राह्मणों के पास 'गाली-गलौज' के अलावा है ही क्या। ब्राह्मण दूरदर्शी होते हैं। उन्हें पता है कि लड़कियाँ जब पढ़ लेंगी, लड़के शिक्षित हो जायेंगे, तब उनका ढकोसला, लोगों को बेवकूफ बनाकर पैसे ऐंठना बन्द हो जायगा। इसीलिए वे वेद, पुराण, धर्म के नाम पर अनपढ़ लोगों को डराकर रखते हैं और बिना परिश्रम किये अच्छा खाना खाते हैं, अच्छा कपड़ा पहनते हैं।

दिग्भ्रमित लड़कों की गाली का सावित्री की कार्यशैली पर कोई प्रभाव

नहीं पड़ा तो वे और घिनौनी हरकतों पर उतर आये। स्कूल जाते समय वे उस पर गन्दा कीचड़, गोबर फेंकने लगे। कुछ सिरफिरे लड़के दूर से थूक भी गिरा देते। सावित्री ने इन अपमानों को धैर्य से सहन किया। विद्यार्जन से उसे ज्ञान हुआ था कि विपरीत परिस्थितियों में धैर्य मत छोड़ो। 'विधुरेऽपि को न धैर्य त्याज्यम्।'

जोतीराव और सावित्री शाम को घर आते तो दिनभर के कार्यकलापों का विश्लेषण करते और आगे की रणनीति तैयार करते। सावित्री ने जब ब्राह्मण-लड़कों की गन्दी हरकतों को बताया तो जोतीराव ने शान्त मन से कहा, ''सावित्री जी, अच्छा काम करने में ऐसी कठिनाइयों का आना स्वाभाविक है। सदियों से चली आ रही रूढ़ियों और अन्धविश्वासों का प्रतिकार आसान काम नहीं है। इन सवर्णों को अज्ञानी मानकर अपना काम करते जाना है। हमलोग तो विपरीत दिशा में चल रहे हैं। मेरी सलाह है कि इन अज्ञानी-दुर्जनों की तुच्छ क्रियाओं पर किसी प्रकार की बिना प्रतिक्रिया किए स्कूल तो चलाना है।''

सावित्रीबाई ने पति की बातों को सुना और उन्होंने आश्वासन भरे लहजे में कहा, ''मुझे मालूम है इसीलिए मैं एक और साड़ी अलग से झोला में रखती हूँ। अतः स्कूल पहुँचकर मैं गन्दी साड़ी बदल लेती हूँ। स्कूल से लौटते समय पुनः साड़ी बदल लेती हूँ।'' मुझे मालूम था कि तुम ऐसी समस्याओं का समाधान स्वयं ही कर लोगी। मैं प्रसन्न हूँ। लेकिन इन घटनाओं को देखकर मुझे ऐसा आभास हो रहा है कि ब्राह्मण देवता लोग अब कोई और षड्यन्त्र करेंगे। अपना मायाजाल फैलाएँगे। हमलोगों को भविष्य में भी हर स्थिति से निपटने के लिए तैयार रहना होगा। मुझे पूरा विश्वास है कि बार-बार आनेवाली विपरीत परिस्थितियाँ तुम्हे अपने सिद्धान्त पथ से च्युत नहीं कर सकेंगी बल्कि इनसे आत्मबल और मजबूत होगा।''

जोतीराव अपनी पत्नी सावित्री के साथ स्कूल बन्द करके घर आये। घर का वातावरण कुछ अच्छा नहीं था। पिताश्री गोविन्दराव गिरे मन से गमगीन-से चारपाई पर लेटे थे। अपनी बहू और बेटे के आने पर भी कोई प्रतिक्रिया नहीं व्यक्त किये। सावित्री ने ही पहल की, ''पिताजी आप की तबीयत तो ठीक है? आप ऐसे क्यों लेटे हैं''?

गोविन्दराव कुछ कहते इसके पूर्व ही जोतीराव जो घर के अन्दर प्रवेश करनेवाले थे वापस लौटकर पूछा, ''पिताश्री ब्राह्मण देवता घर पर आये थे क्या? उन्होंने कुछ कहा क्या?''

''बेटा जोती तुम्हारा अनुमान सही है। आज दिन में ब्रह्मदेव मण्डली हमारे

दरवाजे पर आयी थी। उन्हें देखकर ही मुझे लगा था कि अवश्य कुछ षड्यन्त्र रचकर आये हैं, फिर भी औपचारिकतावश मैंने विनत होकर कहा, ब्राह्मण देवता मेरे घर पधारे। मेरा अहो भाग्य। आज्ञा दें मैं आप सबकी क्या सेवा करूँ।''

भट्ट ब्राह्मण ने कहा, ''तुम्हारा बेटा और बहू समाज में धार्मिक प्रदूषण फैला रहे हैं। तुम्हारे बेटे जोतिया ने पाठशाला खोल रखी है और उसमें तुम्हारी बहू, क्या नाम, सावित्री पढ़ाने जाती है। तुम्हें पता नहीं कि नारी को शिक्षित करना धर्म और शास्त्र दोनों के विरुद्ध है? यही नहीं वह मास्टरनी ऐसे ऐंठकर चलती है मानो अग्रेंजिन हो।''

मैंने कहा, ''महाराज मैं तो अनपढ़ गँवार हूँ। धर्मशास्त्र वेद की हमें कहाँ से जानकारी होगी। परन्तु मेरी बहू तो पढ़ी-लिखी है। उसे धर्म का ज्ञान होगा। मैं उसी से पूछ लूँगा।''

एक अन्य ब्राह्मण ने बड़ी चतुराई से बात को मोड़कर कहा, ''गोविन्दराव तुम्हारा घराना कितना ऊँचा है। तुम्हारे घर की बहू लाज-शर्म छोड़कर लोगों के सामने पाठशाला जाय, क्या तुम्हें यह अच्छा लगता है। इसीलिए हमलोग तुम्हें समझाने आये हैं। तुम्हारी इज्जत हमारी इज्जत है। जोतिया तो पुरुष है उसकी बात अलग है। वह कुछ भी करे। परन्तु बहू नारी-निर्लज्जता का आचरण करे, यह हमलोगों से देखा नहीं जाता और तुम चुपचाप देख रहे हो?''

मैं चुप था। कोई उत्तर नहीं सूझ रहा था। मुझे प्रतिक्रियाहीन देख एक दूसरे पण्डित ब्राह्मण ने कहा, ''गोविन्द यदि तुम अपनी बहू को नियन्त्रित नहीं करोगे तो उसके मायके और ससुराल दोनों घरों के पूर्वज लोग नरक में भी जगह नहीं पायेंगे, ऐसा शास्त्रों में लिखा है।''

मैं फिर भी चुप रहा और चुप रहना ही चाहता था कि बड़े पण्डित ब्राह्मण ने धमकाते हुए कहा, ''गोविन्दराव समझ लो और पाठशाला बन्द करवा दो या अपने बेटे को घर से अलग कर दो। तुमसे हमारा सामाजिक सम्बन्ध है। यदि ऐसा न किया तो तुम्हारा सामाजिक बहिष्कार किया जायेगा, और हो सकता है तुम्हें गाँव-देश से भी बहिष्कृत कर दिया जाये। ऐसा हमारे ब्रह्मसमाज का निर्णय है। यह तो गनीमत है कि अंग्रेजों का राज है। यदि पेशवा का शासन होता तो तुम्हारे बेटे और बहू दोनों को हाथी के पैर से कुचलवा देता।''

''तो बापूजी आपने क्या कहा उस ब्राह्मण मण्डली से?'' जोतीराव ने जानना चाहा।

''क्या कहता। मैंने कहा कि मैं अपने बेटे-बहू को समझाऊँगा। हमें समाज में रहना है। जल में रहकर मगर से वैर सम्भव नहीं है।'' गोविन्दराव ने कहा।

ब्राह्मण मण्डली को यह भाँपने में विलम्ब नहीं हुआ कि गोविन्दराव सारी बात अपने बेटे-बहू से कहेगा। उसका बेटा जिद्दी है। गोविन्दराव की सलाह नहीं मानेगा। परिणाम गृह कलह और परिवार का विभाजन। वे लोग जाते-जाते कह गये–''हमलोग तुम्हारी इज्जत करते हैं। अपने बहू-बेटे को कुमार्गी और अधर्मी होने से रोक लो।''

''बेटा, मैं तुम दोनों के लोकद्रोही और धर्म-विरोधी आचरण से आहत हो गया हूँ। हमें तो इन्हीं लोगों के बीच में रहना है।''

''बापू, आप भी उन ढोंगियों की भाषा बोलने लगे हैं। बताइये हम दोनों ने कौन सा ऐसा पाप किया, कौन से कुमार्ग को अपनाया है जिससे आपकी आत्मा चोटिल हुई है।'' जोतीराव ने विनयपूर्वक जिज्ञासा की और कहा, ''बापू, ये पाखंडी लोग पाठशाला खोलने के खिलाफ हैं। सावित्री पढ़ाने जाती है, यह भी उन्हें अच्छा नहीं लगता। आपने मुझे इन ब्राह्मणों के मना करने पर भी पढ़ाया था। विद्या का दान तो पुण्य का काम है। इससे हमारे पूर्वजों को नरक जाने की बात कहाँ पैदा होती है। मैं तो कहता हूँ कि यदि हमारे पूर्वज नरक में होंगे तो अब स्वर्ग चले जायेंगे।'' जोतीराव ने समझाया।

''तुम दोनों समझदार हो। मैं क्या समझाऊँगा तुम लोगों को। लेकिन इतना अवश्य कहूँगा कि अपना घर सँभालो और शान्तिपूर्वक रहो। हमें भी शान्ति से जीने दो।''

इतना कहकर गोविन्दराव रूक गये। जोतीराव ने भी कोई प्रतिक्रिया नहीं की। सावित्री ने ही मौन तोड़ा–''पिताजी हमलोग भी शान्ति चाहते हैं, लेकिन कब तक सवर्णों का शोषण शूद्र लोग सहते रहेंगे। शिक्षित होने से ही उनका आत्मसम्मान बढ़ेगा, ऐसा शास्त्रों में लिखा है।''

''बहू तुम जो कह रही हो, वह मैं भी जानता हूँ। लेकिन यह भी जानता हूँ कि नदी की धारा के विपरीत तैरने से आदमी डूब जाता है। समाज को शिक्षित करने और जाग्रत करने का क्या हमारा ही जिम्मा है?'' गोविन्दराव ने अपने बेटे-बहू को नसीहत दी।

''बापू आप ठीक कहते हैं। तैरना सीखना भी जरूरी है जिससे उल्टी धारा को भी पार कर सकें। आप देखियेगा एक दिन यही बच्चे और बच्चियाँ समाज को बदलने का काम करेंगे और धर्मान्धता एवं रूढ़िवादिता को समाप्त करेंगे। आप भी तो बचपन से मुझे सीख देते रहे हैं कि पुण्य का परिणाम कभी हानिप्रद नहीं होता है।''

गोविन्दराव ने बेटे को बीच में ही रोक कर कहा, ''मुझे सावित्री बहू

की यह बात अच्छी लगी कि शूद्र लोग सवर्णों का शोषण कब तक सहते रहेंगे, लेकिन पूना की लड़कियाँ नहीं पढ़ेगी तो तुम्हारा या हमारा क्या नुकसान होगा, तुम दोनों जो भी कर रहे हो वह सनातन धर्म के विरुद्ध है। तुम दोनों पढ़-लिख लिए हो। मेरी बुद्धि तुमसे बहस करने लायक नहीं है।''

''बापूजी, आप हम दोनों के लिए भगवान हैं। आज हमलोग जो भी हैं आपके पुण्य प्रताप से ही हैं। आपने बताया था कि जब मेरा जन्म हुआ तो प्रवाचक ने मेरा नाम जोतिबा रखा था और कहा था कि धर्म मनुष्य के लिए होता है। विद्या से ही हम जान पाते हैं कि हमारे धर्म ग्रन्थों में क्या लिखा है। शिक्षा ही पूर्ण मनुष्य बनाती है। धर्म क्या है, का ज्ञान कराती है। हमलोगों ने पढ़कर ही जाना है कि सत्य बोलें, प्रिय बोलें, ऐसा सत्य न बोलें जो अप्रिय हो और ऐसा प्रिय भी न बोलें जो असत्य हो। सत्यं ब्रूयात् प्रियं ब्रूयात न ब्रूयात सत्यं अप्रियम्। सनातन धर्म, जिसकी दुहाई ब्राह्मण समाज देता है और पूरे अपढ़ समाज को ठगता है, के बारे में कहा गया है, 'प्रियं च नानृतं ब्रूयात धर्म-सनातनः' अर्थात् प्रिय और सत्य बोलना ही सनातन धर्म है, जबकि यहाँ के ब्राह्मण सदैव असत्य का सहारा लेते हैं।''

जोतीराव इतना कहकर शान्त हो गया। गोविन्दराव ने सावित्री की आँखों में आँसू देखा और बोले, ''बहू, मैं तुम लोगों को दुख नहीं देना चाहता, परन्तु क्या करूँ, ये ब्राह्मण लोग धमकी देकर गये हैं कि वे हमारे परिवार को समाज से बहिष्कृत कर देंगे और मुहल्ला छोड़ने पर भी मजबूर कर देंगे। तुम्हीं बोलो, मैं क्या करूँ और क्या कहूँ।''

अपने ससुर की विवशता देखकर सावित्री ने अपने आँचल से आँसू पोंछे और कहा, ''पिताजी हमलोग लड़कियों को शिक्षित करके समाज की सेवा करना चाहते हैं। लड़कियाँ ही माँ बनती हैं और माँ ही घर को स्वर्ग या नरक बनाती हैं। शिक्षा से वे अच्छी माँ बनेगी और घर-परिवार को स्वर्ग बना सकेंगी। ऐसी ही नारियों के लिए 'स्मृति' में कहा गया है 'यत्र नार्यस्तु पूज्यन्ते रमन्ते तत्र देवताः।' जिस घर में नारियों की इज्ज़त होती है, वहाँ देवता का निवास होता है।

''पिताजी, ये लोग हमारे समाज को सदियों से ठगते आ रहे हैं। आगे भी ठगते रहना चाहते हैं। इसीलिए शिक्षा-प्रसार का विरोध कर रहे हैं। पढ़ने से उनकी पोल खुल जायेगी। आप भी नहीं चाहेंगे कि हमलोग यावज्जीवन उनकी दासता करते रहें।''

''मैं तो मूरख हूँ। पढ़ाई-लिखाई से क्या होगा, मैं नहीं जानता। हमें तो सीधी बात आती है, कमायेंगे तो खायेंगे। और हमारी कमाई फूलों की बिक्री

है, जो ब्राह्मण पुजारियों पर निर्भर है। तुम्हारा भाई राजाराम का परिवार भी तो है। तुम लोगों के कारण ये ब्राह्मण उसका भी बहिष्कार कर देंगे। मैं अब बिना बहस के साफ-साफ कहता हूँ कि ब्राह्मणों ने हमें सामाजिक बहिष्कार की धमकी दी है। तुमलोग या तो पाठशाला बन्द करो या...।"

गोविन्दराव वाक्य पूरा नहीं कर सके। उनका गला रूँध गया। जोतीराव ने सावित्री की ओर देखा और कहा, "बापू हमलोग पाठशाला बन्द करने में असमर्थ हैं, पर घर छोड़ने के लिए तैयार हैं। आप और भाई राजाराम का परिवार सुख-शान्ति से रहे। हमारी चिन्ता न करें। हमलोगों ने विद्यादान का संकल्प लिया है। बहुत से लोग इससे जुड़ गये हैं। लड़कियों की शिक्षा के लिए यदि जान की बाजी भी लगानी पड़े, तो अब हमलोग पीछे नहीं हटेंगे।"

"लेकिन बेटा यह हठधर्मिता क्यों" गोविन्द ने भीगे मन से पूछा।

"बापूजी, यह इसलिए कि मनुष्य मनुष्य बनकर जी सके। सामाजिक शोषण समाप्त हो। समाज में समरसता, समता, समानता और भाईचारा हो। लोग स्वाभिमान से जी सकें।" यह कहकर जोतीराव और सावित्री ने पिता के चरण स्पर्श किये। उनकी पदरज को माथे से लगाया और कहा, "बापूजी, हमलोग आपकी सुख-शान्ति के लिए घर और मुहल्ला छोड़ने को तैयार हैं।"

जोतीराव एवं सावित्री के गृहत्याग का समाचार वनाग्नि की भाँति चारों ओर मुहल्लों में फैल गया। ब्राह्मण मुहल्ले में जश्न मनाया जाने लगा। ब्राह्मण मुखिया ने कहा, "जोतीराव दम्पति घर छोड़कर बाहर जा रहे हैं। अभी तक बाप की कमाई से पेट पालते थे और लड़कियों का स्कूल चला रहे थे। अब मालूम पड़ेगा आटा-चावल का भाव। भूख मिटाने के लिए काम करना पड़ेगा। स्कूल चलाने से पेट नहीं भरता। अब तो पाठशाला भी बन्द करनी पड़ेगी।" पास में बैठे एक अन्य ब्राह्मण ने चाटुकारिता में खीस निपोरते हुए कहा, "दादा जी यह सब आपकी बुद्धि का कमाल है। साला चला था लड़कियों को पढ़ाने और हमलोगों को चिढ़ाने।"

पति-पत्नी ने घर छोड़ दिया। साथ में कोई सामान नहीं लिया। जो वस्त्र पहने थे, उन्हीं वस्त्रों में निकल पड़े जोतीराव। सावित्री ने वह झोला उठा लिया जिसमें दो साड़ियाँ, दो ब्लाउज थीं। इसमें से ही एक साड़ी पहनकर स्कूल जाती थी, जिसे गाँव के ब्राह्मण लड़के गोबर, थूक आदि फेंक कर गन्दा कर देते थे। स्कूल पहुँचकर सावित्री उस साड़ी को बदलकर स्वच्छ साड़ी पहन कर बच्चियों को पढ़ाती थी।

सावित्री ने राह का मौन तोड़ा। पति से पूछी, "हमलोग अभी कहाँ जा रहे हैं?"

''जहाँ ईश्वर ले जाय। जिसने गृहत्याग कराया है वही ठहरने का इन्तजाम भी करेगा। उसने मुँह के साथ दो हाथ भी दिये हैं। काम करेंगे। क्षुधा-तृप्ति की चिन्ता करने की आवश्यकता नहीं।'' जोतीराव ने सावित्री को ढाँढस बँधाया।

गंज पेठ में ही मुंशी गफ्फार बेग की हवेली थी। वे बाहर बैठे थे। उस मुहल्ले के वे एक प्रतिष्ठित नागरिक थे। जोतीराव पति-पत्नी को एक-साथ जाते हुए देखकर उन्होंने पूछा, ''जोती बेटे, बहू के साथ इस समय कहाँ जा रहे हो?''

''कहीं नहीं मुंशी चाचा, हमने घर छोड़ दिया है। जहाँ कोई ठौर-ठिकाना मिलेगा, वहीं रुक जाऊँगा।'' जोतीराव ने मलिन मन से कहा।

''घर छोड़ दिया! गोविन्द भाई को इस उम्र में अकेला छोड़ दिये। ऐसी क्या बात हो गयी कि तुमलोग घर छोड़कर जा रहे हो?'' मुंशी गफ्फार बेग ने चिन्ता व्यक्त करते हुए पूछा।

''कोई बात नहीं चाचाजी। आप तो जानते हैं कि हमने लड़कियों के लिए एक पाठशाला खोला है जिसका संचालन आपकी बहू सावित्री कर रही है। पेठ के कुछ दकियानूसी ब्राह्मण नहीं चाहते कि यह स्कूल चले। उन्होंने हर तरह की चाल चली। सावित्री को हतोत्साहित करने के लिए गालियाँ दीं, उसके ऊपर गन्दगी फेंकी। जब उनकी सब चालें असफल हो गयी, तो आज मेरे बापू को बरगलाया और कहा कि लड़कियों को पढ़ाने से हमारे पूर्वज नरक में चले जायेंगे। उन्होंने हमारे परिवार का सामाजिक बहिष्कार करने की धमकी दी है। मेरे बापू भी चाहते हैं कि मैं स्कूल बन्द कर दूँ। अपने बापू की सुख-शान्ति के लिए हमदोनों ने घर छोड़ने का निर्णय लिया है।'' जोतीराव ने दुखित मन से मुंशी गफ्फार बेग को बताया।

''बेटा जोती, हमें तुम्हारी नहीं बहू की चिन्ता है। गोविन्द भाई को तुमने नहीं समझाया कि पूर्वज कहाँ किस हालत में होंगे किसी को पता नहीं, तो नरक में कैसे चले जायेंगे। तुम तो पुनर्जन्म को मानते हो। तुम्हारी गीता भी तो कहती है। आत्मा अजर-अमर है। आदमी जैसे पुराने वस्त्रों को त्याग कर नया वस्त्र धारण करता है, वैसे ही आत्मा पुराने जीर्ण शरीर को त्यागकर नये शरीर में प्रवेश करती है। स्वर्ग-नरक कहीं और नहीं यहीं है, इसी जन्म में। गरीब और अनपढ़ लोग नरक ही तो भोग रहे हैं। तुम्हारे पूर्वज भी कहीं पैदा हो चुके होंगे।'' मुंशी जी ने कहा।

''मुंशी चाचा, मैंने बापू को सब कुछ बताया। शास्त्रों की बातें भी बताई, परन्तु वे नहीं समझ पाये या ब्राह्मणों के सामाजिक बहिष्कार की धमकी से

इतने भयातुर हैं कि समझना नहीं चाहते। चाचाजी, 'करमगति टारे नाहीं टरी' ऐसे में मेरे पास और कोई विकल्प नहीं दिखा।'' जोतीराव ने सावित्री का हाथ सँभाला और आगे कदम बढ़ाया ही था कि मुंशी गफ्फार बेग ने दोनों को रोकते हुए कहा, ''बेटे तुमलोगों को कहीं और जाने की आवश्यकता नहीं। मेरी यह इतनी बड़ी हवेली किस दिन काम आयेगी?''

मुंशी गफ्फार बेग की बेटी भी जोतीराव की पाठशाला में पढ़ती थी। सावित्री ने उसे बड़ी लगन से पढ़ाया था बाद में उसी स्कूल में वह सहायक शिक्षिका भी बनी।

जोतीराव ने सावित्री से कहा, ''मैंने कहा था ना कि ईश्वर मदद करेगा। मुंशी चाचा ईश्वर बनकर आ गये। आवास का प्रबन्ध हो गया है। तुम स्कूल चलाओ। मैं स्कूल के खर्चे और क्षुधा तृप्ति के लिए कोई उपाय सोचता हूँ।''

सावित्री ने अपने साहस का परिचय देते हुए कहा, ''स्कूल की आप चिन्ता नहीं करिये। मैं उसे अच्छी तरह चलाऊँगी। आप अपना सामाजिक दायित्व पूरा कीजिए। आमदनी का इन्तजाम तो करना ही पड़ेगा। बापू भी तो कहते हैं कि 'भूखे भजन न होहि गोपाला।' आपको तो ज्ञानवान प्रवाचक ने 'जोतिबा' नाम दिया है। 'जोतिबा' अर्थात जन कल्याण करनेवाले, दु:ख दारिद्र्य हरनेवाले।''

ऐसी मान्यता है कि तुलसीदास की पत्नी ने तुलसी को सन्त तुलसीदास बनने की प्रेरणा देकर अमरत्व प्रदान किया था। सावित्री की प्रेरणास्पद बातों ने जोतीराव उर्फ जोतिबा के आत्मबल को शक्तिमान कर दिया। उन्हें मालूम था कि स्कूल चलाने में लड़कियों की संख्या बढ़ती जा रही है। खर्च भी बढ़ रहा है। घर के खर्च का भी अब प्रबन्ध करना है। अत: जोतीराव ने ठेका पर काम करने का मन बनाया। बड़े ठेकेदारों से मिलकर मकान, सड़क, पुल, बाँध बनाने के लिए आवश्यक सामग्री की आपूर्ति करने का ठेका लेना शुरू किया। बाजार से सामान उधार क्रय करते और समय पर भुगतान कर देते थे। भुगतान की समयबद्धता और जोतीराव की ईमानदारी ने बाजार में उनकी साख मजबूत कर दी। ठेके से इतनी कमाई होने लगी, जिससे स्कूल और घर का खर्चा चलने लगा।

दु:ख के समय अपनों की याद आना स्वाभाविक है। सावित्रीबाई की पाठशाला सुचारु रूप से चल रही थी, परन्तु अध्यापिकाओं और मकान की कमी कभी-कभी दुखानुभूति करा जाती थी। उन्होंने अपनी मित्र फातिमा शेख को स्मरण किया। फातिमा शेख को गफ्फार बेग की पुत्री से ज्ञात हो चुका था कि उसकी मित्र सावित्री और जोतीराव अपना मकान त्याग दिये हैं।

फातिमा और सावित्री दोनों ने अध्यापिका का प्रशिक्षण एक साथ लिया था, परन्तु शादी के बाद वह पर्दा में रहने लगी। सावित्री के बारे में सुना तो वह पर्दा से बाहर आ गयी। सावित्री से मिलने उसके स्कूल पहुँच गयी। सावित्री की भाँति वह भी एक साहसी और रूढ़ि से लड़नेवाली थी। उसने सावित्री को अपने घर पर रहने के लिए आमन्त्रण दिया। सावित्री ने बताया कि रहने का इन्तजाम तो चाचा गफ्फार बेग के यहाँ हो गया है परन्तु बच्चों के पढ़ने के लिए कमरे कम पड़ रहे हैं, इसलिए बच्चों को अलग-अलग पारियों में पढ़ाना पड़ता है। सबसे बड़ी समस्या अध्यापिकाओं की है।

फातिमा ने सावित्री की दोनों समस्याओं का निदान निकाल दिया और परदे से बाहर आकर अध्यापिका बन गयी। दोनों मित्रों के सहयोग से स्कूल प्रगति करने लगा।

जोतीराव के व्यायाम-गुरु लहूजी साल्वे ने सावित्री की कार्यक्षमता की प्रशंसा की और हर वर्ग के अभिभावकों को अपने बच्चों को पढ़ने जाने के लिए उत्साहित किया। स्कूल में लड़कियों की बढ़ती संख्या को देखकर और अध्यापकों की आवश्यकता महसूस हुई। स्कूल में कक्षाओं की संख्या हर साल बढ़ जाती थी। महिला अध्यापिका आसानी से अलभ्य थी। श्री विष्णुकान्त धत्ते जो ब्राह्मण थे, ने बच्चों को पढ़ाने के लिए अपनी सेवा दी, परन्तु रूढ़िवादी ब्राह्मण समाज के दबाव के कारण उन्होंने अध्यापन कार्य छोड़ दिया।

स्कूल में प्रायः हर वर्ग की लड़कियाँ पढ़ती थीं। ब्राह्मणों ने स्थानीय कुआँ से बच्चों को पानी पीने से मना कर दिया। सावित्रीबाई ने नगरपालिका के अधिकारियों से मिलकर पीने के पानी की व्यवस्था की। इसके लिए अपने पति को कष्ट नहीं दिया।

समय के गर्भ में समस्या का निदान भी रहता है। समय आने पर निदान बाहर आ जाता है परन्तु इसके लिए उद्यम करना पड़ता है। कहा भी गया है कि 'उद्यमेन ही सिद्धयंति कार्याणि न मनोरथै।' सावित्री और जोतीराव में सक्रिय प्रयास का अभाव नहीं था। उनकी सफलता को देखकर ब्राह्मण समाज से ही कुछ ब्राह्मण लोग जोतीराव-सावित्री की मदद के लिए आगे आये। एक मुसलमान परिवार ने अपना मकान स्कूल चलाने के लिए दे दिया। कमरों की कमी की समस्या का निदान मिल गया। उसी मकान में सावित्री ने अछूत और गरीब बच्चों के लिए स्कूल खोल दिया। मोरो बिठुल मालवेकर और देवराज ठोकस शाम को अपनी निःशुल्क सेवा देने लगे। उन्होंने स्कूल का पत्राचार, लेखा और अन्य काम सँभाल लिया। एक अंग्रेज मेजर कैण्डी ने पुस्तकालय

के लिए पुस्तकों का प्रबन्ध कर दिया। लड़कियों के लिए महाराष्ट्र ही नहीं पूरे देश में यह प्रथम स्कूल बना जिसकी प्राध्यापिका बनी सावित्रीबाई फुले। सावित्री-जोतीराव के इस सफल प्रयास की जानकारी जब करीब नौ दशक बाद मोहनदास करमचन्द गाँधी को यरवदा कारा में मिली तो उन्होंने कहा, ''नारियों और अछूतों के उत्थान के लिए रूढ़िवादी ब्राह्मण के समाज युग में ऐसा कार्य कोई सन्त, महात्मा ही कर सकता है।''

रूढ़िवादी ब्राह्मणों की बैठक आयोजित की गयी। उसमें अब तक की पूरी स्थिति की समीक्षा की गयी और निष्कर्ष निकाला गया कि अब तो हमारे समाज के कुछ नवयुवक भी जोती-सावित्री के शिक्षा-प्रसार को खुलकर मदद करने लगे हैं। पढ़नेवाली लड़कियों में नवीन जागरूकता देखी जा रही है। यहाँ तक तो ठीक है परन्तु सावित्री ने अछूत बच्चों के लिए स्कूल चलाना शुरू कर दिया है। इस पहल का परिणाम बड़ा भयावह होगा। सामाजिक वातावरण अछूतों के प्रतिकूल था जिसका फायदा ब्राह्मण समुदाय उठाना चाहता था। ब्राह्मणों का प्रचार तन्त्र सक्रिय हो गया। उन्होंने कहा।

''जोती दम्पति ने अछूतों को शिक्षित कर जघन्य अपराध किया है। हमारे धर्म को अपवित्र किया है। वे लोग कैण्डी जैसे अंग्रेज की मदद लेकर हिन्दुओं को ईसाई बनाना चाहते हैं।''

जोतीराव ने ब्राह्मणों के ऐसे दुष्प्रचार का सटीक उत्तर दिया। उन्होंने पूना के एक गरीब परिवार को यह कहकर ईसाई धर्म अपनाने से रोक दिया कि धर्म परिवर्तन से गरीबी दूर नहीं होगी। गरीबी से लड़ने के लिए रूढ़िवादी समाज से लड़ना होगा और लड़ने के लिए शिक्षित होना आवश्यक है। इसी को बाद में बाबा साहेब आम्बेडकर ने नारा दिया, 'शिक्षित बनो, संघर्ष करो।'

इस एक उदाहरण ने ब्राह्मणों के इस दुष्प्रचार कि हिन्दुओं को ईसाई बनाया जा रहा है, पर लोगों को विश्वास नहीं हुआ और शिक्षा के प्रचार को लोगों का समर्थन मिलना प्रारम्भ हो गया।

लोगों का प्रोत्साहन पाकर जोती दम्पति का उत्साह आकाश स्पर्श करने लगा। 1851 के जुलाई माह में बुधवार पेठ के सम्मानित नागरिक श्री अन्ना साहब निपलूड़कर ने अपना मकान कन्या पाठशाला खोलने के लिए दे दिया। इस स्कूल को चलाने का दायित्व जोतीराव ने अपने ऊपर ले लिया, परन्तु जब यह स्कूल चलने लगा तो इसका भी भार उन्होंने सावित्री को दे दिया और अछूतों के बच्चों के लिए चलाए जा रहे स्कूल का संचालन स्वयं करने लगे।

इस सफलता के पश्चात् जोती दम्पति ने पुणे नगर में स्कूलों का जाल

बिछा दिया। सितम्बर 1851 में रास्ता पेठ में एक स्कूल खोला। उसके पश्चात् नाना पेठ और वेताल पेठ में पाठशालाओं की स्थापना की और उन्हें चलाने के लिए कई स्वयंसेवक सामने आ गये। पूना नगर और आस-पास के ग्रामीण क्षेत्रों में भी शिक्षा की भूख बढ़ने लगी।

रविवार का दिन अवकाश का होता। स्कूल, कार्यालय सभी बन्द रहते। इस अवकाश का उपयोग जोतीराव दम्पति भविष्य की कार्ययोजना में करते थे। मकान के बाहर एक वृक्ष की छाया में पति-पत्नी बैठे थे। जोतीराव ने ही पूछा, ''सावित्री, आगे क्या करना है? कुछ सोचा है क्या?''

''सोचने के सूत्रधार तो आप हैं। योजना बनाइये। मैं तो कार्यान्वयन में आपकी मदद करती हूँ।'' मुस्कराकर सावित्री ने कहा।

''देखता हूँ कि प्रधानाध्यापिका से अब हमें भी कुछ पाठ पढ़ना पड़ेगा। थोड़ा निकट आओ। तुम्हारी मुस्कुराहट का स्वाद लेना चाहता हूँ।'' जोतीराव ने सावित्री का हाथ अपने हाथ में लेते हुए कहा।

''यह क्या बदमाशी सूझ रही है, आपको। घर के दोनों ओर रास्ते हैं जिन पर लोग आते-जाते रहते हैं। देखेंगे तो क्या कहेंगे?'' सावित्री ने स्मित होंठों से कहा।

''कहेंगे क्या। हमें भविष्य के लिए योजना तो बनानी है ना। तुम स्कूल पर स्कूल खोलती जा रही हो। इनके सही संचालन के लिए उत्तराधिकारी भी तो चाहिए। और यह तुम्हारे बिना सम्भव नहीं है।''

''योजना और कार्यान्वयन सब घर के बाहर होना है क्या? कुछ तो लाज-शर्म कीजिए। चलिए अन्दर चलते हैं।'' सावित्री ने जोतीराव का हाथ पकड़कर घर के अन्दर प्रवेश किया।

सूर्य भगवान तेजी से अस्ताचल में छिपते जा रहे थे। अँधियारा बढ़ता जा रहा था। सावित्री ने दिया जलाया। प्रकाश को प्रणाम किया और जोतीराव के पास आकर बैठ गयी और कहा, ''वह क्या है? आप किसी कमेटी के गठन की बात कर रहे थे? विस्तार से समझाइये।''

''सावित्री जी, स्कूल का काम बहुत बढ़ गया है। पूरे नगर और देहात में स्कूल खुलते जा रहे हैं। और अधिक पाठशालाएँ स्थापित करने की माँग ग्रामीण क्षेत्रों से आ रही है। मेरा विचार है कि इतने बड़े कार्य के सही सम्पादन के लिए एक 'कार्यकारी मंडल' का गठन किया जाय। संगठन के माध्यम से शिक्षा के प्रचार-प्रसार का काम अच्छा हो सकेगा। तुम्हारी क्या राय है।'' जोतीराव ने पत्नी की राय जाननी चाही।

"आपका विचार सर्वोत्तम निर्णय है। अच्छा होगा अपने सहयोगियों की भी राय ले ली जाय और 'कार्यकारी मंडल' का गठन कर लिया जाय।" सावित्री ने सुझाव दिया।

दूसरे दिन शाम को जोतीराव ने अपने सहयोगियों की एक बैठक अपने निवास पर बुलाई। सावित्री ने स्वागत-सत्कार किया सदस्यों का। विचार-विमर्श के बाद एक 'कार्यकारी मंडल' का संकल्प पारित किया गया जिसमें श्री जगन्नाथ सदाशिव को कार्यकारी मंडल का प्रथम संस्थापक सचिव सर्वसम्मति से बनाया गया। अन्य सम्मानित सदस्य थे-श्री केशव शिवराम मालाकर और अन्ना सहस्रबुद्धे। ये दोनों मिशन स्कूल में अध्यापक थे। आयुक्त कार्यालय के लिपिक श्री बावूराव माण्डे, पुणे कॉलेज के सहायक अध्यापक श्री विष्णु मोटेश्वर भिड़े, मराठी साहित्य के श्रीकृष्ण शास्त्री चिपलूणकर और एक छात्र सदस्य श्री विष्णुकान्त पंडित।

समाज के सामान्य नागरिक सर्वश्री केशव शिवराम जोशी, सदाशिव गोवंडे, मोरोपंत मालवेकर, सखाराम यशवन्त, बावा मनाजी डेंगले ने स्कूल संचालन और प्रबन्धन में मदद देने का आश्वासन दिया था।

जोतीराव के संकल्प, लगन तथा सावित्री की कर्मठ क्षमता एवं सत्यनिष्ठा से प्रभावित होकर सरआस्किन पेरी, लूम्सडेन, कैण्डी, आदि सरकारी अंग्रेज अधिकारियों ने भी पाठशाला के सुचारु संचालन के लिए हाथ बढ़ाये और समय-समय पर यथावश्यक सहायता की।

जोतीराव फुले ने ठेकेदारी करते समय देखा था कि मूल ठेकेदार मजदूरों को पूरी मजदूरी नहीं देते। औरतों का शोषण करते हैं। इसका कारण उन्होंने अपनी एक रचना में इस प्रकार दर्शाया है-

'विद्या बिना मति गयी
मति बिना नीति गयी
नीति बिना गति गयी
गति बिना वित्त गया
वित्त बिना शूद्र टूटे
इतने अनर्थ
एक अविद्या ने किये।'

आज शिक्षा का प्रसार काफी बढ़ गया है। परन्तु विकासशील योजनाओं के कार्यान्वयन में आज भी मजदूरों का, औरतों का और बच्चों का शोषण हो रहा है। क्योंकि उनमें से अधिकांश अभी भी अनपढ़ और अशिक्षित हैं।

पढ़े-लिखे तथा कथित जनप्रतिनिधि मिलकर उनका शोषण करते हैं। ऐसी ही परिस्थिति से निजात पाने के लिए जोतीराव और सावित्री ने रात्रि प्रौढ़ शिक्षा का प्रबन्ध किया था। जोतीराव पुरुषों को और सावित्री महिलाओं को पढ़ाते थे। कार्यकारी मंडल के सदस्य भी अपने-अपने पेठों में ऐसी रात्रि पाठशालाओं का संचालन कर रहे थे। इससे समाज में जागरूकता बढ़ी थी।

सावित्री-जोतीराव के दृढ़ संकल्प के सुफल को देखकर राजनीतिज्ञ मामा परमानन्द ने लिखा, "एक मराठा व्यक्ति ने अपनी पत्नी को पढ़ा-लिखा कर उससे ब्राह्मणों की लड़कियों को पढ़ाने-लिखाने का प्रयास उनके गढ़ में जाकर किया। उन दिनों यह एक अभूतपूर्व साहसिक अभियान था। लेकिन उनके गढ़ में रहकर अछूतों के लिए पाठशालाएँ खोलना और उन्हें समाज का संघटक बनाना, शेर की माँद में घुसकर उनकी खाल उखाड़ने जैसा कार्य है।" मामा परमानन्द स्वयं प्रगतिशील ब्राह्मण थे। वे आधुनिकतावादी थे और स्त्रियों की शिक्षा के पक्षधर थे। उन्होंने जोतीराव दम्पति की विशेषकर सावित्रीबाई की खुलकर प्रशंसा की।

अस्पृश्य बच्चों का प्रथम स्कूल पूना के वेताल पेठ में मजदूर दिवस 1 मई 1852 को प्रारम्भ किया गया। इस स्कूल में अस्पृश्य जातियों के बच्चे प्रारम्भ में नहीं आते थे। सावित्री फुले ने अस्पृश्यों के घरों में जाकर समझाया और बताया कि शिक्षा नहीं होने से ही आप लोगों को अछूत माना जाता है। सावित्री फुले के प्रयास का प्रभाव पड़ा। इसकी चर्चा पूरे महाराष्ट्र में होने लगी।

समाचार-पत्रों ने इस समाचार को प्रमुखता से छापा। 'पुणे आब्जर्वर' दैनिक समाचार-पत्र ने 29 मई 1852 को लिखा-

"परोपकार की भावना से प्रेरित माली जाति के व्यक्ति ने अपने खर्च से अस्पृश्य वर्ग के लिए एक पाठशाला स्थापित की है। यह जानकर भारत के सुधारवादी लोगों को बहुत खुशी होगी। यह पाठशाला वेताल पेठ में होने से यहाँ महार, माँग और पखारी जैसी जातियों के बच्चों को पढ़ाया जाता है।"

जोतीराव फुले ने सुबह उठकर व्यायाम किया। घर के बाहर बैठे ही थे कि उनके एक सहयोगी ने आकर बताया कि अस्पृश्यों के लिए स्थापित और संचालित पाठशाला की पूरे देश में चर्चा है। सुना है कि अंग्रेज अधिकारी ने इसकी सूचना महारानी विक्टोरिया तक पहुँचा दी है। प्रधानाध्यापिका सावित्री जी की प्रशंसा हर वर्ग के लोगों विशेषकर महिलाओं में हो रही है। नगर में यह भी चर्चा है कि कुछ ब्राह्मण महिलाएँ सावित्री की प्रेरणा पाकर उनका सहयोग करना चाहती हैं।

जोतीराव ने अपने सहयोगी को धन्यवाद दिया और कहा कि सावित्री जी को मैं यह समाचार दे दूँगा। अभी वे रसोई में व्यस्त होंगी। फुले दम्पति के इस प्रयास के बारे में डॉ. मंगूलकर ने 'महात्मा फुले आणि संशोधन' पुस्तक में लिखा–

"भारतवर्ष के आधुनिक इतिहास में अस्पृश्य वर्ग के उत्थान के लिए किया गया यह पहला प्रयास है। उनकी पत्नी सावित्रीबाई फुले को भी इस लोकहित के सिवा और कोई विषय न भाता। अत्यन्त प्रतिकूल स्थितियों में उन्होंने पुणे में स्त्रियों और अछूतों के लिए पाठशालाएँ चलाईं। त्याग और सेवा की वे आदर्श उदाहरण बन गयी।" पत्र ने अन्त में अनुशंसा की है कि, "सार्वजनिक हित में एक शमा या दिये की लौ के समान अपना सम्पूर्ण जीवन दान करने वाली सावित्री को एक पहली महिला कार्यकर्त्ता का सम्मान किया जाना चाहिए।"

उस समय तो सावित्रीबाई को विशेष सम्मान समाज ने नहीं दिया परन्तु बीसवीं सदी में महाराष्ट्र सरकार ने सावित्रीबाई के जन्मदिन 3 जनवरी को 'बालिका दिवस' के रूप में मनाने का संकल्प लिया। नायगाँव पंचायत और आस-पास के प्रगतिशील नागरिकों ने नायगाँव के प्रवेश स्थल पर 'सावित्री फुले स्मारक भवन', सावित्री फुले विद्यालय का निर्माण किया है। विद्यालय के माध्यम से ग्रामीण गरीब बच्चों के स्वप्न पूरे किये जा रहे हैं। ऐसा ही तो सपना था सावित्री फुले का। विद्यालय परिसर में ही सावित्री फुले स्मारक भवन है जिसके मुख्य हॉल में सावित्रीबाई की आदमकद प्रतिमा स्कूल के बच्चों को प्रोत्साहित करती है और दर्शनार्थियों को जनकल्याण एवं शिक्षा-प्रसार की प्रेरणा देती है। जो भी भक्त, दर्शनार्थी नायगाँव स्थित ग्राम देवता भैरवनाथ का दर्शन करने आते हैं, वे सावित्री फुले स्मारक पर अवश्य ही जाते हैं और वहाँ की संस्कृति के अनुसार सावित्री की जीवन्त प्रतिमा पर रोली, हल्दी, कुमकुम एवं प्रसून प्रदान कर प्रेरित होते हैं। मैंने भी अपनी श्रद्धा को ऐसे ही निवेदित किया था।

सावित्रीबाई और जोतीराव को न केवल समाज के प्रबुद्ध-जनों का सहयोग मिला अपितु उनके द्वारा संचालित पाठशालाओं की गुणवत्ता से प्रभावित और समाज के उपेक्षित वर्गों को जाग्रत करने के सफल प्रयास से सन्तुष्ट होकर तत्कालीन अंग्रेजी शासन ने महारानी विक्टोरिया तक इसकी सूचना पहुँचाई। महारानी विक्टोरिया ने निर्देश दिया कि जोतीराव दम्पति को उत्साहित किया जाय, जिससे ऐसे और लोग भी समाज सेवा के लिए प्रेरणा ग्रहण करें।

16 नवम्बर 1852 को पुणे के विश्राम बागवाड़े में सरकार की ओर से एक भव्य सम्मान समारोह आयोजित किया गया। जोतीराव और सावित्रीबाई को मंच पर प्रमुखता से आसन दिया गया। इस सार्वजनिक अभिनन्दन समारोह की अध्यक्षता तत्कालीन गवर्नर ने की। बम्बई सरकार के शिक्षा प्रतिनिधियों के अतिरिक्त राज्य के अनेक गण्यमान्य नागरिकों ने भी भाग लिया। ऐसा अभिनन्दन समारोह पहले किसी का नहीं हुआ था। इससे जहाँ रूढ़िवादी ब्राह्मणों में ईर्ष्या-द्वेष सिर से ऊपर चढ़ गया, वहीं गरीब, शोषित, अन्त्यज, शूद्र और अतिशूद्रों का मनोबल कुलांचे भरने लगा। उन्हें शिक्षा के महत्त्व का ज्ञान होने लगा। विद्या किसी जाति, धर्म और वर्ण की बपौती नहीं है। यह ऐसा ज्ञान है जो क्रम नहीं होता। इसीलिए कहा गया है कि 'विद्वान सर्वत्र पूज्यते।'

अंग्रेज प्रतिनिधि मेजर कैण्डी ने सावित्री शिक्षा मंडल का प्रतिवेदन प्रस्तुत करते हुए कहा, "जोतिबा फुले एक साहसी और दृढ़प्रतिज्ञ व्यक्ति हैं। मुझे इनके और इनकी प्रज्ञाशक्ति पत्नी सावित्री के द्वारा संचालित स्कूलों को देखने का अवसर मिला। इनकी पाठशाला की कन्याओं की बुद्धि और मानसिक प्रगति देखकर मुझे प्रभूत प्रसन्नता हुई।" सभागार में बैठे लोगों की करतल ध्वनि से पूरा वातावरण गुंजायमान हो गया।

अभिनन्दन समारोह को जोतिबा के सहयोगी बापूराव मांडे ने भी सम्बोधित किया, "जोतिबा फुले के स्कूलों का संचालन एक शिक्षा मंडल द्वारा किया जाता है जिसे समाज के प्रत्येक वर्ग का सहयोग समुपलब्ध है। सावित्रीबाई फुले इस शिक्षा मंडल की प्रेरणा हैं।"

श्री दादोवा पाण्डुरंग तखेड़कर, सरकार के पाठशाला पर्यवेक्षक ने दिनांक 16 अक्टूबर 1851 को जोतिबा-सावित्री संचालित स्कूलों का निरीक्षण किया था जिसके प्रतिवेदन में उन्होंने लिखा-"इस पाठशाला ने अल्पातिअल्प अवधि में जो प्रगति की है वह संचालकों के लिए सराहनीय है। इसका श्रेय मुख्यरूप से स्कूल की प्रधानाध्यापिका सावित्री फुले को देना अनुचित नहीं होगा।"

सम्मान समारोह का प्रतिवेदन प्रायः सभी समाचार-पत्रों में प्रमुखता से प्रतिवेदित हुआ। मराठी पत्रिका 'ज्ञान प्रकाश' ने सम्पादकीय में लिखा, "अपने शूद्र भाइयों को अज्ञान के गहरे सागर से बाहर निकालकर ज्ञानरूपी अमृत का सेवन कराने के लिए जोतीराव दम्पति ने कई संकट झेले और डटकर उनका मुकाबला किया। यह उनका, उन जातियों पर, बड़ा उपकार है, जिन्हें मदद करनेवाला कोई नहीं है। हम उन्हें धन्यवाद देते हैं।"

जोतिबा दम्पति के शिक्षा-प्रसार के कार्यों की चतुर्दिक प्रशंसा हो रही

थी। उनके एक सहयोगी पण्डित मोरेश्वर शास्त्री ने लड़कियों की शिक्षा के महत्त्व पर बोलते हुए कहा, "12 फरवरी 1852 को जोतीराव द्वारा स्थापित कन्या पाठशाला की कन्याओं की खुली परीक्षा ली गयी। लड़कियों का कौशल देखकर लोग दंग रह गये।"

न्यायाधीश श्री ब्राउन ने सावित्री की प्रशंसा करते हुए कहा, "यदि महिलाएँ शिक्षित बनें तो उनके घर के सुख और समृद्धि में अवश्य ही बढ़ोतरी होगी।"

जोतीराव ने गवर्नर के अभिभाषण के पूर्व अपने उद्‌गार का उद्‌घाटन करते हुए कहा, "यह सम्मान केवल मेरा नहीं है, बल्कि उन सबका है, जिन्होंने प्रत्यक्ष और परोक्ष रूप में अपना अमूल्य योगदान दिया। सावित्री मेरी धर्मपत्नी है, जिन्होंने महिलाओं और अतिशूद्रों को शिक्षित करने के कार्य में मेरी सहायता की। मैं ज्ञान का दीप लेकर उन सबके समीपस्थ होना चाहता हूँ, जिनके जीवन में अँधेरा ही अँधेरा है। अपना कार्य विवेक की प्रेरणा और विशेष कर ईश्वर की इच्छा से कर रहा हूँ। इस सम्मान ने प्रमाणित कर दिया है कि ज्ञान सभी के लिए है।"

जोतीराव ने माँग की, कि नारी शिक्षा का संचालन सूत्र सरकार अपने हाथ में ले जिससे नारी शिक्षा का प्रसार पुणे और बम्बई राज तक ही नहीं, बल्कि पूरे देश में हो सके। गवर्नर ने अपने अध्यक्षीय भाषण में जोतिबा की माँग को मान लिया और कहा कि पुणे और इसके आस-पास में शिक्षा के प्रचार-प्रसार के लिए जो सराहनीय कार्य आप दम्पति ने किया है, उसकी सूचना महारानी विक्टोरिया तक पहुँच चुकी है। मेरी सूचना है कि सरकार शीघ्र ही एक शिक्षा नीति बनाने जा रही है, जिसमें प्राइमरी से लेकर उच्च शिक्षा तक को लोकप्रिय बनाने की बात का समावेश होगा। इस नीति के अन्तर्गत ऐसा प्रावधान होगा जिससे हर वर्ग के बच्चों को शिक्षा का अवसर मिल सके।

जोतिबा दम्पति के प्रयासों का प्रतिफल है कि आज देश के हर क्षेत्र में शिक्षा का प्रसार हो गया है। नारी शिक्षा, शूद्र शिक्षा, अतिशूद्र शिक्षा, अमीर गरीब, धनी-निर्धन सब में दिखाई दे रही है पढ़ने की ललक। लड़कियाँ पढ़ाई-लिखाई में लड़कों से अच्छा प्रदर्शन कर रही है। शूद्र अतिशूद्र के बच्चे बड़े-बड़े पदों पर आसीन हो रहे हैं। इस काम को, संविधान के माध्यम से, जोतिबा से प्रेरणा लेकर डॉ. भीमराव आम्बेडकर ने आगे बढ़ाया।

जोती दम्पति के सम्मान समारोह का खूब प्रचार-प्रसार हुआ। यह देखकर कट्टरपन्थी ब्राह्मणों की क्रोधाग्नि अचानक भभक उठी। उन्होंने अपनी भड़ास प्रदर्शित करते हुए कहा था, "सम्मान तो ब्राह्मणों का होता है। विशेषकर

संस्कृत के ज्ञाता ब्राह्मणों का । गवर्नर ने एक माली शूद्र का सम्मान कर हमारा अपमान किया है। एक माली को ब्राह्मण के समान मानना और भरी सभा में सम्मानित करना बहुत बड़ा अपराध है। इसका यदि अभी प्रतिकार न किया गया तो यह अंग्रेजी हुकूमत हमारा और हमारे धर्म का सर्वनाश कर देगी।''

पुणे में 'दक्षिणा प्राइज समिति' की स्थापना माधवराव पेशवा ने किया था। बाजीराव द्वितीय ने इस समिति की धनराशि में बढ़ोतरी कर दी थी। इसी राशि से ब्राह्मणों को दक्षिणा (दान) दिया जाता था। अंग्रेजी सरकार ने इसी राशि से पचहत्तर रुपया मासिक का अनुदान जोतीराव की पाठशाला को देने की स्वीकृति दे दी थी। इसने कट्टरपन्थियों की क्रोधाग्नि में घी डालने का काम किया। यह प्रथम अवसर था जब अंग्रेजी सरकार ने ब्राह्मणों की दक्षिणा-राशि से अब्राह्मण जोतीराव की संस्था को अनुदान दिया था। पुणे के कट्टरपन्थी रूढ़ि पथानुगामी ब्राह्मणों को जोतीराव के प्रतिकार का कोई मार्ग नहीं सूझ रहा था। अब तो सरकार की मदद भी जोतीराव को मिल रही थी। ब्राह्मण मण्डली ने निर्णय लिया कि अब जोतीराव को समाप्त करने के अतिरिक्त और कोई विकल्प नहीं है। न रहेगा बाँस, न बजेगी बाँसुरी।

'विनाशकाले विपरीत बुद्धि' की कहावत कभी-कभार चरितार्थ होती रहती है। सनातनी ब्राह्मणों ने दो दुर्दान्त बदमाशों को एक-एक हजार रुपया देने का लालच दिया और कहा कि जोतिया हमारे समाज को बरबाद कर रहा है। तुमलोग भी हिन्दू हो । हिन्दू धर्म का विनाश कैसे देख सकते हो। तुम दोनों आज ही रात्रि में जोतिया का काम समाप्त कर दो।

सावित्रीबाई ने स्कूल से आकर खाना बनाया। उन्होंने कुछ अनाथ बच्चों को भी घर में रख लिया था। उनको खाना खिलाया और सोने के लिए भेज दिया। जोतीराव और सावित्रीबाई दोनों खाना खाकर शयन-कक्ष में गये। सावित्री ने कहा, ''जानते हो आज एक हादसा हो गया रास्ते में।''

''हादसा? क्या हुआ?'' जोतीराव ने उत्सुकतावश पूछा। ''आज मैं जब स्कूल से आ रही थी तब एक ब्राह्मण के बिगड़ैल लड़के ने मेरा रास्ता रोक लिया और बोला कि कल से स्कूल में पढ़ाने नहीं आओगी। मैंने उसे समझाया कि तुम रास्ते से हट जाओ। होश में नहीं हो। जाओ अपने घर जाओ। वह सुनने को तैयार ही नहीं था। तब तक आस-पास से कुछ लोग इकट्ठा होने लगे। उनमें एक-दो सभ्य लोग थे। इन्होंने भी समझाया, परन्तु वह तो नशे में था। उल्टी-सीधी बात करने लगा। मैंने रास्ता छोड़कर आगे बढ़ना चाहा तो फिर वह सामने खड़ा होकर गाली देने लगा। अब तो मेरा पारा चढ़ने

लगा। मैंने अपने झोले को घुमाकर उसकी कनपटी पर दे मारा। झोले में कुछ किताबें थीं। उसकी चोट से वह धड़ाम से जमीन पर गिर पड़ा। जब तक उठता, मैं आगे बढ़कर घर आ गयी। बाद में क्या हुआ पता नहीं।'' सावित्री ने इस घटना का वर्णन ऐसे शान्तभाव से किया जैसे बहुत मामूली बात हो।

जोतीराव ने कहा, ''अरे सावित्री, इतनी बड़ी घटना घट गयी और तुम मुझे अब बता रही हो। बताओ वह कौन था और किसका लड़का था?''

''छोड़िये, उसे पर्याप्त सजा मिल गयी है। अब वह किसी से नहीं उलझेगा।'' सावित्री ने समझाया और कहा, ''आप भी सो जाइये। मुझे भी थकावट सी लगी है।''

दोनों प्रगाढ़ निद्रा में थे। जोतीराव ने स्वप्न देखा कि कोई चोर उनके मकान में घुसा है और सामान इधर-उधर कर रहा है। चोर की पदचाप से वे जग गये। देखा कि यह तो स्वप्न नहीं, असल में दो बदमाश हाथ में लपलपाते चाकू लिए उनकी ओर आ रहे हैं। जोतीराव ने साहस के साथ कहा, ''आप लोग कौन हैं? लगता है आप लोग गलत मकान में घुस आये हैं। आपको पता है यह मकान गरीबों के हितैषी और शुभचिन्तक जोतीराव फुले का है। यहाँ पर आप लोगों को कुछ नहीं मिलेगा।''

एक बदमाश ने कहा, ''हमलोग चोर नहीं हैं। हमें तो आपकी हत्या करने के लिए भेजा गया है।''

''मेरी हत्या, मेरी हत्या करने से आपको क्या मिलेगा।'' दोनों बदमाशों ने एक साथ कहा, ''इसके लिए हमें एक-एक हजार रुपया मिलेगा।''

इसी बीच सावित्रीबाई की नींद टूट गयी। उन्होंने पूछा, ''किससे बात कर रहे हैं, इतनी रात्रि गये।''

जोतीराव ने धीमी आवाज में कहा, ''सावित्री जोर से मत बोलो। बच्चे जग जायेंगे। ये दो बेचारे बदमाश मेरी हत्या करने आये हैं। मेरी हत्या से इन्हें एक-एक हजार रुपया मिलेगा।''

''आप भी अजीब आदमी हैं। ये आपकी हत्या करने आये हैं और आप इन्हें बेचारे कह रहे हैं। डंडा उठाइये और दोनों का काम तमाम कर दीजिए। उस्ताद लहू जी की सिखाई विद्या, दाँव-पेंच और गतकाफरी कब काम आयेगी। आप नहीं मारते हैं तब मैं अभी डंडा उठाती हूँ।'' सावित्री ने अपने गुस्से का प्रदर्शन किया।

''अरे नहीं भाई। ये भी गरीब अनपढ़ हैं। हमलोग तो ऐसे ही लोगों के बच्चों को शिक्षित कर रहे हैं। भाइयो, आप अपना काम कीजिए परन्तु एक

बात मान लीजिए। मेरी हत्या से जो पैसे मिलें उसे अपने बच्चों की पढ़ाई पर लगाना, जिससे वे लोग आपकी तरह किसी की हत्या का बीड़ा न उठायें।''

जोतीराव की बातों का प्रभाव सीधे बदमाशों की अन्तरात्मा पर पड़ा। उन्होंने चाकू फेंक दिया और कहा, ''आप तो महात्मा हैं। गरीबों के मसीहा हैं। ब्राह्मणों ने आपको मारने के लिए भेजा था। इससे हमलोगों को एक लाभ तो अवश्य मिल गया। आप जैसे महात्मा के दर्शन हो गये। माताजी क्षमा करें, आपकी नींद हमारे कारण टूट गयी। हम लोगों को आप क्षमा कर दीजिए। हमने सुना है कि आप दया की सागर हैं। हमदोनों आज से आपके बच्चे के समान हैं। लेकिन उन ब्राह्मणों की हत्या अवश्य करूँगा, जिन्होंने हमें आपकी हत्या करने भेजा था।''

''नहीं बेटा, तुम लोग अब किसी का अहित नहीं करोगे। हत्या करनी है तो अपने अज्ञान की हत्या करो। अज्ञान ही आदमी को जघन्य अपराध करने को प्रेरित करता है।''

दोनों बदमाशों ने जोतीराव और सावित्री के चरणों पर माथा टेका और रात्रि के अन्धकार में ज्योति की खोज में अदृश्य हो गये।

सावित्रीबाई फुले की अगुवाई में संचालित पाठशालाओं में लड़कियों की संख्या में सतत वृद्धि होती जा रही थी। इनमें सभी वर्गों की जातियों की लड़कियाँ पढ़ने आती थीं परन्तु अधिकांश लड़कियाँ ब्राह्मणों, कायस्थों, प्रभू एवं क्षत्रिय जातियों की होती। गरीब, अन्त्यज, शूद्र और अतिशूद्र लड़कियों को बचपन से ही काम पर लगा दिया जाता। पेट की क्षुधा सन्तुष्ट करना उनकी प्रथम प्राथमिकता थी। दिमागी भूख मिटाने की चिन्ता नहीं थी। इस चिन्ता को सावित्रीबाई ने जगाने का व्रत लिया। वह घर-घर जाकर किसानों, मजदूरों, सेवादारों को शिक्षा के महत्त्व को समझाती थी, जिसका परिणाम शीघ्र ही मिलने लगा।

स्कूल में पढ़ने वाली लड़कियाँ शाम को जब घर जाती तो अपनी बड़ी बहनों, माताओं और अन्य बुजुर्ग महिलाओं को पुस्तक में लिखी बातों को बतातीं, पढ़कर सुनातीं। इसका परिणाम हुआ कि प्रौढ़ और बुजुर्ग महिलाओं में शिक्षित होने की ललक जाग्रत होने लगी। रात्रि प्रौढ़ पाठशालाओं में महिलाओं की संख्या बढ़ने लगी। बढ़ती संख्या को देखकर सावित्रीबाई ने अपनी मित्र फातिमा बेग से पढ़ाने का अनुरोध किया। फातिमा ने बड़ी लगन से रात्रि पाठशालाओं को चलाने में मदद की।

प्रौढ़ पुरुषों की रात्रि पाठशाला में भी पढ़ने वाले किसानों मजदूरों की संख्या

बढ़ने लगी। प्रारम्भ में रात्रि पाठशाला संचालन स्वयं जोतीराव करते थे, परन्तु बाद में संख्या वृद्धि को देखते हुए अपने मित्रों, जिसमें अधिकांश ब्राह्मण थे, की मदद ली। पुणे शहर में शिक्षा प्रचार-प्रसार का नया वातावरण बनने लगा।

जोतीराव फुले अपनी ज्ञानेन्द्रियों को खुला रखते थे। ठेका पर सामान आपूर्त्ति करते समय मुख्य ठेकेदार का मजदूरों के साथ सम्बन्ध एवं शोषण को बड़ी गहराई से जाँच करते थे। मजदूरों के रहन-सहन, खान-पान पर दृष्टि दौड़ाया करते थे। इससे उन्हें मजदूरों की आर्थिक और सामाजिक स्थिति का पता चल जाता था। ठेका पर काम करते समय उन्हें गाँवो में जाने का अवसर मिलता था। गाँव के किसानों, खेतिहर मजदूरों से मिलते थे। गाँव के जो भी ब्राह्मण अपनी चालाकियों से, धर्म के नाम पर गरीबों का शोषण करने आदि की जानकारी प्राप्त करते थे और रात्रि में सावित्री के साथ अपने अनुभव को बाँटते थे। विचार-विमर्श में सावित्रीबाई पूर्ण सहयोग करती थी और भविष्य की योजनाओं में सक्रिय भागीदारी रखती थी।

ऐसे ही अनुभव और विचार-विमर्श को जोतीराव फुले ने अपने 'तृतीय रत्न' पुस्तक में दर्शाया है। उनका मानना था कि नाटक के पात्रों के मुख से निकली बात का सीधा एवं प्रभावकारी असर पड़ता है दर्शकों पर। इस नाटक का मुख्य कथ्य है कि एक जोशी ब्राह्मण ने जोगाई कुन्वी की पत्नी को ग्रह-नक्षत्रों का भय दिखाकर अन्न-धन आदि दान स्वरूप लिया था यह कहकर कि इससे वे ग्रहों की शान्ति करेंगे। जोगाई से मिले पैसे को और आटा-चावल घी आदि को अपने तथा अपनी ससुराल के लोगों के बीच बाँट लिया था और अन्त में जोगाई दम्पति को पूरा प्रसाद भी नहीं दिया था। उनके ज्ञान-चक्षु को खोला था, स्थानीय पादरी ने। जोगाई अपने घर पर अपनी पत्नी के साथ जब खाना खाने बैठा तो सन्तृप्त मन से कहा, "आज पादरी ने हमारी आँखें खोल दीं। परन्तु वास्तविक आँख तो तब खुलेगी जब हम लोग पढ़ना-लिखना सीख लेंगे। शिक्षा के अभाव के कारण ही जोशी ब्राह्मण ने हमें बेवकूफ बनाया। आज से ही हमलोग जोतीराव गोविन्दराव फुले दम्पति द्वारा संचालित रात्रि पाठशाला में पढ़ने जायेंगे। वहाँ पर हम जैसे प्रौढ़ लोगों का ज्ञानदीप प्रज्जवलित किया जाता है। उनकी पत्नी सावित्रीबाई फुले ने सयानी महिलाओं के लिए अलग से रात्रि पाठशाला खोल रखा है तुम उसी में नाम लिखवा लो। हम दोनों आज ही शाम से रात्रि पाठशाला में पढ़ाई शुरू कर देते हैं। पढ़ाई का कोई शुल्क नहीं लगता, ऊपर से किताब, कॉपी, स्लेट आदि भी निःशुल्क देते हैं जोतीराव भाई। जोतीराव ने कई बार हमें स्कूल आने के

लिए अनुरोध किया। यदि उनके अनुरोध को मान लिए होते तो जोतीबाबा हमको लूट न पाते और हमलोग आज की स्थिति में न होते। चलो जब से जागे तभी से सवेरा।''

डेढ़ सौ साल पूर्व जोतीराव-सावित्री फुले ने प्रौढ़ शिक्षा के लिए रात्रि पाठशालाएँ प्रारम्भ की थीं। आज भी प्रौढ़ शिक्षा की बात की जा रही है। इतने सालों में अभी भी हमारा देश पूर्ण साक्षरता से दशकों दूर है। यही नहीं, भारतीय संविधान में प्रावधान किया गया है कि छह साल से चौदह साल के बच्चों को निःशुल्क और अनिवार्य शिक्षा दी जायगी। यह केवल किताबी नीति बन कर रह गयी है। यदि सरकार ने इस नीति को लागू कर दिया होता तो आज कोई भी निरक्षर नहीं होता। शिक्षा का अधिकार आज मौलिक अधिकार मान लिया है। यही अधिकार यदि 1950 में संविधान में मौलिक अधिकार मान लिया गया होता तो स्थिति भिन्न होती।

सावित्रीबाई फुले बड़े अन्तराल से अपने मायके नहीं गयी थी। पाठशालाओं के प्रबन्धन एवं संचालन में व्यस्त रहने के कारण बाहर नहीं जा पाती थी। सोचा कि आनेवाले अवकाश के दिनों नायगाँव जाकर अपने परिवारजनों से मिल आऊँ। वहाँ की क्या स्थिति है, से अवगत हो लू जिससे पूना में दहकती शिक्षा ज्योति को नायगाँव तक पहुँचा सकूँ। उसने जोतीराव फुले से कहा, ''कई दिनों से इच्छा हो रही है कि अपने मायके भैरवनाथ का आशीर्वाद भी मिल जायगा।''

''मैंने कब मना किया है तुमको मायके जाने के लिए। तुम्हारे परिजन भी तो मिलने के लिए लालायित रहते हैं। लेकिन एक समस्या जो हमें दिखाई देती है वह है तुम्हारी पाठशालाओं का संचालन कौन करेगा, बच्चों की देखभाल कैसे होगी? तुम तो जानती हो मेरा अधिकांश समय ठेकेदारी में चला जाता है।'' जोतीराव ने परिस्थिति सामने रखी।

''मैंने भी इन बातों पर विचार किया है और इसीलिए मैंने सोचा है कि शनिवार को अपने मायके जाऊँगी और सोमवार को स्कूल खुलने के पूर्व वापस आ जाऊँगी।'' सावित्री ने समस्या का निदान रखा।

जोतीराव दम्पति में सहमति हो गयी। सावित्री अपने मायेक चली गयी।

नायगाँव में सावित्री का हृदय से स्वागत-सत्कार हुआ। न केवल माता-पिता बल्कि ग्राम के अन्य लोगों ने विशेषकर गाँव की औरतों ने मिलकर हाल-चाल लिया। सावित्री के बचपन की कुछ सहेलियों ने चुटकी ली, ''जीजा जी का क्या हाल है। आप दोनों समय कैसे काटते हैं। लगता है कि जीजा जी को रात्रि में भी समय नहीं मिलता।'' सबों ने खिल-खिला कर वातावरण आनन्दमय

बना दिया। सावित्री मुस्कुराकर रह गयी। थोड़ा सहम कर कहा। ''पार्वती तुम ऐसा कटाक्ष क्यों कर रही हो? पुणे में हमलोगों ने गरीबों, अछूतों और लड़कियों के लिए कई पाठशालाएँ खोल रखी हैं। हम दोनों उनके संचालन में व्यस्त रहते हैं। समय कब बीत जाता है भान भी नहीं होता।'' पार्वती के फूले हुए गालों पर चिकोटी काट ली।

''तभी तो'' एक सखी ने कहा।

''तभी तो क्या'' सावित्री ने प्रश्न किया।

''यही कि आप दोनों इतने व्यस्त रहते हैं कि घर-परिवार के लिए समय नहीं मिलता।''

''अरे साफ-साफ कह ना। घुमाफिरा के क्या कहती है।''

''भई हमलोग तो सोचते थे कि तुमसे मुलाकात होगी तो परिवार के नये मेहमान से मिलेंगे, परन्तु।'' एक सखी ने हँसते हुए कहा।

''परिवार बढ़ाने की शीघ्रता कहाँ है?'' कहकर सावित्री ने मन ही मन सोचा कि मेरी सखियाँ ठीक कह रही हैं। अपना भी तो कोई होना चाहिए जो वृद्धावस्था में देखभाल कर सके। समाज ऐसे ही आगे बढ़ता है।

रात्रि गहरा रही थी। सखियों ने प्रस्थान किया। सावित्री भी खाना खाकर सोने का उपक्रम करने लगी। परन्तु सोने के पूर्व मां-बेटी ने बहुत देर तक बातें कीं। माँ ने कहा था, ''बेटी हमलोग भी तो नाना-नानी बनने की आकांक्षा लिए बैठे हैं।''

सावित्री के नायगाँव आने की सूचना आस-पास के गावों तक फैल गयी थी। सुबह होते ही बाबा भैरवनाथ के दर्शनार्थी, विशेषकर महिलाएँ खण्डोजी नेवसे के मकान पर पहुँचती और सावित्री से बात करने की इच्छा व्यक्त करतीं। खण्डो जी का मकान मिलने वाली औरतों की संख्या को समाहित करने में असमर्थ हो रहा था, अतः सावित्री घर के बाहर आकर भैरवनाथ मन्दिर के परिसर में चटाई लगाकर बैठ गयी। एक आगन्तुका ने प्रश्न किया, ''सावित्री जी, सुनने में आया है कि आप अपने पति के साथ पुणे के मुहल्लों में लड़कियों के लिए पाठशालाएँ चला रही हैं। यह भी ज्ञात हुआ है कि इन स्कूलों के संचालन की जिम्मेदारी आपने सँभाल रखी है। आप तो हमलोगों की भाँति अपढ़ थीं। यह सब कैसे सम्भव हुआ?''

''आवश्यकता आविष्कार की जननी है। कहावत तो सुनी होगी। मेरे पति जोतीराव ने शिक्षा के महत्त्व को समझा था। उन्होंने ही सोचा था कि समाज सुधार के लिए सबसे पहले लड़कियों को शिक्षित करना आवश्यक है।

पढ़ी-लिखी एक महिला पूरे परिवार की काया पलट कर सकती है। उन्होंने मुझे भी पढ़ने के लिए प्रेरित किया। शाम को स्वयं मुझे पढ़ाते थे। प्रारम्भ में तो मुझे बड़ा अटपटा-सा लगा, परन्तु धीरे-धीरे पढ़ने में मन लगने लगा। फिर परीक्षाएँ दिलवायी। इसमें मेरी मौसी सास सगुणा बाई क्षीरसागर की महत्वपूर्ण भूमिका रही। देखते-देखते मैं अध्यापिका बन गयी और आज करीब आधा दर्जन पाठशालाओं का संचालन मैं स्वयं कर रही हूँ। प्रौढ़ और घरेलू महिलाओं के लिए रात्रि-पाठशाला चलाती हूँ। इन्हीं सब कारणों से आपलोगों से मिलने के लिए आने में विलम्ब भी हुआ। मेरी कई सहेलियाँ कल कह रही थीं कि पति के घर जाकर मैं अपना जन्मस्थान भूल गयी हूँ।'' सावित्री ने विस्तार से अपनी दिनचर्या का उल्लेख किया। हर आयुवर्ग की महिलाएँ एकत्र हो गयी थी। वे एकत्रित होकर सावित्री को सुन रही थीं। पुनरपि एक वृद्ध महिला ने पूछा, ''बेटी सावित्री, हमलोगों को तुम्हारी बात सुनकर बहुत अच्छा लगा। इस गाँव में ऐसी शिक्षा की व्यवस्था नहीं हो सकती क्या?''

''क्यों नहीं हो सकती। आपलोग मन बनायें तो लड़कियों के लिए पाठशाला का प्रबन्ध मैं करा दूँगी और प्रौढ़ औरतों के लिए रात्रि पाठशाला का भी प्रबन्ध हो जायगा। मेरे पति तो चाहते हैं कि पुणे शहर के बाहर ग्रामीण-क्षेत्र में भी स्कूल खोले जायें।'' सावित्री ने आशा की किरण बिखेरी।

कुछ समय पश्चात् भैरवबाबा के मन्दिर परिसर में ही लड़के-लड़कियों के लिए पाठशाला का उद्घाटन हुआ था।

दो दिन बाद सावित्रीबाई अपने मायके से वापस आयी। प्रफुल्लमना थी। नेत्रों में विशेष चैतन्यता थी। उनको देखते ही जोतीराव ने मुस्कुराते हुए कहा, ''लगता है मायके में, इतने दिनों बाद जाने से, अकूत खुशी मिली है।''

''आपका अनुमान सही है। मैं यह नहीं पूछूँगी कि ऐसा अभिज्ञान आपको कैसे मिल गया क्योंकि आप तो आदमी का चेहरा देखकर उसके अन्दर के मनोभाव को समझ जाते हैं। मायके में खुशी के साथ भविष्य की योजना भी मिली। वहाँ के लोगों ने अपनी बेटियों को पढ़ाने की इच्छा व्यक्त की है। आदमी और औरतें भी पढ़ने-लिखने की इच्छुक लगीं। मैंने उन्हें आश्वासन दिया है कि आप ग्रामीण क्षेत्रों में भी शिक्षा प्रसार करना चाहते हैं।'' सावित्री की बात पूरी होने के पूर्व जोतीराव ने कहा, ''मुझे तुम्हारी बातें सुनकर आत्मिक प्रसन्नता हुई। तुमने ससुराल में मेरा मान बढ़ा दिया है। हम शीघ्र नायगाँव में शिक्षा की ज्योति जला देंगे। अब नाश्ता-पानी कर लो। तुम अपनी पाठशालाओं के संचालन में लगो और मैं अपने काम की ओर प्रस्थान करता हूँ।''

जोतीराव फुले प्रतिदिन सुबह ही अपने कार्यक्षेत्र में चले जाते थे। उनका दायरा पुणे शहर से विस्तारित होकर ग्रामीण क्षेत्रों तक हो गया था। ठेकेदारी के दौरान ठेका में कार्यरत मजदूरों और बच्चों की दशा से अवगत होने का अवसर मिलता। ग्रामीण क्षेत्र में किसानों, खेतिहर मजदूरों और उनके औरतों-बच्चों की दयनीय स्थिति को भी जानने-समझने का मौका मिलता। जमींदारों और उनके कारिन्दों द्वारा नवजवान लड़कियों, नवविवाहिताओं और गरीब तथा अछूत जातियों की औरतो का यौन-शोषण आम बात थी। इनके विरुद्ध आवाज उठाना मृत्यु को आमन्त्रण देना होता। सबसे खराब स्थिति थी परदा में रहनेवाली औरतों की। शौच आदि के लिए दो समय निश्चित थे, सुबह चार बजे से पूर्व और शाम को अँधेरा गहराने के बाद। दिन में यदि पेट खराब हुआ तो पेट दबाकर बैठने के अलावा कोई विकल्प नहीं था।

गाँवों में कभी मलेरिया, कभी हैजा और कभी तपेदिक की महामारी आम बात थी। इन बीमारियों से बच्चे, बूढ़े, औरतें और मर्द सभी शिकार होते थे। बीमारी, जाति, धर्म, ऊँच, नीच में मनुष्यों की भाँति भेद-भाव नहीं करती। लेकिन समाज में सबसे दयनीय हालत थी विधवाओं की । पति की मृत्योपरान्त चूड़ी तोड़ देना पड़ता, सिर के बाल मुँडवाने पड़ते, सफेद धोती पहननी पड़ती। श्रृंगार के संसाधनों से दूर। सामाजिक शुभ कार्यों और धार्मिक अनुष्ठानों में भाग लेने से वंचित। बड़े घर की विधवाओं को तो पति के शव को गोद में लेकर चिंता पर जल जाना पड़ता। ऐसी महिलाओं को समाज में 'सती' संज्ञा से महिमामंडित किया जाता था। युवा विधवाओं का घर के या अन्य सम्बन्धियों द्वारा यौन-शोषण किया जाता। कभी-कभी गर्भ रह जाता। औरत या तो बच्चे को जन्म देकर किसी निर्जन स्थल पर फेंक देती चुपके से या बच्चे के साथ स्वयं कुआँ में कूदकर आत्महत्या कर लेती थी।

इन सब बातों की जानकारी मिलने पर जोतीराव का हृदय पीड़ा से दग्धित हो गया। रात्रि में सोने के पूर्व वे अपनी पत्नी सावित्रीबाई के साथ इन जानकारियों, अनुभवों को बाँटते, विचार करते और इसका निदान ढूँढ़ने के लिए चिन्तित रहते।

1857 का स्वाधीनता आन्दोलन उत्तर भारत में उबाल ले रहा था। दक्षिण भारत में देशभक्त भारतीयों के मन में स्वाधीनता आन्दोलन की सुगबुगाहट गति पकड़ रही थी। परन्तु इन गतिविधियों से जोतीराव फुले का सीधा सरोकार नहीं था। उनका मानना था कि अंग्रेजों ने ही गरीबों, शूद्रों, अतिशूद्रों आदि को आत्मज्ञान और आत्म-सम्मान का संज्ञान दिखाया है। वे स्वाधीनता के

पूर्व शूद्रातिशूद्रों के कल्याण और सामाजिक गुलामी से मुक्ति के पक्षधर थे।

जोतीराव फुले की शिक्षा नीति ने अन्त्यजों और शूद्रों को बराबरी का अनुज्ञान कराया था। शूद्रों को ज्ञान नहीं दिया जाय की सनातनी व्यवस्था को नकार कर अंग्रेजों ने शिक्षा का सब को समान अवसर देने की नीति का अनुसरण किया था। इससे शूद्रातिशूद्रों में आत्म-सम्मान के अंकुर पनपने लगे थे।

जोतिबा फुले विश्व के विभिन्न देशों में हुई श्रमिक क्रान्ति के इतिहास से अवगत थे। उन्होंने श्रमिक संगठनों के संघर्ष के परिणामों का अध्ययन किया था। इसकी पृष्ठभूमि में वे शूद्रों को जाग्रत करने का प्रयास कर रहे थे।

संयुक्त राष्ट्र अमेरिका के केन्टुकी राज्य में जन्मे अब्राहम लिंकन के जीवन समर से प्रेरणा लेते थे। एक गरीब परिवार में अवतरित होकर अब्राहम लिंकन ने अपनी अर्जित प्रतिभा के बल पर अमेरिका के इतिहास को क्रान्तिकारी बना दिया। उन्होंने अमेरिकी राष्ट्रपति के रूप में दक्षिणी अमेरिकी राज्यों में प्रचलित दास प्रथा की बेड़ियों को एक हस्ताक्षर से तोड़ दिया था। भोगयुक्त सामान की भाँति आदमियों के क्रय-विक्रय को विराम लगा दिया था। गुलामी प्रथा को समाप्त करने की घोषणा करते हुए उन्होंने 1863 में आदेश दिया था, ''मैं यह आदेश पारित करता हूँ और घोषणा करता हूँ कि अमेरिकी राज्यों के वे सभी लोग, जिन्हें गुलाप बनाकर रखा गया है, आज से स्वतन्त्र हैं।''

मनुष्यता के इतिहास में एक अभिनव अध्याय जुड़ गया। भारत में भी डॉ. भीमराव अम्बेडकर ने भारतीय संविधान में यह प्रावधान कर दिया था कि 'अस्पृश्यता समाप्त' हो गयी, परन्तु छह दशक से अधिक समय बीत जाने पर भी देश के विभिन्न क्षेत्रों में छुआछूत का अनुभव किया जा रहा है। यही अन्तर है अमेरिका और भारतीय नागरिकों की मानसिकता में। जोतीराव का निम्न कथन अभी भी सच होने को हैं–

''पेड़ फिर देगा फलों को
सुख फिर होगा शूद्रों को ।''

रात्रि गहराती जा रही थी। जोतीराव फुले को नींद नहीं आ रही थी। सावित्री ने करवट बदली। जोतिबा दिये की लौ में कुछ लिखने में व्यस्त थे। सावित्री ने पूछा, ''नींद नहीं आ रही है इतनी रात्रि में क्या लिख रहे हैं। सो जाइये कल लिख लीजिएगा।''

''सावित्री, तुम्हें तो पता है कि अमेरिका के राष्ट्रपति अब्राहम लिंकन ने अमेरिका में सदियों से प्रचलित गुलामी प्रथा को समाप्त कर दिया है। हमारे देश में गुलामी, जन्म आधारित छुआछूत, शूद्रों और अतिशूद्रों को शिक्षा और

शासन से दूर रखने की प्रथा कब समाप्त होगी। इसी समस्या से लोगों को अवगत कराने और इसका प्रतिकार करने के लिए 'गुलामगीरी' नामक एक पुस्तक का प्रणयन करना चाहता हूँ। उसी की रूपरेखा तैयार कर रहा हूँ। इस कार्य में मैं तुम्हारी विशेष भूमिका की आकांक्षी हूँ।'' जोतीराव ने कहा।

''अच्छा, अब सो जाइये। कल सुबह ही काम पर जाना होगा। यह बहुत ही महत्त्वपूर्ण विषय है। इस पर हमलोग विस्तार से विमर्श करेंगे।'' सावित्रीबाई ने जोतीराव के दोनों कन्धों पर हाथ का स्पर्श देकर कहा, ''अब सो जाइये।''

जोतीराव फुले के मन-मस्तिष्क में उद्योग-धन्धो, कृषि और बड़े-बड़े ठेकेदारों के यहाँ कार्यरत मजदूरों के शोषण, ग्रामाधिकारी, कुलकर्णी जैसे पदों पर आसीन अधिकारियों के अत्याचार से त्रस्त लोगों की दशा बार-बार दस्तक देती रहती थी। आज वे गोधूली के पूर्व ही अपने निवास पर आ गये। कुछ देर पश्चात् सावित्री भी पाठशालाओं को बन्द करके आ गयी और अपने पति के निकट बैठते हुए पूछा, ''आज बहुत शीघ्र आ गये। काम कम था क्या?''

''नहीं सावित्री, काम कम नहीं था। मन थोड़ा खिन्न था इसलिए सोचा चलकर, तुम्हारे साथ कुछ बातें करेंगे।'' जोतीराव ने सावित्री का हाथ अपने हाथ में लेते हुए कहा।

''बातें! कैसी बातें। किस विषय पर बातें। मैं तो आपके विचारों से बँधी हूँ। कहिए, कोई नयी समस्या है क्या?'' सावित्री ने प्रश्न किया।

''समस्या तो पुरानी है। मजदूरों, शूद्रों के शोषण की। मैं सोच रहा था, कि शूद्रातिशूद्रों को कैसे जाग्रत किया जाय। अभी तो उनमें और जानवरों में विशेष अन्तर नहीं है। गधे की भाँति उनके ऊपर जो भी लाद दो, वे बिना उफ किए ढोते जाते हैं। उनके जमीर को जगाना आवश्यक है सावित्री। एक बार उन्हें गुलामी का अहसास हो जायगा, तो गुलामी की बेड़ियों को तोड़ने के लिए वे स्वतः आतुर हो जायेंगे।'' जोतीराव फुले ने अपनी चिन्ता व्यक्त की।

''आपने ही तो बताया था कि फ्रांस की क्रान्ति के पीछे एक औरत थी। रूस की क्रान्ति को भी मजदूरों ने ही अंजाम दिया था। उनका नेतृत्व किया था लेनिन और स्टालिन जैसे मजदूर नेताओं ने। यहाँ भी ऐसा हो सकता है क्या? मेरा तो सुझाव है कि हमलोग शिक्षा की लौ को घर-घर तक पहुँचाएँ। इससे अधिक से अधिक लोगों को जोड़ने का प्रयास करें। आप ही तो कहते हैं कि शिक्षा लोगों को जाग्रत करने का सबसे प्रभावी साधन है। देश में व्याप्त गुलामी को लेकर आप कुछ लिखने वाले थे, उसी पर लग जाइये।'' सावित्री ने जोतिबा के अन्तर्मन को जगा दिया।

1863 में जोतीराव फुले ने 'गुलामगीरी' नामक एक ऐतिहासिक ग्रन्थ के प्रणयन का श्रीगणेश कर दिया। इसको पूरा होने में एक दशक का समय लग गया और 1873 में प्रकाशित हो सका। इस ग्रन्थ की सर्जना के उद्देश्य को स्पष्ट करते हुए फुले ने ग्रन्थ की भूमिका में लिखा, "सैकड़ों साल से आज शूद्रादि-अतिशूद्र (अछूत) समाज, जब से इस देश में ब्राह्मणों की सत्ता कायम हुई तब से लगातार जुल्म और शोषण के शिकार हैं। वे लोग अपने-आपको ब्राह्मण-पण्डा-पुरोहितों की जुल्म-ज्यादतियों से कैसे मुक्त कर सकते हैं, यही आज हमारे लिए सबसे महत्त्वपूर्ण सवाल है। यही इस ग्रन्थ का उद्देश्य है।"

जोतीराव को अध्ययन और निनिध्यासन की आदत थी। उनको देखकर सावित्रीबाई भी घर के कामकाज से निवृत्त होकर अध्ययन करती थी। इससे उनको देश-दुनिया में घटित घटनाओं की अद्यतन जानकारी रहती थी और जोतीराव फुले के विचारों में सक्रिय योगदान देती थी।

जोतीराव फुले विभिन्न धर्मों, विशेषकर हिन्दू धूर्म के ग्रन्थों का गहराई से अध्ययन करते थे और उन ग्रन्थों के मूलार्थ को शूद्रों के समक्ष सरलता के साथ रखते थे। उनका स्पष्ट मत था कि अशिक्षित-अबोध शूद्रों को छल-कपट और ज्ञानबल से ब्राह्मणों ने अपना गुलाम बना लिया। उन्होंने 'गुलामगीरी' ग्रन्थ में लिखा, "उन्होंने इस देश के मूल निवासियों पर बर्बर हमले करके इन लोगों को अपने परिवार से, जमीन-जायदाद से वंचित करके अपना गुलाम (दास) बना लिया।"

जोतीराव फुले के इस विचार का शूद्रों के दिल दिमाग पर सीधा प्रभाव परिलक्षित होते दिखा। जोतीराव फुले ने शोषित लोगों को समझाने के उद्देश्य से लिखा कि ब्राह्मणों ने अपने वर्चस्व को बनाये रखने के लिए ग्रन्थों के माध्यम से यह प्रमाणित भी कर दिया कि वे जो कुछ कहते हैं उसका वह अधिकार उन्हें ईश्वर द्वारा प्रदत्त है। उन्होंने स्पष्ट लिखा कि, "कोई धूर्त आदमी किसी बड़े व्यक्ति या ईश्वर के नाम से झूठा ग्रन्थ लिखकर लाए तो कुछ समय के लिए उस पर भरोसा करना ही पड़ता है।" यह स्थिति आज भी है। जोतीराव ने ऐसे ग्रन्थों की बातों का भण्डाफोड़ करने का प्रयास किया। इस प्रयास में सावित्रीबाई फुले की अहम भूमिका रही। उन्होंने स्कूल के बच्चों के दिमाग में पाखण्ड की जड़ मिटाने का काम किया। उनको विश्वास था कि यही बच्चे बड़े होकर पाखण्डी समाज को मिटाकर नये और प्रगतिशील पथ का निर्माण करेंगे। बच्चे ही कल के नागरिक हैं।

सावित्रीबाई द्वारा संचालित रात्रि प्रौढ़ पाठशालाओं में संख्या बढ़ती जा रही

थी। वहाँ पर भी 'गुलामगीरी' की बातों का उल्लेख कर वह समझाती थी कि सभी आदमी बराबर हैं। जाति, धर्म, सम्प्रदाय सब ढोंगबाज ब्राह्मणों के दिमाग की उपज है। ईश्वर ने बिना किसी भेदभाव के मनुष्यों को पैदा किया है। इसका प्रभाव लोगों की सोच पर कुछ ही दिनों में दिखाई देने लगा था।

जोतीराव फुले और सावित्रीबाई की अटूट मान्यता थी कि गुलामी आदमी के जीवन में बहुत बड़ा अभिशाप है। जैसे सोने के पिंजड़े में बन्द पक्षी भी उन्मुक्त होकर आकाश में उड़ना चाहता है। वैसे आदमी भला क्यों गुलामी की जंजीरो में बँधना चाहेगा। उनका मानना था कि शूद्रातिशूद्रों और अछूतों की गुलामी के नारकीय जीवन को देखकर, "ईश्वर को दया आयी। इस देश में अंग्रेजी सत्ता कायम हुई। वे लोग ब्राह्मणशाही की शारीरिक गुलामी से मुक्त हुए।"

अंग्रेजों की शिक्षानीति से जोतीराव दम्पत्ति सन्तुष्ट नहीं थे। इसीलिए 'गुलामगीरी' में लिखा, "इस ग्रन्थ को लिखने का केवल यह उद्देश्य नहीं है कि हमारे शूद्र भाइयों को ब्राह्मणों ने कैसे बेवकूफ बनाया, बल्कि सरकार की आँखें भी खोलना है कि उच्च शिक्षा का सिद्धान्त जिसका पालन किया जा रहा है, ठीक नहीं है। हमें लेफ्टीनेंट गवर्नर सर जार्ज कैम्पबेल से आशा है कि वह शिक्षा पद्धति को बदलेंगे और शूद्र भाइयों को गुलामी से मुक्ति दिलाएँगे। ब्राह्मण राज्य समाप्त करने के लिए हर गाँव में शूद्रों के लिए स्कूल खोले जायें और ब्राह्मण मास्टर स्कूल से दूर रखे जायें। शूद्र ही देश के जीवन और नाड़ी हैं।"

जोतीराव दम्पत्ति ने बहुत दूर की सोची थी जिसका अनुपालन न तो तब हुआ और न ही अब हो रहा है। शूद्रों को अनुसूचित जाति (दलित), पिछड़ी जाति और अतिपिछड़ी जातियों में बाँट कर उनकी एकता शक्ति को कमजोर कर दिया गया है। स्कूलों-कॉलेजों में शूद्र-समुदाय के अध्यापक नगण्य हैं और जो हैं भी, उनपर ब्राह्मणत्व का मुलम्मा चढ़ जाता है। जोतीराव ने शिक्षा के प्रचार-प्रसार के लिए आधारभूत संरचना बनाने की वकालत की थी। यदि ऐसा हुआ होता तो आज न तो आरक्षण की आवश्यकता होती और न ही आरक्षित रिक्त पदों को भरने की माँग होती।

डॉ. भीमराव अम्बेडकर ने महात्मा फुले के विचारों से प्रेरणा ली थी। उन्होंने भारतीय संविधान में मौलिक अधिकार और राज्य के नीति निर्देशक तत्व जोड़कर समता, स्वतन्त्रता और भ्रातृत्व का अधिकार दिया। परन्तु इन पर संवैधानिक अधिकारों के कार्यान्वयन का महत्त्वपूर्ण कार्य अंग्रेजी शासन की प्रशासनिक संरचना पर छोड़ दिया गया। उनके पास शायद समय का अभाव

था। यदि संविधान की मनसा के अनुसार प्रशासनिक तन्त्र तैयार किया गया होता तो आज समाज में वर्त्तमान असमानता नहीं होती। अब यह काम आज की प्रगतिशील शासन व्यवस्था को करना है। क्या वे ऐसा कुछ करेंगे?

भारत में प्रचलित सामाजिक कुरीतियों, आडम्बरों और अन्धविश्वासों को समाप्त करने के लिए समय-समय पर अनेक सन्त, महात्मा, योगी, विचारक पैदा हुए। गौतम बुद्ध ने इन बुराइयों के विरुद्ध युद्ध छेड़ा। मनुष्यों के दुख निवारण के लिए सतत कार्य किये। उन्होंने सनातनी एवं ब्राह्मणी व्यवस्था का विरोध किया और कहा कि तुम किसी बात को इसलिए नहीं मानो कि वह धर्मग्रन्थों में लिखा है या कि मैं ऐसा कहता हूँ। तुम उसी बात को मानो जो तुम्हारी प्रज्ञा को सही लगे। इसीलिए जोतीराव फुले ने कहा था कि प्रज्ञाशक्ति के विकास के लिए पढ़ना आवश्यक है। शिक्षित होना अनिवार्य है तभी तुम धर्मग्रन्थों को पढ़कर उनको समझ सकोगे। इसी शिक्षा के प्रसार में फुले दम्पति ने अपना जीवन लगा दिया।

सवित्री बाई फुले ने रात्रि पाठशाला में अपनी बहनों को सम्बोधित करते हुए कहा, ''हमारे समाज में शूद्रातिशूद्रों और औरतों की दशा एक-सी है। ब्राह्मण-ग्रन्थों ने समाज को कृत्रिम चार वर्णों में विभक्त कर दिया-ब्राह्मण, क्षत्रिय, वैश्य और शूद्र।'' उन्होंने नियम बना दिया कि ''चारों वर्णो में सामाजिक समानता नहीं हो सकती। सभी वर्णों का पेशा निर्धारित कर दिया और व्यवस्था दी कि कोई भी एक वर्ग किसी दूसरे के पेशे में अतिक्रमण नहीं कर सकता। चातुर्वर्ण के नियम ने शूद्रों को शिक्षित होने से वंचित नहीं किया था, बल्कि ब्राह्मण, क्षत्रिय, और वैश्य वर्णो की अपनी सभी स्त्रियों की भी शिक्षा के अधिकार से वंचित कर दिया। इसके विरोध में मैंने अपने पति के साथ जब लड़कियों की शिक्षा के लिए पाठशालाएँ खोलीं तो ब्राह्मणों ने जमकर विरोध किया। हमें घर से बेघर कर दिया। तरह-तरह की यातनाएँ दीं, परन्तु हम दोनों ने अपने संकल्प को नहीं छोड़ा। आज हमें प्रसन्नता है कि न केवल हमारी बेटियाँ स्कूल में पढ़ रही हैं बल्कि आप जैसी बहनें भी रात्रि की पाठशालाओं में शिक्षित होने के लिए आ रही हैं। मुझे मालूम है कि आप में से कइयों को यहाँ आने में घरवाले का दंश झेलना पड़ता है।''

ज्ञानग्रही जोतीराव फुले दम्पति के शिक्षा-प्रसार-अभियान, लड़कियों की शिक्षा एवं शूद्रातिशूद्रों की शिक्षा के लिए स्कूल चलाने जैसे प्रगतिशील कार्यो से आहत और विक्षुब्ध होकर कुछ कट्टर ब्राह्मणों ने दो बदमाशों घोड़ीराव या रोड़े और घोड़िवा कुम्हार को जोतीराव फुले की हत्या करने लिए भेजा

था। परन्तु जोतीराव के विचारों से प्रभावित वे दोनों उनके अनुयायी बन गये। एक उनका अंगरक्षक बन गया और दूसरा पढ़-लिखकर जोतीराव के कार्यों में सहयोग करने लगा। 'गुलामगीरी' का एक पात्र घोड़ीराव भी है जिसने जोतीराव से शूद्रों की दशा-दिशा पर विस्तृत वार्त्ता एवं विमर्श किया।

सावित्रीबाई फुले ने रात्रि प्रौढ़पाठशालाओं का शिक्षण कार्य बन्द किया और वहाँ से वह सीधे अपने निवास पर आयी। अन्य दिनों की अपेक्षा आज कुछ अधिक विलम्ब हो गया था। बाहर का दरवाजा खुला था। वह समझ गयी कि उनके पति घर आ गये हैं। बैठक में देखा, जोतीराव फुले नहीं थे। सावित्रीबाई ने पूछा, "आप कहाँ हैं?"

"मैं यहाँ हूँ सावित्री, रसोई में" जोतीराव ने बताया।

"रसोई में, वहाँ क्या कर रहे हैं। मैं आ गयी हूँ। आज थोड़ा विलम्ब हो गया।" सावित्री ने सफाई दी।

"मैं थोड़ा जल्दी आ गया था। तुम्हें विलम्ब हो रहा था। मैंने सोचा कि रसोई का कुछ काम कर दूँ। अकेले बैठने में मन नहीं लग रहा था।" जोतीराव ने स्पष्टीकरण दिया।

"यह ठीक नहीं है। अपने काम से मुझे दूर रखते हैं और मेरे कार्यक्षेत्र में इस तरह अतिक्रमण करते हैं। आप आइये। मैं रसोई का काम कर लूँगी।" सावित्री ने बैठक कक्ष से निवेदन किया।

जोतीराव कक्ष में प्रवेश किये। सावित्री खड़ी हो गयी। जोतीराव ने सावित्री को अपनी बाँहों में भरकर कहा, "सावित्री जी, क्या बात है आज बहुत आकर्षण है, तुम्हारे व्यक्तित्व में। तुम्हें प्रसन्न देखकर मेरी आत्मा प्रसन्नता से लबालब हो जाती है।"

"आप भी तो बहुत रसिक लग रहे हैं। क्या बात है?" सावित्रीबाई ने चुटकी ली।

"कोई विशेष बात नहीं, कुछ ऐसे ही" कहते-कहते जोतीराव अपनी पत्नी को बाहों में लिए-दिये तखत पर गिर गये।

"यह क्या? हर चीज का समय होता है। छोड़िये, खाना बना लेती हूँ। खाने के बाद इन सबके लिए सारी रात पड़ी है।" सावित्रीबाई ने शर्माते हुए कहा।

सावित्री उठकर रसोई में चली गयी। कुछ देर बाद दोनों ने खाना खाया। खाते समय सावित्री ने पूछा, "आज रात्रि की पाठशाला में यह प्रश्न उठाया गया कि शूद्रों और स्त्रियों को शिक्षा से वंचित क्यों किया गया था। शूद्रों में अधिकांश लोग गरीब क्यों रहते हैं?"

"प्रश्न बहुत महत्वपूर्ण है। हमें खुशी है कि प्रौढ़ पाठशाला में पढ़ने वालों के मन में ऐसे प्रश्न उठने लगे हैं। अभी तक तो वे लोग गरीबी के लिए भगवान और भाग्य को दोषी मानते थे। इस प्रश्न का उत्तर जानने के लिए हमें वेदों, उपनिषदों और स्मृतियों में झाँकना होगा। इन्हीं ग्रन्थों-शास्त्रों के बल पर समाज संचालित हो रहा है। 'शूद्राय मतिं न दद्यान' अर्थात शूद्रों को बुद्धि मत दो। मनुस्मृति में ऐसा विधान देकर समाज के एक बहुत बड़े समुदाय को अशिक्षित रखा गया। कारण स्पष्ट है। यदि शूद्र पढ़-लिख लेंगे तो ब्राह्मणों की चालाकियों, ढोंगों, हठवादिता को समझने लगेंगे। जैसा अब हो रहा है। स्मृति में या ब्राह्मणों ने जो कह दिया उसे ही ब्रह्मलीक मान लिया गया। स्मृतियों ने काम का बँटवारा कर दिया। ब्राह्मण का काम था वेद पढ़ना-पढ़ाना (केवल ब्राह्मणों को), दान लेना, यज्ञ कराना। 'अध्यापनमध्यनं यजनं'। क्षत्रियों का काम था प्रजा की रक्षा करना, आक्रमणकारियों से युद्ध करके सीमा की रक्षा करना और वैश्य का काम था व्यापार करना, धन संग्रह करना, 'वणिक्पथं कुसीदं च।' तीनों वर्णों की सेवा करना और धन एकत्र न करना शूद्रों का मुख्य काम था 'शुश्रुषामन सूयया', महाभारत में भी कहा गया है 'शूद्र शुश्रूषा कुर्यात् त्रिवेंर्णषु नित्यश।' शूद्रों को 'दास' (गुलाम) कहकर उसके मनोबल को कमजोर कर दिया गया।"

धरती पर जो कुछ है वह सब कुछ ब्राह्मणों का है। वही धन ग्रहण करने का अधिकारी है। 'सर्वस्वं ब्राह्मणस्येदं, यत्किंचित जगतीगतं।' शूद्र को धन एकत्र करने का अधिकार नहीं दिया। यदि किसी शूद्र के पास धन है भी तो यज्ञादि के बहाने उससे छीन लिया जाना चाहिए। 'न हि शूद्रस्य यज्ञेषु कश्चिदस्ति परिग्रह:।"

"ये सब बातें तो आपने घोड़ीराव को 'गुलामगीरी' में बताया था। उसका क्या प्रभाव पड़ा, आज के समाज पर इसके बारे में भी कुछ कहिए।" सावित्री ने सुझाव दिया।

शिक्षा-प्रसार का ही परिणाम है कि आज लोग अशिक्षा और गरीबी की बातें करने लगे हैं। पहले तो लोग ब्राह्मण के मुख से निकली हुई वाणी को भगवान का आदेश मानकर चुप रहते थे। शूद्रों के मनोबल को गिराने के लिए उसे पशु के समान पशुभि: समाना या उनके साथ उससे भी खराब व्यवहार किया जाता था। शूद्रों के लिए कहा गया कि वह सिर्फ जूठा खाना खाने या उतरे हुए कपड़े पहनने के लायक था। वह पूर्णतया ब्राह्मण की कृपा पर निर्भर था। मुझे मनस्मृति का एक श्लोक याद आ रहा है–

'इच्छिष्टमत्नं दातव्यं जीर्णानि वसनानि च।
पुलाचैव धान्यानां जीर्णश्चैव परिच्छदाः ।'

"आपने जो भी कहा इसमें से आधा ही मेरी बुद्धि में प्रवेश कर सका, तो अनपढ़ लोग इसे कैसे समझेंगे। अच्छा होगा कि आप सरल भाषा में कुछ लिखकर छोड़ दें जिससे समाज के हर वर्ग के लोग पढ़कर या पढ़ाकर समझ सकें।" सावित्री ने सुझाव दिया।

सवित्री तुमको तो याद होगा कि मैंने विद्या और धन आदि के बारे में सरल भाषा में लिखा है।

'शिक्षा सब को देता सद्‌गुणों के प्यार की,
करता नित चिन्ता।
अज्ञानियों की।।
बेसहारा दीनों की सहाय्य करता।
काम भी देखता। सँभाल के ।।
उसके प्रयासों को सफलता मिलती।
दुनिया को सुखी करता
जोती कहे।।'

"रात्रि काफी गहरा गयी है। नींद से मेरी आँखे बन्द हो रही हैं। आप भी सो जाइये। आपने जितना बताया उससे प्रौढ़ पाठशाला के लोगों की जिजीविषा का समाधान हो जायगा।" सावित्रीबाई ने सोने का उपक्रम किया।

बालिका पाठशालाओं, स्त्रियों और पुरुषों की रात्रि पाठशालाओं एवं प्रौढ़ पाठशालाओं की देखभाल, संचालन और निरीक्षण का वृहत भार सावित्रीबाई फुले पर था। इसे वे बड़ी लगन और सफलता के साथ कर रही थीं। इससे उन्हें पुणे नगर और आस-पास के ग्रामीण क्षेत्रों की महिलाओं की सामाजिक और आर्थिक दशा का सहज पता चलने लगा था। घरों में उनकी नारकीय स्थिति थी। ब्राह्मण और अन्य सवर्ण घरों की महिलाओं को पर्दा में रहना पड़ता था। वे 'अपश्यसूर्या' हो गयी थीं। अधिकांश महिलाओं को पीलिया रोग हो जाता था। खून की कमी से उनकी मृत्यु हो जाती थी। शूद्रातिशूद्र के घरों की महिलाओं को बाहर निकलने पर प्रतिबन्ध नहीं था। वे पति के साथ खेत में काम करती थीं। जमींदार और उनके गुर्गे उनका यौन शोषण करते थे। शूद्र परिवार की स्त्रियों और पुरुषों को जमींदार और ब्राह्मणों के घरों में पानी भरने, घर की सफाई करने और पर्दानशीन महिलाओं की सेवा करनी पड़ती थी। एक ओर जहाँ सवर्ण घरों के मर्द शूद्र महिलाओं का शोषण करते

थे, वहीं उनकी महिलाएँ शूद्र पुरुषों से यौनिक सम्बन्ध बनाकर अपनी भूख मिटाती थीं। इसका पता लग जाने पर शूद्रों को पुलिस की मदद से आपराधिक मामलों मे फँसा दिया जाता था। उन्हें मारपीट कर पुलिस पैसा वसूलती थी। इसकी जानकारी मिलने पर जोतीराव और सावित्री खुलकर विरोध करते थे। उनका साथ देनेवालों में हर वर्ग के लोग थे। पाठशाला में पढ़ानेवाले दो शिक्षक श्री आर.डी. कुलकर्णी और विष्णुपंत थत्ते का विशेष योगदान रहता था।

स्त्रियों में शिक्षा-प्रसार करने और उनके शोषण के विरुद्ध जागरूकता पैदा करने लिए सावित्रीबाई पुणे के गण्यमान्य सरकारी और गैरसरकारी लोगों से मिलती थी। उनसे आवश्यक मदद लेती थी। इसी सन्दर्भ में जोतीराव दम्पति जिला कलक्टर की पत्नी से भी मिले और 'महिला सेवा मंडल' की अध्यक्षा बनने की स्वीकृति देने का अनुरोध किया। कलेक्टर की पत्नी ने सहर्ष स्वीकृति दे दी। जोतीराव फुले के मार्गदर्शन में सावित्रीबाई ने 'महिला सेवा मंडल' की स्थापना की थी। इस सेवा मंडल की सचिव स्वयं सावित्री फुले थीं। इस प्रकार की यह देश में पहली संस्था बन गयी थी। इसके कार्यकलापों में नारियों में शिक्षा के प्रति जागरूकता, समाज से छुआछूत को मिटाना, स्वच्छता, बच्चों को शिक्षा देने विशेषकर लड़कियों की शिक्षा को प्राथमिकता देना आदि कार्यक्रम किये जाते थे। कुछ ही दिनों में इस मण्डल में सदस्यों की संख्या आशातीत बढ़ गयी।

'मकर संक्राति' का पावन पर्व, पुणे में बड़ी धूम-धाम से मनाने की प्रथा प्रचलित थी। यह त्योहार आज भी संक्रांति मिलन के रूप में मनाया जाता है। 14 जनवरी 1852 को सावित्रीबाई ने संक्रांति के अवसर पर तिलगुड़ समारोह का आयोजन किया। सावित्री ने इसकी सूचना एक पत्र के माध्यम से दी। मंडल की सचिव सावित्रीबाई फुले ने लिखा था-

"दिनांक 13.01.1852 के दिन पुणे के कलक्टर साहब की पत्नी मिसेज जोन्स साहिबा की अध्यक्षता में सार्वजनिक तिलगुड़ समारोह सम्पन्न होनेवाला है। अत: सभी महिलाएँ अपनी बहू-बेटियों के साथ अवश्य उपस्थित हों। समारोह सायं 5 बजे है। जिस भी जाति या धर्म की महिलाएँ आयेंगी, उन्हें एक समान आसन पर विराजमान किया जायगा। किसी प्रकार का जातिभेद या पक्षपात किए बिना सभी को समान मानकर हल्दी कुमकुम लगाया जायगा और तिलगुड़ बाँटा जायगा।"

सौ. सावित्रीबाई मर्तार जोतीराव फुले, सेक्रेटरी, महिला सेवा मंडल

इस नोटिस से विदित होता है कि सावित्रीबाई दूरदर्शी समाज सुधारक

थीं। उन्हें मालूम था कि त्योहारों और पर्वों के माध्यम से समाज की बहुत सी बुराइयाँ यथा ऊंच-नीच की भावना, छुआछूत और समानता का अभाव दूर किया जा सकता है। इसी भाव को करीब सत्तर साल बाद डॉ. भीमराव अम्बेडकर ने भारत के संविधान में मौलिक अधिकार के रूप में रखा। आज तो त्योहारों और पर्वों को भारतीय समाज में आदमी के बाँटने के लिए, जाति धर्म के नाम पर अव्यवस्था फैलाने का काम किया जा रहा है। इस पर प्रतिबन्ध आवश्यक है। क्या आज की सरकार और समाज इसे रोकने के लिए कार्य करना चाहेगी?

संक्रान्ति मिलन के इस पावन पर्व पर सहभागी औरतों के बीच एक बोरा तिल और गुड़ की भेली मिलाकर वितरित किया गया। इस पर कुल 90 रुपया 12 आने और 3 पाई का व्यय हुआ था। इस समारोह में पुणे और आस-पास के ग्रामीण क्षेत्र की महिलाओं ने भाग लिया था। यह पहल सावित्रीबाई फुले की लोकप्रियता का परिचायक है। इस पर्व को सफल बनाने में जिन प्रमुख लोगों ने भाग लिया था, उनमें सावित्रीबाई की मौसिया सास सगुणा बाई क्षीरसागर, सौ. सरस्वती बाई, सदाशिवराव बहादुर गोवंडे, सौ. अवस्कार साहेब, गणेश जोशी, सौ. उमा बाई, सिद्धेश्वर शास्त्री, सौ. श्रीमती इणमंती बाई, डरयावारु, श्री अण्णारोडे, सौ. राधा बाई नारायण राव लोखंडे आदि।

जोतीराव फुले और सावित्रीबाई का आपसी सामंजस्य हर समय के दम्पतियों के लिए आदर्श उदाहरण है। वे दोनों सदैव ऐसे अवसर के लिए सजग रहते थे जिसमें लोगों को एकत्र होने का और समाजसुधार का सन्देश देने का मौका मिल सके। पाठशालाओं का वार्षिक सम्मेलन हो, शिवाजी का जन्मोत्सव हो या जोतिबा का धार्मिक अनुष्ठान जैसे अवसरों पर जोतीराव दम्पति समारोह का आयोजन करते और समाज के प्रगतिशील विचारकों को सम्मानित करते थे।

जोतीराव दम्पति द्वारा संचालित पाठशालाओं का समेकित समारोह आयोजन 12 फरवरी 1853 को पुणे कॉलेज परिसर में किया गया।

इस समारोह में पुणे के सभी वर्ग के लोगों ने सक्रिय भाग लिया। पूरा परिसर लोगों से भर गया। पेशवाओं का राज समाप्त हो गया था। अंग्रेजी शासन का प्रभाव दूर-सुदूर तक अनुभव किया जा रहा था। लोगों में अभय का संचार हो गया था। यह पहला कार्यक्रम था पुणे में, जिसमें अंग्रेज, उनके भारतीय कर्मचारी और आमलोगों ने भाग लिया था। कॉलेज परिसर के बाहर चौक तथा विश्रामबाग तक लोगों की भीड़ एकत्र थी। उच्चपदों पर पदस्थ

स्थानीय भारतीयों और यूरोपियन नागरिकों के लिए अलग-अलग ऐसी व्यवस्था की गयी थी। स्कूली बच्चों, अध्यापकों और अन्य लोगों के लिए अलग-अलग व्यवस्था की गयी थी जिससे सभी लोग पुरस्कार वितरण समारोह को बिना रोकटोक देख सकें और अपने बच्चों को पढ़ने के लिए पाठशाला भेजने की प्रेरणा ले सकें।

यूरोपियन मेहमानों की उपस्थिति विशेष रूप से उल्लेखनीय थी। इस समारोह को प्रोत्साहित करने के लिए जो यूरोपियन मेहमान मुख्य रूप से उपस्थित थे, वे थे–बिग्रेडियर टायडेल और उनकी पत्नी, मिसेज काकवर्न, इ.सी.जोन्स, मिसेज रावेल, मेजर कैण्डी, कैप्टन कोर्स, डॉ. गिलडर्स, मिस ब्राउन, मिस हनकाक, ले. बनरमन, जे. मिशेल और उनकी पत्नी, रेवरंड जी. एल.फेटेन, डब्लू के. मिचेल, प्रोफेसर फ्रेजर और उनकी पत्नी, आर.टी.पिम्हे, इ.एस.ए.बोस लेट और प्रोफेसर मंकडपाल आदि।

भारतीय प्रतिष्ठित नागरिकों में प्रमुख रूप से जिनकी उपस्थिति गणनीय है, उनमें थे–सरदार अप्पा साहेब टमढेरे, सरदार बालासाहेब मजुमदार, सरदार बाला साहेब मेहेन्द्रके, सरदार पुरुषोत्म बिनीवाले, सरदार दाजीभाऊ पानसे, सरदार बाल साहेब पटबर्धन, सरदारराव साहब खाजगीवाले, कृष्णजी पंत, पुकसी बागवाले विनायक, वासुदेव डिप्टी कलक्टर अण्णा साहेब चिपलूणक, प्रोफेसर विष्णुशक्ति चिकुणकर, प्रो. केरो लक्षमण छत्रे, उमीन साहेब आर्देसर, करसेट जी मुंसिफ और बड़ोदा के माऊसाहेब शास्त्री आदि।

समारोह का प्रारम्भ ठीक समय पर प्रारम्भ किया गया। जोतीराव फुले ने सभी आगन्तुकों का अभिनन्दन किया, शब्दों से स्वागत किया। उसके बाद सावित्रीबाई फुले ने समारोह के उद्देश्यों को स्पष्ट करते हुए कहा, ''मैं आप सब सम्माननीय आगन्तुकों का स्वागत करती हूँ। इस समारोह में आपकी उपस्थिति इस बात की साक्षी है कि पुणे और महाराष्ट्र के लोगों में बड़ी तीव्रता से परिवर्तन दिखाई दे रहा है। आज से कुछ ही समय पूर्व लड़कियों को शिक्षित करना, जहाँ धर्म का उल्लंघन माना जा रहा था, वहीं आज स्कूल जाने वाली बच्चियों की संख्या दिनोंदिन बढ़ रही है। अछूतों के बच्चों को पढ़ाने के लिए शिक्षक नहीं मिलते थे। ब्राह्मणी व्यवस्था के आतंक से पूरा समाज भयभीत था परन्तु आज वैसा कुछ नहीं है। आप लोगों के बीच हर जाति, धर्म, वर्ण के लोग आये हैं। किसी ने किसी की जाति पूछकर स्थान ग्रहण नहीं किया। यह सब मेरे सेठार के साहसिक कदम का परिणाम है। मैं भी उन्हीं के निर्देश का पालन करती हूँ। यहाँ तक कि शैक्षिक यात्रा पूरी

करने में हर वर्ण जाति का सहयोग मिला है, विशेषकर के कलेक्टर साहब जोन्स और उनकी पत्नी श्रीमती जोन्स का। मैं अपने उन लोगों का नाम नहीं लेना चाहती, जिन्होंने हर तरह से हमारी मदद की है क्योंकि उनकी संख्या गणनातीत है। इस सम्मान का मुख्य उद्देश्य है लोगों को शैक्षिक प्रसार से होनेवाले सामाजिक परिवर्तन से अवगत कराना, जिससे हर वर्ग-वर्ण के लोग अपने बच्चों-बच्चियों को पढ़ने के लिए पाठशाला भेजें। शिक्षा से ही ज्ञान ज्योति प्रकाशित होती है, अज्ञान आडम्बर और रूढ़िवादिता का अन्धकार विलुप्त होता है। जिन बच्चों को आज पुरस्कृत किया जा रहा है, वे ही और बच्चों के लिए प्रेरणा स्रोत बनेंगे। परिश्रम, लगन और न हारने की जिद ही उन्नति के शिखर तक पहँचाता है।

सावित्रीबाई फुले के सम्बोधनोंपरान्त श्री बापूराव जी मांडे ने पाठशालाओं की प्रगति प्रतिवेदन प्रस्तुत किया। तत्पश्चात् स्कूलों की व्यवस्था के प्रभारी श्री अण्णा साहेब चिपलूणकर का अभिभाषण हुआ। उनके बाद जिला कलक्टर की पत्नी श्रीमती जोन्स का प्रेरणास्पद भाषण हुआ। उन्होंने जोतीराव दम्पति के प्रयास की खुले हृदय से प्रशंसा की। उन्होंने कहा, "यदि हर जनपद में एक-एक जोतीराव सावित्रीबाई हो जायँ तो पूरा देश बदल जायगा। देश में व्याप्त अन्धविश्वास, रूढ़िता, अज्ञानता का विनाश हो जायगा, क्योंकि इन्होंने न केवल लड़कियों की शिक्षा की व्यवस्था की अपितु समाज के उपेक्षित अछूत समझे जाने वालों के बच्चों के लिए स्कूल खोला। उन्हें पीने के पानी के लिए अपने मकान के कुएँ को खोल दिया। शूद्रातिशूद्रों में आत्मविश्वास का संचार किया। अभी तक जो भी हुआ है वह कुछ भी नहीं है। समाज सुधार और शिक्षा प्रसार के लिए अभी बहुत कुछ करना शेष है। हमें प्रसन्नता है कि आज पूरा समाज फुले दम्पति के साथ खड़ा है।

अन्त में मेजर कैण्डी ने अध्यक्षीय भाषण दिया। समारोह के आयोजकों, विद्यालय के बच्चों के अभिभावकों और पुणे निवासियों के प्रति आभार व्यक्त किया। करतल ध्वनि के साथ समारोह का समापन हुआ।

अंग्रेजी शासन के पाँव फैलते जा रहे थे। परन्तु एक ओर जहाँ वे अपना राज विस्तार कर रहे थे, वहीं पर समाज में व्याप्त अज्ञान, अन्धविश्वास, दकियानूसी, रूढ़िवाद पर प्रभावी प्रहार भी कर रहे थे। प्रभावकारी प्रहार के लिए मस्तिष्क की संकीर्णता को मिटाने के लिए शिक्षा प्रसार पर विषेष बल दे रहे थे। मराठी भाषा के साथ हिन्दी और अंग्रेजी भाषा के प्रति स्कूली बच्चों में रुचि पैदा करने के लिए योजनाएँ बनाया करते थे। मैकाले की शिक्षानीति का

प्रभाव दिखाई देने लगा था। इसके साथ ही समाज में प्रगतिशील अन्तर्धारा भी प्रवाहित हो रही थी। समाज के शूद्रातिशूद्रों, अन्तयजों और अछूतों के कल्याण और उन्हें समाज से जोड़ने की चर्चा भी होने लगी थी। पिछड़ी शूद्र जातियों, महार, मातंग आदि के शोषण से संत्रस्त कुछ सवर्ण लोग उनके विकास की ओर उन्हें मुख्य धारा में लाने का महत् कार्य कर रहे थे। श्री बालशास्त्री जाम्मकर, भाऊमहाजन, दादोआ पाण्डुरंग तर्खडकर, जगन्नाथ शंकरसेठ, लोक हितवादी, न्यायाधीश माधव गोविन्द रानाडे आदि समाज चिन्तक, अन्धविश्वासों के विरोधी और समाज सुधारक सक्रिय थे। इसी समय जोतीराव और उनकी पत्नी सावित्रीबाई एक पृथक समाज की संरचना का सपना देख रहे थे। वे दोनों ही अवसर मिलने पर इन प्रगतिवादी सवर्णों से विचार-विनिमय और तर्क-वितर्क किया करते थे। परन्तु ये सवर्ण विचारक मुख्यत: विचारों तक ही प्रगतिवादी थे, व्यवहार में वे दकियानूसी ब्राह्मणों के आतंक से भयाक्रान्त थे और अपने प्रगतिशील विचारों को अपनाने में आगा-पीछा किया करते थे, जबकि जोतीराव दम्पति साहसी थे, निडर थे और समाज को प्रगतिशील नवमार्ग पर ले चलने वाले समाज सुधारक थे। वे भुक्तभोगी थे, इसलिए ईमानदार थे। कहावत भी है कि 'जाके पाँव न जाय बिवाई, वो क्या जाने पीर पराई'। अपने पति के पगचिह्नों की अनुगामिनी बन गयी थी सावित्रीबाई। उन्होंने भी सामाजिक कुरीतियों, अन्धविश्वास और जाति दंश झेले थे। उनके पैतृक निवास से सटे भैरव बाबा मन्दिर में पूजा अर्चना के पुष्प, फूल माला आदि उन्हीं के द्वारा बनाये गये चढ़ते थे, परन्तु उन्हें मन्दिर के गर्भगृह तक जाने की आज्ञा नहीं थी।

पाठशालाओं के संचालन का पूरा दायित्व सावित्रीबाई के कन्धों पर था। इस सिलसिले में शिक्षा से जुड़े अधिकारियों के पास जाना पड़ता था। उन दिनों अधिकांश अधिकारी अंग्रेज होते थे, जिनसे आंग्लभाषा में बोलना पड़ता था। प्रारम्भिक दिनों में सगुणा बाई क्षीरसागर ने उन्हें अंग्रेजी भाषा का ए.बी. सी.डी. सिखाया था। बाद में जोतीराव फुले ने उन्हें अंग्रेजी लिखना-पढ़ना और बोलना सिखाया। एक बार की घटना है सावित्रीबाई फुले कक्षा में लड़कियों को पढ़ा रही थी। राजस्व आयुक्त श्री रिब्ज कब चुपके से कक्षा में आकर बैठ गये, उन्हें पता ही नहीं चला। सावित्रीबाई पढ़ाने में और बच्चियाँ पढ़ने में पूरी तरह दत्तचित्त थीं। कक्षा समाप्त हुई। श्री रिब्ज ने आंग्लभाषा में सावित्री के पढ़ाने की कला की प्रशंसा की। सावित्रीबाई ने बिना झिझक अंग्रेजी भाषा में ही धन्यवाद ज्ञापित किया। सावित्रीबाई के अंग्रेजी भाषा के ज्ञान को देखकर

मि. रिब्ज अतीव प्रसन्न हुए। उन्होंने जोतीराव फुले से एक साक्षात्कार में कहा था, "आप बड़े सौभाग्यशाली हैं कि आपको ऐसी शिक्षित, ज्ञानी और समझदार पत्नी मिली।" उन्हें इसका पता नहीं था कि जोतीराव ने सावित्रीबाई को इस स्तर तक लाने में कितना विराट संघर्षपूर्ण योगदान दिया था।

सावित्रीबाईफुले स्वयं एक स्वतन्त्र विचारक थी। वे सुदक्ष अध्यापिका थी और प्रभावकारी सामाजिक परिवर्तन की मन्त्र भी। पुनरपि अपने पति जोतीराव के मार्गदर्शन के बिना कोई भी नया काम नहीं आरम्भ करती थी। दोनों बरगद के घने वृक्ष की छाया में बैठे थे। वह वृक्ष आज भी उनके मकान परिसर में अवस्थित है। इस वृक्ष के नीचे बैठकर जोतीराव अपने मित्र सहयोगियों से मन्त्रणा किया करते थे। इसी वटवृक्ष की सुखद छाया में बैठकर जोतीराव दम्पति ने अनेक समाज सुधार, शिक्षा प्रसार और अन्त्यज कल्याण के निर्णय लिए थे। आज भी पति-पत्नी बैठे सुविचार कर रहे थे। जोतीराव ने ही पहल की।

"सावित्री जी, मैं पूना और आस-पास के ग्रामीण क्षेत्रों में कार्य सम्पादन के लिए जाता रहता हूँ। आप भी तो प्राय: हर वर्ग के लोगों के सम्पर्क में रहती हैं। दो-तीन सामाजिक संस्थाएँ मुझे कचोटती रहती हैं।"

"ऐसी कौन-सी समस्या है जिसका निदान नहीं है।" सावित्रीबाई ने और निकट आकर पूछा।

जोतीराव ने सावित्री का हाथ पकड़कर कहा, "सावित्री जी, दुनिया में ऐसी कोई भी समस्या नहीं, जिसका निदान न हो, पर उन समस्याओं का विश्लेषण करके ही कोई हल निकाला जा सकता है। पूना के भट्टब्राह्मणों के गंज से ऐसी सूचनाएँ मिल रही हैं कि उनके घरों की कई विधवा महिलाएँ अनजाने में गर्भवती हो जाती हैं। प्रारम्भ में तो वे महारिनों और चमाइनों से इलाज कराती हैं, भ्रूण गिर जाता है। परन्तु बहुत-सी ऐसी अभागिन होती हैं जिनका गर्भ ठहर जाता है और ऐसी महिलाएँ बच्चों को जन्म देकर घूर, झाड़ी या अनजान स्थान पर फेंक देती हैं। किसी ने देख लिया तो वह उठा कर ले जाता है। अन्यथा नवजात शिशु वहीं पड़े-पड़े दम तोड़ देता है। ऐसी महिलाओं को उसके घरवाले भी घर से बेदखल कर देते हैं या घर से निकाल देते हैं। आपने इतिहास की पुस्तकों में पढ़ा होगा मगध राज की नगरवधू सालवती ने ऐसे नवजात को घूर पर फेंकवा दिया था। बिम्बसार के पुत्र अभय ने उसकी जान बचायी और वह बाद में जीवक नाम से बहुत प्रसिद्ध आयुर्वेदिक वैद्य बना। परन्तु ऐसा अवसर किसी विरले को ही मिल पाता है। ऐसी अभागी महिलाओं और बच्चों के लिए हमलोग क्या कर सकते हैं? यही समस्या है।"

"जैसे हमलोगों ने ब्राह्मण समाज के घोर विरोध के पश्चात् भी लड़कियों के लिए, अन्त्यजों और अछूतों एवं शूद्रों के लिए पाठशालाएँ चलाई। उन्हें ऐसी स्थिति में ला दिया है कि अब तो हर वर्ग का सहयोग भी मिलने लगा है। ऐसे ही 'अनाथाश्रम' चला सकते हैं," सावित्री ने अपना सुझाव दिया।

"ठीक कहती हो सावित्री, मेरे मन-मस्तिष्क में भी यही बात चुलबुला रही थी। अच्छा हुआ आपने यह सुझाव दिया। ऐसी गर्भवती अभागिन महिलाओं के लिए 'बालहत्या प्रतिबन्धक गृह' की कल्पना मेरे दिमाग में है। यदि आप सहमति दें तो दोनों समस्याओं का हल एक ही परिसर में हो सकता है या मकान की व्यवस्था होने पर दोनों को अलग-अलग चला सकेंगे। लेकिन यह भी देख लो कि इससे आपकी जिम्मेदारी और बढ़ जायगी, क्योंकि दोनों समस्याएँ महिलाओं से सम्बन्धित हैं, इसलिए जहाँ तक मकान की व्यवस्था, सुरक्षा, और खाने की सामग्री आदि की बात है उसकी व्यवस्था मैं कर लूँगा। इनको चलाने का भार तो आप पर ही रहेगा।" जोतीराव ने समझाकर कहा।

सवित्री बाई का मन-मस्तिष्क क्रियाशील हो गया था। उन्होंने कुछ सोचकर कहा, "मैं इन दोनों दायित्वों को सँभाल लूँगी। मेरी महिला प्रौढ़ पाठशाला में ऐसी कई औरते हैं, जो मेरी मदद कर सकेंगी। आप आगे की सोचिए।" इसी बीच घोड़ीराव आ गया। दूर से अभिवादन करके कहा, "आप दोनों को मेरा प्रणाम। लगता है आप दोनों किसी गम्भीर समस्या में उलझे हुए हैं। बताइये आपका सेवक क्या कर सकता है?"

"कोई विशेष समस्या नहीं है घोड़ीराव। फिर भी आवश्यकता पड़ने पर तुमको नहीं याद करेंगे तो और किसे याद करेंगे?" जोतीराव फुले ने उसे आश्वस्त किया।

सावित्रीबाई फुले की जैसे-जैसे जिम्मेदारी बढ़ती गयी, वैसे-वैसे वे समय प्रबन्धन को महत्त्व देने लगी। वह स्कूल की प्रधानाध्यापिका थी। पुणे में चलाए जा रहे अन्य स्कूलों के संचालन को देखती रहती थी। रात्रि की पाठशालाओं का निरीक्षण करती, समस्याओं का हल निकालना आदि जैसी जिम्मेदारियों को सफलतापूर्वक निर्वहन करती थी। साथ में घर की देखभाल भी वह स्वयं करती थी। इन सभी बातों के साथ स्वाध्याय निरन्तर करती थी। इसी क्रम में उन्हें थामस क्लार्कसन की जीवनी पढ़ने को मिली और शूद्रातिशूद्रों की मानसिक एवं कायिक गुलामी की बेड़ियों से मुक्ति दिलाने की प्रेरणा मिली! श्री क्लार्कसन उत्तरी अमेरिका के हब्शियों को दासत्व पाश से मुक्त करनेवाले एक समर्पित लोकनायक थे। श्री क्लार्कसन की जीवनी पढ़ने से आन्दोलित

सावित्रीबाई ने संकल्प लिया कि शूद्रों और अतिशूद्रों को सामाजिक गुलामी से मुक्ति दिलाने के लिए उन्हें गुलामी का एहसास कराना होगा और ऐसा एहसास मात्र शिक्षा के द्वारा ही सम्भव है। सावित्री और जोतीराव के विचारों में साम्यता थी।

जोतीराव फुले ने सावित्रीबाई के व्यक्तित्व विकास में पूरी तरह पति का कर्त्तव्य निभाया। इसीलिए वे सावित्रीबाई फुले के सहचर, फिलॉसफर और पथ प्रदर्शक थे। सावित्रीबाई उन्हें केवल पति ही नहीं बल्कि अपना गुरु मानती थी। उनका अपना जीवन सादगी, सद्भाव और सेवा भाव से परिपूर्ण था। दोनों एक-दूसरे की भावनाओं का आदर करते थे, इसीलिए उनका दाम्पत्य जीवन उस समय में ही प्रतिमान बन गया था।

सावित्रीबाई फुले का हृदय मातृत्व से रीता रह गया परन्तु उनका हृदय करुणा और संवेदना से लबालब था। उसी का परिणाम 'भ्रूण हत्या प्रतिबन्धक गृह' के रूप में प्रस्फुटित हुआ। उनकी छाती से दुग्धधारा नहीं निकली परन्तु उन्होंने हजारों बच्चों को अपने प्यार के दूध से जीवनदान दिया। करुणा एवं संवेदना से परिपूर्ण हृदय से कविता प्रवाहित होती रही और वे एक अच्छी कवयित्री के रूप में प्रतिष्ठापित हो गयी। उन्होंने अपने पति के बारे में लिखा कि-

''वे हैं अज्ञानीजनों के कर्णधार
देते हैं उन्हे नित सद्विचार
वे हैं क्रान्तिवीर तथा ज्ञानयोगी
झेलते हैं दुख, स्त्रियों-शूद्रों की खातिर।''

जोतीराव फुले स्वयं एक सिद्धवाक् कथाकार, उपन्यासकार, कवि और विचारक थे। उनके इन गुणों का सम्यक प्रभाव सावित्रीबाई के मन-प्राण और जीवनशैली पर पड़ा । पति के प्रति उनकी अन्तरात्मा के भाव इन पंक्तियों में सावित्रीबाई ने अपने शब्दों में व्यक्त किया है-

''जिनके कारण करती हूँ मैं कविता
जिनकी कृपा से चित्त को आनन्द है मिलता
जिनसे मिली है बुद्धि, इस सावित्री को
लाख-लाख प्रणाम करती हूँ
स्वामी जोतीराव को।''

राजा दशरथ ने अपने प्राणपुत्र राम को 14 वर्ष का वनवास दिया था। इसे उन्होंने सहर्ष स्वीकार कर लिया था। जनकतनया सीता ने 'पत्नी के सुख सभी साथ पति के रहते हैं' कहकर वनवास में राम की जीवन सहचरी बनी

रही। सावित्रीबाई को तो पता भी नहीं था कि ससुर-गृह छोड़कर वे पति जोतीराव के साथ कहाँ जायेंगी। सावित्री ने पूछा, ''मुझे क्या करना चाहिए।'' जोतीराव ने अपनी पत्नी के व्यक्तित्व के निखार का सदैव अवसर दिया था। उन्होंने कहा, ''अच्छा हो कि आप स्वयं निर्णय करो।'' सावित्रीबाई ने लोक मर्यादा और पति के संग-स्नेह में पति के साथ जाने का निर्णय लिया। वे जीवनपर्यन्त पति की अनुगामिनी बनी रहीं।

सावित्रीबाई का जीवन-पथ कंटकाकीर्ण था। परन्तु उनके पति जोतीराव फुले ने आगे-आगे चलकर कंटकों को पुष्प में परिवर्तित करते गये। फिर भी उन्हें ऐसे अनेको अवसर आये, जहाँ सावित्री को सीता-परीक्षा देनी पड़ी। साथ ही पति का सहारा भी बनी। लड़कियों के लिए पाठशाला स्थापति करने के प्रारम्भिक दिनों में जब ब्राह्मणों के दबाव में आकर जोतीराव के पिता गोविन्दराव फुले ने जोतीराव को गृह-निष्कासित किया तब सावित्रीबाई फुले ने पति के पदचिह्नों पर चलती हुई, आत्मिक बल दिया। जोतीराव के जीवन में एक अविस्मरणीय घटना घटी। वे अपने एक मित्र ब्राह्मण की बारात में शामिल हुए। अन्धानुकरणी ब्राह्मणों ने उनका अपमान किया, गालियाँ दीं और बारात के अन्त में चलने का आदेश दिया। स्वाभिमानी जोतीराव ने बारात छोड़ दिया और टूटे मन से घर आये। पिता गोविन्दराव ने पुत्र के मायूस-मन को देखकर कारण पूछा तो जोतीराव ने बारात की घटना का उल्लेख कर दी और सोचा कि शायद पिताश्री ब्राह्मणों के इस कृत्य को धिक्कारेंगे, परन्तु उनकी आशा के विपरीत गोविन्दराव ने कहा, ''बेटा तुम्हें ब्राह्मणों की बारात में नहीं जाना चाहिए था। यह तो अच्छा हुआ कि उन्होंने तुम्हें गाली देकर छोड़ दिया। अगर कहीं यह पेशवाओं का राज होता तो तुम्हें वे हाथी के पैर से कुचलवा देते। जाओ आराम करो और इस घटना को स्वप्न समझकर भूल जाओ।''

जोतीराव फुले घर के अन्दर प्रवेश किए। सामने आँगन में सावित्रीबाई से साक्षात्कार हो गया। जोतीराव के गिरे हुए मुख को देखकर सावित्री ने कहा, ''आप दुखी न हों। हमलोग आपके साथ हैं। सच्चाई आपके साथ है। आपने ही जाति-पाँति, छुआछूत और अन्धविश्वासों को मिटाने का संकल्प लिया है। और आप ही तो वह श्लोक सुनाया करते हो जिसमें कहा गया है कि आदमी तीन प्रकार के होते हैं। एक वे जो विपत्ति की डर से काम शुरू ही नहीं करते। उन्हें नीच या अधम कहा जाता है। दूसरे वे जो काम शुरू करते हैं, परन्तु बीच में ही विघ्न पड़ने पर काम छोड़ देते हैं। वे मध्यम श्रेणी के लोग होते हैं और तीसरे वे जो उत्तम श्रेणी में आते हैं और विघ्न-बाधाओं के बार-बार

आने पर भी अपना रास्ता नहीं छोड़ते और ऐसे ही लोग इतिहास का निर्माण करते हैं। आप तो इतिहास की धारा बदलने चले हैं, तब यह मायूसी कैसी?''

''प्रारभ्यते न खलु विघ्नभयेन नीचै:
प्रारभ्यविघ्नविहिता: विरमन्ति मध्या:
विघ्नै: पुन: पुनरपि प्रतिहम्य माने:
प्रारभ्यमुत्तमजना: न परित्यजन्ति।''

सावित्रीबाई की बातों को सुनकर जोतीराव फुले का आत्मबल पुन: ऊर्जायित हो गया। उन्होंने सावित्री को अंक में समेट लिया और कहा, ''सावित्री, आप नहीं होतीं तो मैं टूट जाता। मैं ईश्वर को धन्यवाद देता हूँ कि उन्होंने आपको मेरी जीवनसंगिनी, सद्धधर्मिणी और मित्र बनाकर भेजा।''

जोतीराव फुले ने 'अनाथाश्रम' और 'बालहत्या प्रतिबन्धक गृह' के लिए मकान की खोज शुरू कर दी। परन्तु तत्काल कोई भी उपयुक्त मकान उपलब्ध नहीं हुआ। जोतीराव ने अपनी पत्नी सावित्री से विमर्श किया। 'बालहत्या प्रतिबन्धक गृह' के लिए तत्काल मकान उपलब्ध नहीं हो रहा है। आप कहे तो अपने मकान में ही अनाथालय और बालहत्या प्रतिबन्धक गृह चालू कर दें। उपयुक्त मकान उपलब्ध होने पर उसमें चले जायेंगे।''

''आपका सुझाव बिल्कुल सही है। इस शुभ कार्य को यथाशीघ्र शुरू करने का यही एक विकल्प लगता है, पर इसकी जानकारी लोगों तक कैसे प्रसारित की जायगी।'' सावित्री ने प्रश्न किया।

''इसकी चिन्ता मत करो। मैं एक नोटिस के जरिये लोगों को अवगत करा दूँगा।'' जोतीराव फुले ने सार्वजनिक जानकारी के लिए पुणे और आस-पास के ग्रामीण क्षेत्रों में भित्तिका पर हस्तलिखित नोटिसें लगवा दीं। ये नोटिसें रात्रि में लगाई गयी थीं। सुबह होते ही चर्चा का विषय बन गयी और इस तरह बालहत्या प्रतिबन्धक गृह की जानकारी सभी लोगों तक पहुँच गयी। लोगों ने सही अनुमान लगाया कि यह काम फुले दम्पति के अलावा और किसी का भी नहीं हो सकता। नोटिस में लिख गया था, ''विधवाओ, इस बालहत्या प्रतिबन्धक गृह में जाओ और गुप्त तथा सुरक्षित रूप से अपनी प्रसूति कराओ। चाहो तो बच्चे को ले जा सकती हो अथवा हमारे यहाँ रख सकती हो। हमारा अनाथाश्रम तुम्हारे बच्चों का पालन-पोषण करेगा।''

महाराष्ट्र ही नहीं, पूरे देश में विधवाओं की दशा नारकीय बनी हुई थी। उन्हें समाज ने महिला-अधिकारों से वंचित कर रखा था। औरत का विधवा होना एक अभिशाप बन गया था। विधवा होते ही उसके सभी सामाजिक, धार्मिक और

पारिवारिक अनुष्ठान छिन जाते थे। हमारे शास्त्रों ने तो अलग से विधवा-धर्म ही बना दिये गये थे। ऋग्वेद में कहा गया कि 'मरुतों की अतिशीघ्र गतियों से पृथ्वी पतिहीन स्त्री की भाँति काँपती थीं।'' वेदकालीन समय में भी विधवाएँ या तो पतिहीना होने के दुख से या बलात्कार के भय से कांपती थी। विधवा होने से साल भर तक औरत को मधु, मांस, मदिरा एवं नमक त्याग देना चाहिए। भूमि पर शयन करना चाहिए। शरीर के अन्दर गर्मी और उत्तेजना पैदा करनेवाले खाद्य-पदार्थों से वे वंचिता हो जाती थी।

मनुस्मृति में कहा गया है कि ''पति की मृत्यु के बाद स्त्री, चाहे तो केवल पुष्प, फल और कन्दमूल आदि खाकर अपनी देह दुर्बल कर ले। किन्तु उसे किसी अपर व्यक्ति का नाम नहीं लेना चाहिए। मृत्युपर्यन्त उसे संयम से रहना चाहिए, सतीत्व की रक्षा करनी चाहिए। पतिव्रता के सदाचरण करना चाहिए। इससे उसे स्वर्ग प्राप्ति होती है।''

शास्त्रों ने विधवा के लिए नियम बना दिये कि वह बाल सँवारना बन्द कर दे, पान खाना, सुगन्ध लेना, आभूषण पहनना और रंगीन परिधान पहनना छोड़ दे। पीतल-काँसे के बर्तन में खाना नहीं खाये। श्वेत वस्त्र धारण करे। ईश्वर की आराधना में लीन कुश बिछाकर पृथ्वी पर शयन करे। विधवा स्त्री पुत्रों के अधीन होकर रहे। वह कभी स्वतन्त्र न रहे।''

'पुत्राणां भर्तरि प्रेते स भजेत्स्त्री स्वतन्त्रताम्'

विधवा होते ही स्त्री के बाल काट दिये जाते थे। चूंडियाँ तोड़ दी जाती थीं। कुछ क्षेत्रों में तो उसे महिमामंडित कर सती होने के लिए बाध्य किया जाता था। पति की मृत्यु पर औरत के लिए ऐसे अमानवीय नियम बना दिये गये। परन्तु पत्नी की मृत्यु पर पति के लिए कोई नियम नहीं बनाया गया। उसे पूरी छूट दी गयी। उसे पुनर्विवाह की अनुमति दी गयी। 'पुनर्दाक्रियां कुर्यात्पुनराधानमेव च।' अर्थात् पति के पूर्व मरनेवाली स्त्री के अन्तः कर्म में अग्नि दे चुकने के पश्चात् वह पुरुष पुनर्विवाह करके अग्निहोत्र ले।

ये नियम सवर्ण समाज ब्राह्मण, क्षत्रिय में विशेष रूप से पालन किये जाते थे। अनेको घरों की विधवाओं का अवर्णनीय हाल था। वृद्धावस्था में विधवा होनेवाली औरतों का जीवन किसी तरह कट जाता था। परन्तु युवावस्था में विधवा होनेवाली औरतों को जीवन-निर्वाह करना कठिन होता । क्षत्रिय समाज की औरतें प्रायः युवावस्था में विधवा हो जाती थीं। पति युद्ध में असमय मारा जाता था। विधवा औरतें या तो पति की चिता पर सती हो जाती थीं या वैधव्य जीवन जीने के लिए घर की चहारदीवारी में कैद कर दी जाती थीं।

जैविक या बायोलाजिकल इच्छा सन्तुष्टि को रोकना कठिन काम होता है। युवावस्था में विधवा होनेवाली औरतों के लिए यौन सन्तुष्टि बड़ी समस्या होती है। वे अवसर पाकर घर के किसी आदमी या घर में काम करनेवाले मजदूरों के साथ हमबिस्तर हो जाती थीं। प्रौढ़ होती लड़कियाँ भी कभी-कभी यौन शांति के लिए गर्भित हो जातीं। ऐसी औरतें भ्रूण गिराने की गँवई दवाई करातीं या जड़ी-बूटियाँ खा लेतीं। भ्रूण गिराने में सफलता न मिलने पर वे या तो आत्महत्या कर लेती या भ्रूण हत्या करके किसी निर्जन स्थान घूर-झाड़ी में फेंक देतीं। ऐसी घटनाएँ छिपती नहीं थीं। ग्रामीण चर्चा में ऐसी औरतों का नाम तो मालूम हो ही जाता था।

समाज में व्याप्त ऐसी दकियानूसी रूढ़ि से मुक्ति पाने के लिए समाज के कुछ प्रबुद्ध लोग आगे आने लगे। ऐसी प्रथाओं पर विमर्श भी होता। फुले दम्पति ने ऐसी महिलाओं के लिए विधवाश्रम, भ्रूण हत्या प्रतिबन्धित गृह की स्थापना का निर्णय लिया। सावित्री की रात्रि पाठशाला में कई विधवा औरतों ने पढ़ने के लिए नाम लिखा लिया था। वे विवाह करना चाहती थीं परन्तु समाज और परिवार के डर से वे चुप रहती थीं। सावित्री इस समस्या पर अपने पति से विमर्श करती थी। दोनों ने विधवा विवाह का खुलकर प्रचार प्रारम्भ कर दिया। इसी दौरान उन्हें श्री विष्णु शास्त्री के बारे में जानकारी मिली। महाराष्ट्र में वह पहले व्यक्ति थे जिन्होंने विधवा विवाह का पक्ष लिया था। उस समय तो जन समर्थन नहीं मिला, परन्तु 1842 में बेलगाँव की दो विधवा महिलाओं के पुनर्विवाह का समाचार मिला था। फुले दम्पति के विधवा विवाह अभियान को प्रबुद्ध समाजशास्त्रियों का समर्थन मिलने लगा। ब्रिटिश सरकार ने 1856 में 'विधवा विवाह अधिनियम' पारित कर दिया। इससे विधवाओं को पुनर्विवाह का कानूनी अधिकार मिल गया। अत: 8 मार्च 1860 को पुणे की एक विधवा का उसी की जाति के एक विधुर से पुनर्विवाह सम्पन्न कराने में फुले दम्पति को सफलता मिली।

ईसाई धर्म प्रचारक मिशनरियों ने त्यक्त और अनाथ बच्चों के लिए अनाथाश्रम चला रखा था। परन्तु उनके यहाँ प्रसूति की व्यवस्था नहीं थी। यह व्यवस्था दी सावित्रीबाई और उनके पति जोतीराव ने। प्रसूति कराने का प्रशिक्षण सावित्रीबाई ने अपनी मौसी सास सगुणा बाई क्षीरसागर से प्राप्त किया था।

सगुणा बाई क्षीरसागर ईसाई मिशनरी में काम करती थी। वहीं पर उन्होंने जच्चा-बच्चा की देखभाल और उनके सम्यक लालन-पालन की तकनीक सीख रखी थी। उन्होंने ही जोतीराव को बचपन में लालन-पालन कर बड़ा

किया था। बालहत्या प्रतिबन्धक गृह की स्थापना जोतीराव दम्पति ने 1863 में अपने ही मकान की थी।

जोतिबा दम्पति को इस चुनौतीपूर्ण क्रान्तिकारी कार्य में प्रबुद्ध लोगों से आशातीत सफलता मिलने लगी। उनको विशेष रूप से मदद करनेवालों में श्री गोपालराव देशमुख (लोकहितवादी), भंडारकर, रायबहादुर मदन श्रीकृष्ण, बाबाजी नवरंगे, परमानन्द, तुकाराम तात्या आदि प्रमुख थे। सावित्रीबाई की सफलता के इस कल्याणकारी कार्य ने कई और समाजसेवियों को प्रेरित किया। श्री लालशंकर उमियाशंकर त्रिवेदी पंढरपुर में 'अनाथ बालकाश्रम' की स्थापना की थी।

सावित्रीबाई को इस कार्य में आनन्द आने लगा था। विधवा या अविवाहित स्त्रियों को जीवनदान मिलने पर जो प्रसन्नता उनके मुखमण्डल पर मुस्कराती थी उससे सावित्री और जोतिबा का अन्तःकरण खिल जाता था। 'निराश्रितों' को आश्रय देना। ऐसा वे मानते थे। सावित्रीबाई रात्रि प्रौढ़शालाओं में अपने पति द्वारा रचित इस अभंग को प्रायः सुनाकर सत्कर्म के लिए प्रेरित करती थी–

"सभी स्त्री-पुरुष परिश्रमी बनें।
परिवार को पोसें प्रसन्नता से।।
सन्तानों को नित्य पाठशाला भेजें।
अन्नदान करें, छात्रों को
सार्वभौम सत्य का स्वयं पालन करें।
सुखपूर्ण बर्ताव करें विकलांगों से।।
ऐसे आचरण से सबों को सुख देंगे।
स्वयं भी सुखी होंगे, जोती कहें।।"

सूरज थका-माँदा पश्चिम की ओर भागा जा रहा था। पश्चिम की लालिमा कम होती जा रही थी। किसान-मजदूर अपने-अपने कार्यक्षेत्रों से मुक्त अपने घरों की ओर पलायन कर रहे थे। बच्चों की चहल-पहल का शोर क्षीण पड़ गया था। पशु-पक्षी अपने-अपने नीड़ों में शरण ले रहे थे। गोधूली की चादर बढ़ती जा रही थी। जोतीराव और सावित्रीबाई प्रत्येक दिन की भाँति 'बालहत्या प्रतिबन्धक गृह' के बरामदे में बैठे दिनभर का हिसाब-किताब कर रहे थे। यह उनकी प्रत्येक दिन की चर्या थी। सावित्रीबाई ने ही पति से प्रश्न किया। "आज का दिन कैसा रहा।"

"दिन जैसा भी रहा हो। शाम अच्छी होने जा रही है।" जोतिबा ने मुस्कराते हुए कहा।

"मतलब, कोई नया समाचार सुनाने जा रहे हैं क्या?" सावित्री ने प्यार भरे लहजे में पूछा।

"नया समाचार सुनाना तो आपका काम है। फिर भी देखो एक धुँधली छाया हमारे मकान की ओर आ रही है। लगता है तुम्हारा काम शुरू होनेवाला है।" जोतिबा ने अपनी मूँछों को सहलाते हुए कहा।

"आपको तो सोते-जागते बस एक ही बात सूझती है। इस समय यहाँ कौन आयेगा।"

"कौन आयेगा नहीं। कौन आयेगी। देखिए सामने कोई छाया इधर ही आ रही है। हाथ कंगन को आरसी क्या।" जोतिबा ने मजाकिया लहजे में कहा।

जोतीराव फुले की बात समाप्त हो ही रही थी कि वह छाया स्पष्टतः दरवाजे के सामने आ गयी। कोई औरत थी। अपना मुख चादर से ढके हुए थी। बरामदे के सामने खड़ी हो गयी आकर। उसकी चाल से ही सावित्रीबाई ने भांप लिया था कि यह प्रसूति का मामला है।

"कौन हो, कहाँ से आयी हो" सावित्रीबाई ने प्यार से पूछा।

"बा, मैं एक अभागिन औरत हूँ। आपकी शरण में आयी हूँ। मैं समाज में मुँह दिखाने लायक नहीं हूँ। आप मेरे लोकलाज की परवाह करें।" अधेड़ उम्र की उस औरत ने हाथ जोड़कर विनती की।

नेत्रों से झरते आँसुओं को पोंछते हुए उसने कहना चालू रखा "बा, मुझसे गलती हो गयी। पास के गाँव के बड़े महाराज के घर की विधवा हूँ।"

"आओ बेटी। चलो, अन्दर चलते हैं। तुम सही स्थान पर आ गयी हो। तुम अपने को अभागिन क्यों मानती हो। अभागा तो है वह पुरुष जो समाज के सामने बच्चे का बाप बनने के बजाय मुँह छिपाये फिर रहा होगा। तुम तो बच्चे को जीवन दान देने आयी हो।"

यह कहते हुए सावित्रीबाई ने उस औरत को सहारा देते हुए घर के अन्दर के कक्ष में ले गयी और खाट पर बैठाते हुए कहा, "तुम इस खाट पर आराम से लेट जाओ। मैं तुम्हारे खाने-पीने का इन्तजाम करती हूँ। और हाँ, जब तक तुम्हारा बच्चा इस दुनिया में नहीं आता, तुम यहीं रहोगी। तुम्हें किसी प्रकार की कठिनाई नहीं होगी। तुम मेरी बेटी समान हो। बच्चे का ननिहाल में जन्म होना शुभ माना जाता है।"

"ठीक है काशीबाई, अब यह बच्चा मेरा है। मैं अपने पति से मशविरा करके इसे विधिवत गोद लूँगी। यह मेरा मुतबन्ना होगा।"

बालहत्या प्रतिबन्धक गृह के कार्यों की चतुर्दिक सराहना होने लगी थी।

दकियानूसी ब्राह्मण और अन्य रूढ़िग्रस्त सवर्ण लोग जो जोतीराव दम्पति के बालहत्या प्रतिबन्धक गृह के कट्टर विरोधी थे, वे भी अप्रत्यक्ष रूप से प्रशंसा करने लगे। जोतिबा के सहायक और मित्र परमानन्द ने लिखा, ''ऊँची जातियों की जो विधवाएँ कुमार्ग पर चली गयी, जोतिबा ने उनसे उत्पन्न बच्चों को मुतबन्ना मानकर मातृभाव से रक्षा की। उन्होंने कई विधवाओं को बालहत्या जैसे गम्भीर अपराध से बचाया। इस त्याग का सचमुच कोई जोड़ नहीं।''

1854 में सरकार ने शिक्षा नीति का ऐलान किया जिसमें प्राथमिक शिक्षा को विशेष महत्त्व दिया गया। इस नीति को प्रभावी बनाने के लिए राज्य सचिव (Secretary of State) ने भूमि पर शिक्षा सेस लगाने का सुझाव दिया, जिसको सरकार द्वारा मान लिया गया। इस सेस या उपकर का उपयोग शिक्षा के प्रचार-प्रसार एवं विकास पर किया जायगा और फण्ड के अभाव की पूर्त्ति की जायगी। परिणाम उत्साहवर्धक रहा। स्कूलों और कॉलेजों की संख्या में द्रुतगति से वृद्धि होने लगी। कुछ स्कूलों को सरकार से पूर्ण वित्तीय सहायता देने का प्रावधान किया गया और कुछ स्कूलों को आंशिक अनुदान दिया गया। कुछ ऐसे भी निजी विद्यालय स्थापित किये गये, जिनको सरकारी सहायता की आवश्यकता नहीं पड़ी। आज भी सरकार वित्त सहित और वित्त रहित स्कूलों को बढ़ने में मदद कर रही है। परन्तु उस समय के और आज के स्कूल संचालन में अन्तर है। आज शिक्षा व्यवसाय का केन्द्र बन गयी है। शिक्षा माफिया जैसे तन्त्र विकसित हो गये हैं। शिक्षा के शत-प्रतिशत विकास के लिए लोकतांत्रिक सरकारों को ऐसे तंत्रों के पंजों पर अंकुश लगाना होगा, तभी कमजोर वर्ग, विशेषकर आर्थिक रूप से विपन्न शूद्रों, दलितों और महिलाओं में शिक्षा का प्रतिशत और स्तर बढ़ सकेगा। इसके परिणाम से ही फुले दम्पति की आत्मा को सन्तुष्टि मिलेगी।

1857 में सिपाही विद्रोह हुआ। यह विद्रोह धर्म की रक्षा के लिए मंगल पाण्डे ने प्रारम्भ किया। बैरकपुर छावनी के एक सफाईकर्मी ने मंगल पाण्डे को जानकारी दी थी कि जिन कारतूसों को वे दाँत से काटकर बन्दूकों में भरते हैं, उनमें गाय और सूअर की चर्बी होती है। इस सूचना ने हिन्दू-मुस्लिम सिपाहियों को समान रूप से प्रभावित किया। उत्तर भारत की प्राय: हर छावनी में विद्रोह की आग धधक उठी। धर्म के रक्षार्थ उठे इस वबंडर ने स्वाधीनता आन्दोलन का रूप ले लिया। पुणे में भी बृहत् छावनी थी। वहाँ के समाचार-पत्रों में सिपाही विद्रोह की खबरें छपती थीं। स्वाधीनता आन्दोलन का रूप बदल गया। लोगों के मन में अंग्रेजों की गुलामी से मुक्त होने का जुनून भर गया। इसे

जनसमर्थन मिलने लगा। पुणे के ब्राह्मणों को एक अवसर मिल गया, जोतीराव को देशाभिमुखी करार देने का, क्योंकि जोतीराव का मानना था कि अंग्रेजी राज ने शूद्रों और अतिशूद्रों को पढ़ने-लिखने को प्रोत्साहित किया। उनके सोते मन को जगाया था। इसी बात को लेकर ब्राह्मणों ने जोतिबा को देशद्रोही तक की संज्ञा दे दी। इससे जोतीराव कुछ दुखित हुए। परन्तु ऐसे समय में सावित्रीबाई ने उन्हें ढाँढस बँधाया और कहा कि आपको आवश्यकता क्या है इसके लिए प्रमाण-पत्र की, वह भी इन गिरे हुए ब्राह्मणों की? पुणे क्या अब तो पूरा महाराष्ट्र जानता है कि हमलोगों ने अनपढ़ लड़कियों के लिए शूद्रों और अतिशूद्रों के लिए, अन्त्यजों और अकिंचनों के लिए और गरीब-गुरबा के लिए क्या किया है? अतः हमलोगों को किसी स्पष्टीकरण की आवश्यकता नहीं है। समय सबसे बड़ा प्रमाण होता है। एक दिन ये लोग आप के अनुगामी बनेंगे, ऐसा मेरा विश्वास है।

ब्राह्मणों के कुप्रचार का जोतीराव दम्पति पर किसी प्रकार का विपरीत प्रभाव नहीं पड़ा बल्कि लोगों के मन में उनके प्रति श्रद्धा बढ़ गयी। वे खुलकर कहने लगे कि लोग अंग्रेजों की गुलामी से मुक्ति की बात कर रहे हैं। अंग्रेज तो भारत में डेढ़-दो सौ साल पूर्व आये। परन्तु हमारे देश की वर्ण व्यवस्था ने शूद्रों को हजारों वर्षों से गुलाम बना रखा है। हमलोग दो सदियों से चली आ रही गुलामी के प्रति लोगों को जाग्रत करने का काम कर रहे हैं। राष्ट्र परतन्त्र है। हम सभी स्वाधीन होना चाहते हैं परन्तु स्वाधीनता ऐसी हो जिसमें सदियों की गुलामी से मुक्ति मिले। आदमी आदमी में भेद न हो। सबको समानता का अधिकार मिले। उनका संकल्प था कि अंग्रेज तो एक-न-एक दिन हमारे देश से चले जायेंगे, परन्तु स्वाधीनता आन्दोलन से साथ-साथ रूढ़िवादी क्रूर-कुत्सित हिन्दू व्यवस्था से भी विमुक्ति पाने का प्रखर प्रयास करना है। यदि ऐसा न हुआ तो स्वाधीनता का शूद्रों और अतिशूद्रों के लिए कोई मायने नहीं है।

जोतीराव दम्पति ने अपना ध्यान सामाजिक बुराइयों को दूर करने में केन्द्रित किया। उस समय अशिक्षा और अज्ञान के अलावा विधवा विवाह और सतीप्रथा जैसी भयंकर सामाजिक कुरीतियाँ थीं। शिक्षा के प्रचार-प्रसार से समाज की ऐसी कुरीतियों का अनावृत होना स्वाभाविक था। सावित्रीबाई फुले की पहुँच शिक्षा प्रसार के माध्यम प्रायः हर घर में हो गयी थी। ब्राह्मण और क्षत्रियों के घरों की विधवाओं, विशेषकर बाल विधवाओं को देखकर उनका हृदय विदीर्ण हो जाता था। ब्राह्मणवादी व्यवस्था के दबाव में उनका केश मुड़ा दिया जाता

था। सफेद धोती पहननी पड़ती थी। इसका अनुभव जोतिबा दम्पति को अपने घर में भी देखने को मिलता था। उनकी मौसी सास विधवा थी। वे सफेद धोती पहनती और शुभ अनुष्ठानों से स्वयं को अलग रखती थी। उन्होंने इन कुप्रथाओं को समाप्त करने का संकल्प लिया।

वैदिक काल से चले आ रहे विधवा विवाह को स्मृति काल में निषेधित कर दिया गया था। वेदों में 'पुनर्भूः' शब्द उस विधवा के लिए किया जाता था जिसने पुनर्विवाह किया हो। "अग्नि परिगता या च पुनर्भूः प्रशवा च या।" इसका उल्लेख कश्यप की 'स्मृतिचन्द्रिका' में स्पष्ट है। विधवा विवाह सवर्ण समाज में पूर्णतया प्रतिबन्धित था। शूद्रों और अतिशूद्रों में विधवा विवाह हर समय होते रहे हैं। आज भी हो रहे हैं। कोई सामाजिक या धार्मिक प्रतिबन्ध नहीं हैं। परन्तु ब्राह्मण एवं क्षत्रिय समाज में पुनर्विवाह आज भी वर्जित है। 1852 के नवम्बर में बम्बई के समाचार-पत्रों में एक हृदय विदीर्ण करनेवाली घटना का समाचार प्रकाशित हुआ। 'भुज' में एक विधवा महिला को ब्राह्मण लोग बलात् उसको चिता पर बिठाना चाहते थे। वह इस तरह मृत्यु की गोद में नहीं जाना चाहती थी। अंग्रेज अधिकारियों ने उसे बचाना चाहा। ब्राह्मणों ने चिता को चारों ओर से घेर लिया और वह विधवा शासन के समक्ष भष्म कर दी गयी। इस समाचार से जोतीराव दम्पति को बहुत दुख हुआ और उन्होंने लोगों को ऐसी बुराइयों का प्रतिकार करने के लिए प्रेरित किया। जोतिबा के एक मित्र सदाशिवराव गोवंडे की विधवा बहन को भी चिता पर सती होना पड़ा था। न चाहते हुए भी वे प्रतिकार नहीं कर सके। समाज की इस अमानवीय प्रथा के समक्ष झुकना पड़ा। श्री गोवंडे ने जोतीराव का साथ दिया और विधवा सती का खुलकर विरोध करने लगे।

जोतीराव और सावित्री ने बम्बई के नाइयों को एकत्र किया। उनसे विधवाओं के बाल न काटने की अपील की। जोतीराव की बातों का प्रभाव पड़ा और उन्होंने उसी दिन से विधवाओं का सिर मूँड़ना बन्द कर दिया और पूरे प्रान्त के नापितों को सन्देश दिया कि वे विधवाओं के बाल काटने का अपराध नहीं करें। इसकी जानकारी ब्राह्मणों-पुरोहितों को मिली। उन्होंने यह अफवाह फैलाने का असफल प्रयास किया कि जोतीराव दम्पति भगवान के बनाये नियमों को तोड़ कर समाज को गर्त में ले जा रहे हैं और प्रकृति के प्रकोप को निमन्त्रण दे रहे हैं। परन्तु इस अफवाह का कोई असर नहीं पड़ा।

जिस समय फुले दम्पति विधवा विवाह का प्रचार कर रहे थे और इस प्रथा का विरोध कर रहे थे। उसके कुछ पहले से ही 'परमहंस सभा' इन्हीं

बातों को लेकर समाज में क्रियाशील थी। इस संस्था के प्रर्वतक थे श्री दादोवा पाण्डुरंग तर्खड़कर। इस संस्था का उद्देश्य था–

'पिता मानकर भजेंगे एक ईश्वर को,
मानेंगे सभी मनुष्यों को भाई।
नहीं होगा जातिभेद धर्म में हमारे,
नहीं होगा स्पर्शास्पर्श का खेद।'

जोतीराव दादोवा के बारे में प्राय: बात करते थे सावित्री से। वे कहते थे कि दादोबा जी वैश्य समाज के हैं। वे ब्राह्मणवाद के भुक्तभोगी हैं। शिक्षा से सम्बन्धित पदाधिकारी होने के नाते शिक्षा प्रचार की वकालत करते थे। अन्धविश्वास और रूढ़ियों का विरोध करते थे परन्तु वे परमहंस सभा के मूल सिद्धान्तों को व्यवहार में नहीं लाते थे। जोतीराव का मानना था, "जो कहो वह करो। करो भी डंके की चोट पर। डर कर काम करने से उद्देश्य की पूर्त्ति नहीं हो पाती।"

परमहंस सभा में व्यावहारिकता के अभाव था, एतदर्थ यह सभा अधिक दिनों तक क्रियाशील नहीं रह पायी। इस सभा के निष्ठावान एवं समर्पित सदस्यों ने 1867 में एक नया संगठन खड़ा किया जिसका नाम दिया गया '**प्रार्थना समाज**'। इसके प्रमुख संस्थापकों में न्यायाधीश माधव गोविन्द रानाडे (1842-1901), सर नारायण राव चन्दावरकर और डॉ. भण्डारकर थे।

शाम को जोतीराव विलम्ब से घर आये। सावित्री ने पूछा, "आज अप्रत्याशित विलम्ब हो गया। किसी विवाद को सुलझाने में व्यस्त हो गये थे क्या?"

"नहीं सावित्री, आपको तो पता है कि पुणे के प्रतिष्ठित लोगों ने एक संस्था का निर्माण किया है जिसे जस्टिस रानाडे आदि ने 'प्रार्थना समाज' नाम दिया है। इस संस्था के उद्देश्यों पर चर्चा चल रही थी। मैं भी रुक गया। हमें लगता है कि हमलोगों का समाज सुधार, शिक्षा प्रसार रूढ़ियों के खण्डन, बनावटी धर्म और धर्मशास्त्रों में लिखे गये आधारहीन विचारों से जूझने में इस संस्था का सहयोग मिलेगा। अब हमलोग अकेले नहीं हैं। हमें अपने संकल्पित लक्ष्य तक पहुँचने में कम कठिनाई झेलनी पड़ेगी।"

पति की बात को बीच में काटते हुए सावित्री ने कहना शुरू किया, "आप ही तो कहते थे कि समाज-सुधार के लिए बनने वाले ऐसे संगठन प्राय: कथनी के अनुसार करनी नहीं कर पाते। ऐसी परिस्थिति में क्या हमको किसी प्रकार के मदद की आशा करनी चाहिए इनसे।"

"आपकी बात बहुत हद तक सही है। अंग्रेजी में कहा गया है कि वे भी

सेवा करते हैं जो खड़े रहकर प्रतीक्षा करते हैं। इनसे मदद मिलती तो अच्छा। नहीं मिलती तो भी अच्छा। सावित्री जी, आप अच्छी तार्किक बनती जा रही हैं। मुझे आप के तर्क सुनकर प्रसन्नता होती है। लेकिन भूख लगी है। तर्क से क्षुधा तृप्ति तो होने से रही। चलिए खाना लगाइये।'' जोतीराव यह कहते हुए हाथ-मुँह धोने के लिए गुसलखाने में चले गये।

जोतीराव और सावित्री एक-दूसरे के सम्पूरक थे। इसे सिद्ध करने के लिए प्रमाण एकत्र करने की आवश्यकता नहीं है। इस सम्बन्ध में बड़ौदा नरेश सयाजीराव के मामा परमानन्द के 31 जुलाई 1890 के पत्र का उल्लेख कर देना ही यथेष्ट होगा। उन्होंने लिखा, ''जोतीराव से भी अधिक उनकी पत्नी सावित्रीबाई की जितनी सराहना की जाय, कम है। उन्होंने अपने पति को सम्पूर्ण सहयोग दिया। उनके साथ रहकर मुसीबतों का डटकर सामना किया। कष्ट तथा यातनाएँ सहीं। ऊँचे वर्णो की उच्च शिक्षित महिलाओं में भी ऐसी त्यागी महिला विरल ही होगी।'' यह पत्र उन्होंने जोतीराव को 'महात्मा' की उपाधि से विभूषित करते समय लिखा था।

जोतीराव ने भी इन बातों को इसके पूर्व तब स्वीकार किया था जब सरकार ने उन्हें सम्मानित किया था। जोतीराव ने कहा था, ''वास्तव में सम्मान तो तुम्हारा किया जाना चाहिए था। मैं तो पाठशालाएँ खोलने का निमित्तमात्र हूँ। परन्तु तुम्हीं ने पाठशालाओं को सुचारु रूप से चलाया। मुझे इस बात पर बड़ा गर्व है।''

दोनों के परस्पर प्रेम और विश्वास को देखकर समाज के प्रबुद्धजन उन्हें 'अर्धनारीश्वर' की संज्ञा से विभूषित करते थे।

सावित्रीबाई को अपने मायके 'नायगाँव' जाने का कम ही अवसर मिल पाता था। 1856 में वे एक बार पुनः अपने मायके गयी। उनके द्वारा पूर्व में स्थापित की गयी कन्या पाठशाला में लड़कियों की संख्या बढ़ती जा रही थी। प्रायः हर वर्ग की कन्याएँ पाठशाला में आ रही थीं। उन्होंने पाठशाला निरीक्षण किया। शाम को अपने मकान पर थी। गाँव की कुछ महिलाएँ उनसे मिलने आयी। कहावत है कि महिलाओं को एक-दूसरे की चुगली करने और बुराई करने से सुख मिलता है। उनसे ही मालूम हुआ था कि गाँव के कुछ लोग उनके पति जोतीराव के विरुद्ध तरह-तरह की भ्रान्तियाँ फैला रहे हैं। इससे उन्हें आन्तरिक दुख हुआ, परन्तु इससे वे विचलित नहीं हुई। वे तो हवा के विपरीत बचपन से चलती आयी हैं। उन्होंने जोतीराव को वहीं से पत्र लिखकर अपने प्रगतिपथ पर गतिशील रहने की सलाह दी। हाथी अपनी चाल चलता जाता है कुत्ते भौंकते रहते हैं। अतः आप अपने विश्वास के अनुरूप कार्य

करते जाइये। उन्होंने आगे लिखा, ''पुणे में आपके सम्बन्ध में द्वेष फैलाने वाले बकवादी बहुत हैं, वैसे यहाँ भी हैं। उनके डर से हम अपना कार्य क्यों छोड़ दें। आप सदा अपना कार्य करते रहें। हमें भविष्य में अवश्य ही सफलता मिलेगी।'' सावित्रीबाई अपने पति की जीवनसंगिनी ही नहीं, प्रेरणा भी थी।

18वीं सदी का अवसान निकट आ रहा था। उसी समय अंग्रेजों का भारत की धरती पर पदार्पण हुआ। वे व्यापार करने आये थे। उनको पता था कि भारत सोने की चिड़िया है। उन्होंने यहाँ की कमजोरी का पता लगाया। जाति वर्ण विविधता एवं वैभव पर आधारित समाज व्यवस्था का लाभ उठाया और सहज ही व्यापारी से शासक बन बैठे।

आर्य ब्राह्मण पेशवा के अन्तिम वंशज थे राव बाजीराव। वे किसान-मजदूर और व्यापारियों का हर प्रकार से शोषण करते थे। जनता त्रस्त थी। बाजीराव की बर्बरता का उल्लेख करते हुए अपनी कृति 'इशारा' में जोतीराव फुले ने लिखा, ''चाबुक या गीली लकड़ी से पीटकर पूरे तन-मन-वदन से खून बहने तक मारना, फिर उन जख्मों पर नमक या इमली का पानी छिड़कना, फिर हाथी को चण्ड बनाकर उन्हें उस हाथी के पाँव से बाँधना और उस हाथी को पथरीले रास्ते से घुमाना-दौड़ाना या उनके मुँह में तेल, सिन्दूर या सीसा गरम कर कान में डालना आदि मामूली अपराध के लिए प्रजा को सहनी पड़ती थी। उफ् निर्दयता चरम सीमा पर थी।'' पराक्रमी विठो होलकर के साथ भी ऐसा ही बर्ताव किया था बाजीराव के गणों ने।

बाजीराव के शासन-काल के बारे में आगे जोतीराव ने लिखा कि, ''लगान देने में थोड़ा भी विलम्ब होने पर किसानों को मुर्गा बनाकर तीव्र धूप में रखकर उनकी पीठ पर बड़ा सा पत्थर रखा जाता था। कभी-कभी उस किसान की पत्नी को उसकी पीठ पर बिठाया जाता था। नीचे से मिरची का धुआँ दिया जाता था। प्रजा को दुख देने में उन्हें आनन्द आता था।''

सावित्रीबाई ने एक दिन पूछा, ''बाजीराव के गुर्गे किसानों के साथ ऐसा जुल्म करते हैं। जनता इसका प्रतिकार क्यों नहीं करती?''

''जनता का आत्मबल मर चुका है। उसे पुनर्जीवित करने के लिए शिक्षा का कोरामिन देना पड़ेगा। आप जो शिक्षा के प्रचार में लगी हैं इसका परिणाम आनेवाले समय में अवश्य मिलेगा। समय बलवान होता है। श्रीकृष्ण ने गीता में कहा है कि जब-जब धर्म की हानि होती है, अधर्म बढ़ता है। तब-तब ईश्वर मानव रूप में प्रकट होकर अधर्म का विनाश करते हैं। अंग्रेजी शासन, लगता है कि ईश्वर द्वारा भेजा गया है।'' जोतीराव फुले ने समझाया।

पेशवाराज का सूरज डूब गया। अंग्रेज शासन लागू हो गया। इसका परिणाम हुआ कि ब्राह्मणों की राजसत्ता एवं प्रभुसत्ता छिन गयी और पीड़ित-प्रताड़ित शूद्रादि-अतिशूद्र जनता के प्रति, 'दयावान होकर अंग्रेज सरकार ने न्यायी, हितकारक, सदाचारी और शान्त राजसत्ता स्थापित की।'

महाराष्ट्र में विशेषकर पुणे और सतारा जनपद एवं मुख्यालय के आस-पास के लोगों ने राहत की साँस ली और ईश्वर से विनय की कि इस शासन को दीर्घकाल तक बनाये रखें। फुले दम्पति एवं तत्कालीन त्रसित लोग गुलामी के पक्षधर नहीं थे परन्तु पेशवा के शासन से मुक्ति मिलने से अंग्रेजी शासन को अपेक्षाकृत अच्छा मानते थे। लोग अब शान्ति से निर्भय होकर खेती करते, व्यवसाय करते और आतंक रहित जीवन व्यतीत करने लगे थे। कन्फूशियस ने एक ऐसी महिला का उल्लेख किया है जिसके पति और बच्चों को जंगली शेर खा गया था, फिर भी वह वन उपत्यका में रह रही थी। जब उससे पूछा गया कि वह जंगल छोड़कर गाँव में क्यों नहीं चली जाती? उसने कहा था, "कहाँ जाऊगी? गाँव-शहर में तो अपराधकर्मियों का आतंक है। यहाँ पर जंगली जानवर हैं, पर आतंक का राज नहीं है।"

आज हमारे देश का वातावरण आतंक विकम्पित है। मानव रूप से जंगली जानवरों का वर्चस्व सर्वत्र विहँस रहा है-अपहरण, राहजनी, डकैती, लूटपाट, बलात्कार आदि। आदमी के जीवन की कीमत एक गोली है। अंग्रेजी शासन में धन, जन और स्वाभिमान का ऐसा डर नहीं था। लोग खेतीबारी एवं व्यापार निर्भय होकर करते थे। लगान आदि नियमानुसार लिया जाता था। कभी-कभी विष भी औषधि बन जाता है जिसे रोग ग्रसित लोग पीने में नहीं हिचकिचाते।

रविवार का दिन था। जोतिबा और सावित्रीबाई अपने मकान के प्रागंण में बरगद की छाया में बैठे थे। अकेले थे। सावित्रीबाई ने कहा, "आप बताते हैं कि पुणे आने के पूर्व हमारा परिवार खानवाड़ी गाँव में रहता था। वहाँ पर मकान था। फूल की अच्छी खेती होती थी। वहाँ पर कभी जाने की आकांक्षा नहीं होती आपकी। चलिए न किसी दिन। मैं भी अपनी पैतृक ससुराल देखना चाहती हूँ।"

"इच्छा तो बहुत होती है परन्तु यहाँ पर इतना काम बढ़ गया है कि वहाँ जाने का समय ही नहीं मिलता।" जोतिबा ने समझाया।

"इच्छा होती है। चलिए अगले रविवार को। वहाँ पर हमलोगों के नाते-रिश्तेवाले लोग तो होंगे। अपना घर-द्वार और जमीन का क्या हो रहा है? गाँव में अराजकता अधिक होती है, अशिक्षा, अज्ञान और जागरण का अभाव

होता है ऐसा मेरा अनुभव है अपने नैहर के नायगाँव से। चलिए, वहाँ पर भी एकाध पाठशाला खोल दें।'' सावित्री ने पति को सलाह दी।

''सावित्री, आपके सुझाव से मैं पूर्णतया सहमत हूँ। मैंने कभी पता लगाया था। वहाँ से कुछ स्वजातीय लोग फूल बेचने के लिए गणेश भगवान के मन्दिर में आते हैं। उनसे बात होती है। उन्हीं से मालूम हुआ है कि हमलोगों का मकान क्षतिग्रस्त हो गया है। एकाध किवाड़-खिड़की ही बचे हैं। हमलोगों के गाँव की करा नदी सूख गयी है। पानी के अभाव में जमीन प्राणहीन हो गयी है। गाँव के लोग वहाँ से हटकर विभिन्न टोलों में बस गये हैं। टोलों के नाम जाति आधारित है यथा फुलेबाड़ी, होलेबाड़ी, पाटिलबाड़ी, बरावकेबाड़ी और शिन्देबाड़ी आदि। जहाँ पहले शूद्रादि एक साथ रहते थे आज जातियों में बँट गये हैं। गाँव के एकमात्र भैरवनाथ मन्दिर की रौनक समाप्तप्राय है। यह सब सुनकर इच्छा होते हुए भी वहाँ जाने का मन नहीं होता है।'' जोतीराव ने दुखित हृदय को खोला।

''आज तो संघर्ष को ही जीवन कहते हैं। हो सकता है हमलोगों के भ्रमण से वहाँ के लोगों में एकता का संचार हो जाय। लोगों को पढ़ने के लिए एक पाठशाला स्थापित की जाय। और स्थल न मिले तो मन्दिर परिसर का ही उपयोग, इस पुनीत काम के लिए कर सकते हैं।'' सावित्री ने जोतीराव का हाथ अपने हाथ में लेते हुए कहा।

''ठीक है प्रेरणा स्वामिनी जी, अगले रविवार को चलेंगे। उस गाँव का कर्ज भी तो चुकाना है। आपकी बातों में दम है। हमें शहर से गाँव की ओर ध्यान देना चाहिए। खानबाड़ी अधिक दूर भी नहीं है। 30-35 किलोमीटर की दूरी तय करना कठिन नहीं है।''

अगले रविवार को जोतीराव अपनी पत्नी के साथ खानबाड़ी गाँव गये। उन्हें पाकर पूरा गाँव धन्य-धन्य हो गया। गाँव के दत्तात्रेय कालूराम होले ने कहा, ''भैया जोतीराव आपके बारे में हमलोग सुनते रहते हैं। आप ने शूद्रादि-अतिशूद्र, अन्त्यज, लड़कियों आदि की शिक्षा के लिए अपना तन, मन, धन न्योछावर कर दिया है। आप इस खानबाड़ी को भी अपना ही गाँव मानिये और हमारे बच्चों के लिए शिक्षा का प्रबन्ध कर दीजिए। हम गाँव के लोग पूरी मदद करेंगे।''

''आप लोगों से मिलकर बहुत अच्छा लगा। आप सबके स्नेह से मेरा हृदय गदगद हो गया है। अगले रविवार को मैं पुनः आऊँगा। और इस भैरवनाथ मन्दिर परिसर में पाठशाला का श्रीगणेश करना चाहूँगा।'' जोतीराव ने गाँववालों का आश्वस्त किया।

"अब आप सबसे विदा लेता हूँ।"

"अभी विदाई कहाँ हुई। गाँव के एक बुजुर्ग यशवन्त खोमते ने सावित्रीबाई को साड़ी और नारियल दिया। जोतीराव को एक पगड़ी और नारियल देकर सम्मानित किया। उन्होंने कहा, "बेटा आपने यहाँ आकर हमलोगों का मान बढ़ाया है। बहू को साथ ले आये, यह और अच्छा किया।"

"ये सावित्री जी हैं। इन्हीं के कारण आज मैं आपके बीच हूँ। इन्हीं की प्रेरणा से पाठशाला स्थापित करने का मैंने निर्णय लिया। अब आप सब आज्ञा दें। हम इस आश्वासन के साथ जा रहे हैं कि पाठशाला को चलाने में और बच्चों को पाठशाला भेजने में आप सब का पूरा सहयोग मिलेगा।" यह कहकर जोतीराव ने सपत्नीक खानबाड़ी गाँव से प्रस्थान किया।

एक समय था जब अमेरिका और इंगलैण्ड में, वैसी ही स्थिति या उससे भी खराब स्थिति थी जैसी आज भारत की सामाजिक-आर्थिक और धार्मिक स्थिति है। लोगों को गुलाम बनाकर रखा जाता था। उनका क्रय-विक्रय वस्तु के रूप में होता था। आज वहाँ की स्थिति पूर्णतया बदल गयी है। ऐसे सामाजिक इतिहास से जोतिबा दम्पति प्रेरणा लेते थे और सामाजिक बुराइयों को जड़ से समाप्त करने का संकल्प लेते थे। वैसे भी 17वीं सदी को सामाजिक इतिहास में काले अध्याय के रूप में देखा जाता है। अन्धकार के बाद प्रकाश का उदय होता है। इस काले अध्याय ने ऐसे लोगों को जन्म दिया जिन्होंने सामाजिक, धार्मिक, सांस्कृतिक और राजनीतिक शोषण का विरोध ही नहीं किया अपितु नये युग के उदय के प्रेरणा स्रोत बने। अन्याय के प्रतिकार को धवलता दी। ब्रिटेन, फ्रांस और पुर्तगाल के उपनिवेशों की समाप्ति के लिए लोगों के दिलों में अन्तर्धारा प्रवाहित की। रूस और फ्रांस की क्रांति से यहाँ के लोगों ने सीख ली। अमेरिका के अब्राहम लिंकन ने गुलामी प्रथा और दुर्बलों पर हो रहे शोषण का अन्त किया। नीग्रो की गुलामी को समाप्त किया।

इन सभी घटनाओं ने भारत के समाजचिन्तकों को प्रेरणा दी। राजा राममोहन राय ने सती प्रथा का विरोध किया और 20 अगस्त 1828 को 'ब्रह्म समाज' की स्थापना की । इसके माध्यम से उन्होंने स्त्रियों पर हो रहे सामाजिक और धार्मिक शोषण का विरोध किया। सती प्रथा के विरोध में लोगों को जाग्रत किया। सम्राट् अकबर ने हिन्दू स्त्रियों को सती होने से बचाया और पुनर्विवाह को मान्यता दी। अकबर ने 'दीन-ए-इलाही धर्म' को स्थापित किया। उन्हें भी मुल्ला-मौलवियों और ब्राह्मण पंडितों के विरोध का दंश झेलना पड़ा था। ब्रह्म समाज का क्षेत्र विस्तार होता गया। ब्रह्म समाज के सक्रिय सदस्य केशवचन्द्र

सेन ने 1864 में इस समाज की शाखा बम्बई में स्थापित की, परन्तु उसका नाम रखा 'प्रार्थना समाज'। प्रार्थना समाज का मुख्य उद्देश्य था जातिप्रथा का विरोध, विधवा विवाह का समर्थन, स्त्री शिक्षा का प्रसार और बाल विवाह का अवरोध। इस संस्था की बैठकें गुप्त हुआ करती थीं। जोतीराव फुले दम्पति ने इन उद्देश्यों को खुलकर आगे बढ़ाया।

तत्कालीन समाज में विशेषकर ब्राह्मणों और क्षत्रियों की औरतों को पर्दा में रखा जाता था। वे 'अपश्यसूर्या' थीं, जिसके कारण उनका शरीर पीला पड़ जाता था। टट्टी-फराकत के लिए भी भोर और गोधूली के बाद का समय निर्धारित था। अन्य दो वर्णों की औरतें पर्दा से बाहर खेत-खलिहान में काम करतीं और स्वस्थ रहा करती थीं। सावित्रीबाई और जोतिबा ने इस पर्दा-प्रथा का खुलकर विरोध किया और शिक्षा के माध्यम से उन्हें घर की चहारदीवारी से बाहर निकाला। पर्दा-प्रथा अब भी हिन्दू समाज में प्रचलित है। मुसलमानों में तो बुर्का को धर्म से जोड़कर पर्दा-प्रथा को आज तक जीवित रखा गया है।

गुजरात के स्वामी दयानन्द ने आर्य समाज को स्थापित किया। उन्होंने वेदों का गहन अध्ययन किया था और वैदिक ज्ञान को आधार मानकर लोकमानस को अवगत कराया। उन्होंने कहा कि अस्पृश्यता, जाति-वर्ण-भेद, जनमत, ऊँच-नीच, पुनर्विवाह विरोध जैसी दकियानूसी मान्याएँ वेद सम्मत नहीं हैं। उन्होंने ब्राह्मणों एवं पण्डितों द्वारा प्रचारित भ्राँति का खण्डन किया कि स्त्रियों और शूद्रों को वेदाध्ययन का अधिकार नहीं है। स्वामी दयानन्द सरस्वती के समर्थकों ने आर्य समाज की शाखाएँ पूरे देश में स्थापित कीं। महाराष्ट्र में श्री माधव गोविन्द रानाडे ने दयानन्द के विचारों को गति दी और उनके अनुयायी बन गये।

रानाडे ने 1875 में स्वामी दयानन्द को पुणे में आमन्त्रित किया। स्वामी दयानन्द ने प्रभावकारी ढंग से सनातनी मान्यताओं पर खुलकर भीषण प्रहार किया। उन्होंने पंडितों को शास्त्रार्थ के लिए ललकारा। इससे पुणे के ब्राह्मण समाज ने दयानन्द का कट्टर विरोध किया। परन्तु जोतीराव फुले के समर्थन से स्वामी दयानन्द की शोभा यात्रा सफल हुई। उनके प्रवचन को सुनने के लिए नगर-देहात के लोगों की अप्रत्याशित भीड़ एकत्र हो जाती थी।

ऐसे ही वातावरण में जोतीराव फुले ने सावित्रीबाई से विचार-विमर्श किया और उन्होंने निर्माणकर्ता ईश्वर को 'निर्मिक' की संज्ञा दी और कहा कि सत्यधर्म ही निर्मिक का धर्म है। उन्होंने विश्व-निर्माणकर्त्ता मनुस्मृति के 'न स्त्री स्वातन्त्र्यमर्हति' को आधारहीन और धोखा बताया। उन्होंने स्पष्ट कहा कि अब समय बदल गया है। स्त्री-पुरुष को समान अधिकार है। मनु के ऐसे

दकियानूसी नियमों का खुलकर प्रतिकार किया और औरतों को संघर्ष करने को शिक्षा दी। सावित्रीबाई फुले का क्षेत्राधिकार सीमित था। वे पाठशालाओं, स्कूलों, और कुछ गरीब, अन्त्यज एवं शूद्रों के घरों तक जाती थीं। स्कूलों में वे बच्चों को सम्बोधित करतीं। प्रौढ़ पाउशालाओं में उनके सम्बोधन का स्वागत होता। वे कहती थीं कि ब्राह्मण पुरोहित पूरे समाज को, विशेषकर शूद्रों और अतिशूद्रों को, अतार्किक बातों से धोखा देने में सफल होते हैं, क्योंकि आप लोग अनपढ़ हैं। जब आपलोग शिक्षित हो जायेंगे तो शास्त्रों की भ्रान्तिपूर्ण बातों को समझ सकेंगे। इसीलिए मेरे मान्यवर कहते हैं–

'कल्पना का धर्म शूद्रों को बताते।
हराम का खाते उनके घर में।।
पशु से भी शूद्र ब्राह्मणों को लगता दुष्ट।
स्वयं ही सत्य भ्रष्ट जोती कहें।'

नायगाँव में दो दिनों तक रहने के बाद सावित्रीबाई अपने नैहर से पुणे वापस आ गयी। जोतीराव फुले ने पूछा, "कैसा रहा दो दिनों का प्रवास। नायगाँव में कितने लोगों से मुलाकात हुई। आपकी सहेलियाँ तो परिणय सूत्र में बँधकर अपने-अपने पतिगृह चली गयी होंगी। बाबा भैरवनाथ का दर्शन तो हुआ ही होगा। इन दो दिनों में कोई अन्तर दिखाई पड़ा वहाँ।"

"आपने तो आते ही इतने प्रश्न उछाल दिये कि मैं किंकर्त्तव्यविमूढ़ हो गयी हूँ। इन प्रश्नों का उत्तर देने में बहुत समय लगेगा।" सावित्री ने चुटकी लेते हुए कहा।

"मेरी अन्तरात्मा आपके अनुभवों को सुनने के लिए बेताव है। ऐसा करिये। कुछ नाश्ता-पानी कर लीजिए। मैंने भी कुछ नहीं खाया है। सोचा था नाश्ता और खाना एक साथ कर लूँगा। अब आप आ गयी हैं, तो चलिए दोनों एक पाथ नास्ता करते हैं। साथ में आपके अनुभवों का आनन्द भी लूँगा। मेरे ससुराल के लोगों ने आपका भरपूर स्वागत किया होगा?" जोतीराव ने प्यार का प्रदर्शन करते हुए अपने दिल को खोल दिया।

"मेरी सखियाँ-सहेलियाँ तो अपनी-अपनी ससुराल चली गयी हैं। तीन-चार फिर भी गाँव में ही थीं। वे गर्भवती थीं। गाँवों में अभी भी मान्यता है कि प्रथम सन्तान का जन्म मायके में होना चाहिए। इसीलिए वे सन्तानोंत्पत्ति के लिए आयी हैं। उनसे मिलकर प्रसन्नता होना स्वाभाविक था। बाबा भैरवनाथ के दर्शन कर मेरी आत्मा आनन्दित हो गयी।" सावित्रीबाई ने जोतिबा के निकट खिसक कर बताया।

"मेरे सास-ससुर की क्या प्रतिक्रिया थी?"

"प्रतिक्रिया, कैसी प्रतिक्रिया। हर माता-पिता अपनी बेटी को पाकर हृदय से आनन्दविभोर होता है। वे भी बहुत प्रसन्न थे। मेरी माता जी ने अप्रत्यक्ष रूप से कहा, "बेटी सावित्री तुम्हारे साथ की लड़कियाँ माँ बन रही हैं। वे ही पूंछ रही थी कि सावित्री परोपकार में ही लगी रहेगी या परिवार वृद्धि भी करेगी?"

मैंने पूछा, "माँ जी, आपने क्या उत्तर दिया।"

"उत्तर क्या देती, मैंने कह दिया ईश्वर की जब कृपा होगी, तब मेरी बेटी की गोद भर जायगी। यह कहकर वे हँसने लगीं। बात का रुख बदल गया।" सावित्री ने गिरे हुए मन से बताया।

"आप नहीं जानना चाहेंगी कि यहाँ मैंने दो दिन कैसे काटे?" जोतिबा ने पूछा।

"आपसे क्या पूछना? आपको चाहने वाली इतनी हैं पुणे में कि आपको मेरी अनुपस्थिति का भान भी नहीं हुआ होगा।" सावित्री ने चिढ़ाने के लहजे में जोतिबा से कहा और मुस्कुराने लगी।

"लगता है कि आपकी सौतनों को अब घर में ही रखना पड़ेगा।" जोतिबा ने भी चुटकी ली।

"ऐसी बात कभी मत कीजिएगा, नहीं तो मेरा हार्ट फेल हो जायगा।" ऐसा कहकर सावित्री ने अपने पति के कन्धे पर अपना सिर रख दिया।

"मैं जानता हूँ और आज देख भी लिया कि कोई भी पत्नी अपने प्यार को बाँटना नहीं चाहती। मैं तो मजाक कर रहा था। आपके मजाक का उत्तर दे रहा था।" जोतिबा ने सावित्रीबाई के अश्रुबूँदों को अपनी उँगलियों में उलझाकर कहा, "हमलोग दो तन एक आत्मा हैं। कैसी भी परिस्थिति आये, हम एक हैं और एक रहेंगे।"

जोतिबा के पिता गोविन्दराव फुले अपने पुत्र से अलग रहते थे, परन्तु उनके कल्याण और सुखमय जीवन के लिए ईश्वर से निवेदन करते रहते थे। जोतिबा और सावित्रीबाई के संघर्षपूर्ण जीवन की सुखद सूचना उन्हें मिलती रहती थी। अपने सुपुत्र और पतोहू के सुखमय एवं कीर्तिमान जीवन की जानकारी मिलने से प्रसन्न हो जाते थे और उनकी अन्तरात्मा बेटे पतोहू को देखने के लिए लालायित हो जाती थी। ब्राह्मणों के शाप के भय से पुत्र और पुत्रवधू को घर से निष्कासित करने की घटना स्मरण होते ही मनप्राण व्यथित हो जाया करते थे। उनकी आयु चौथेपन के निकट आती जा रही थी। वृद्धावस्था के कारण शारीरिक शक्ति क्षीण होती जा रही थी। फूल की

खेती नहीं कर पाते थे। किंचित परिश्रम से भी साँस फूलने लगती थी। अतः अधिकांश समय वे घर पर व्यतीत करते थे। फूलबाग से फूल लाकर मन्दिर तक जाना उनके लिए असह्य होता जा रहा था। उनको ऐसा लगने लगा था कि वे वृद्धावस्था से हार रहे हैं।

जोतिबा के गंजपेठ अवस्थित मकान में उनके सहयोगियों, मित्रों, और गरीब शूद्रों का जमघट लगा रहता था। संयोगवश आज भीड़ नहीं थी। एकान्त पाकर पति-पत्नी छतनार बरगद के नीचे बैठे कुछ समस्याओं पर विचार-विमर्श में निमग्न थे।

जोतिबा के शिष्य घोड़ीराव ने दूर से ही सम्मान प्रदर्शित किया। निकट आने पर जोतिबा ने आसन ग्रहण करने का संकेत दिया और पूछा कि, ''बेटे घोड़ीराव इस समय कैसे आना हुआ।''

'तातजी, मैं आज बाबूजी से मिला था। वे बीमार हैं। उठने-बैठने और चलने में कमजोर से लगे। आप दोनों के बारे में सुनकर अति प्रसन्न दिखे। मुझे लगता है कि अब उन्हें आपकी सेवा की आवश्यकता है। आसपास के लोगों से ज्ञात हुआ कि उनकी तबीयत अच्छी नहीं रहती। उनकी सेवा शुश्रूषा का भी कोई सुप्रबन्ध नहीं है।'' घोड़ीराव एक किनारे बैठते हुए कहता गया।

सवित्री बाई फुले ने अपने पति से कहा, ''हमलोगों को चल कर स्वयं देखना चाहिए और यदि वे सहमत हों तो उन्हें यहीं गंजपेठ में लाकर रखें और आवश्यक सेवा शुश्रुषा करें। हम लोगों के साथ रहने से उनका मन बहलेगा और स्वास्थ्य लाभ भी कर सकेंगे।''

''सावित्रीजी आपने सही सुझाव दिया है। सहमत हों या न हों, उन्हें यहाँ लाना ही है। घोड़ीराव, चलो आज ही उन्हें यहाँ लाते हैं। सावित्री जी आप भी साथ चलें। बापूजी, आपको देखकर प्रसन्न हो जायेंगे।''

जोतिबा अपनी पत्नी और शिष्य घोड़ीराव के साथ पार्वती पहाड़ी के पास के पैतृक निवास पर गये। गोविन्दराव फुले बरामदे में एक चारपाई पर लेटे थे। जोतिबा ने उनका पग-स्पर्श किया और विनयावनत हो के अनुरोध किया, 'पिताजी, चलिए हम लोग आपको लेने आये हैं। हमें दुख है कि आप अकेले यहाँ पड़े हैं। वहाँ पर हमलोग सेवा-शुश्रुषा करेंगे और आवश्यक औषधि का इन्तजाम कर लेंगे।''

''बेटा, तुम्हारी जैसी मर्जी। वृद्ध अवस्था के कारण मेरी साँस फूलती है। चलना-फिरना कठिन है। अब तो तुम लोगों का ही सहारा है।'' इतना कहते-कहते गोविन्दराव की आखों से अश्रु झर-झर बहने लगे।

जोतिबा अपने पिता गोविन्दराव को गंजपेठ के मकान में ले आये। सावित्री फुले अपने ससुर की श्लाघ्य मनोभाव से सेवा करने लगी। साँस फूलने की आयुर्वेदिक दवा दी गयी। दो-तीन दिनों के भीतर उनके स्वास्थ्य में हरियाली उतरने लगी। चलने-फिरने के लायक हो जाने पर गोविन्दराव अपने बेटे द्वारा संचालित पाठशालाओं और स्कूलों में जाकर बच्चों के बीच समय गुजारते। बालहत्या प्रतिबन्धक गृह का निरीक्षण करते। इन सब में उन्हें आत्मिक और आध्यात्मिक सुखानुभूति होती। बच्चों को हँसते खेलते देखते, तब उनका मन होता कि हमारे अपने पोती-पोते होते तो कितना अच्छा होता। बच्चों का ध्यान आते ही उन्हें वंश परम्परा की अभिवृद्धि की चिन्ता सालने लगती।

जोतिबा और बहू सावित्री की शादी हुए कई वर्ष बीत गये थे परन्तु उनके आँगन में अभी तक बाल-किलकारी नहीं गूँजी। बाल हत्या प्रतिबन्धक गृह में सदैव दो-चार नवजात शिशु रहते थे परन्तु अपना खून तो अपना ही होता है। उनकी हार्दिक इच्छा होती कि बेटे-बहू से इस सम्बन्ध में पूछें, परन्तु कैसे? इसका उत्तर नहीं मिल रहा था। वे अपनी अन्तिम साँस के पूर्व परिवार-बेलि को बढ़ते हुए देखना चाहते थे। उन्होंने सोचा, 'क्यों नहीं सावित्री के पिता खण्डोजी नेवसे की मदद ले लें शायद वे अपने दामाद से बात कर सकें।'

"सावित्रीजी क्या बात है अभी तक आप सोयीं नहीं? पहले तो खटिया पर पड़ते ही सो जाती थीं। जगाने पर भी नहीं जागती थीं। जब से नायगाँव होकर आयी हो, आपका उत्साह वैसा ही क्षीण-सा होता दिखाई दे रहा है, जैसे शरदऋतु का अस्ताचलगामी दिनकर। कहिए क्या बात है?" जोतीराव ने अपनी पत्नी को अंक में भरकर पूछा।

"कोई ऐसी बात नहीं है। आप सो जाइये। सुबह-सुबह आपको काम पर जाना होता है।" सावित्री ने बहाना किया।

"आप जागें और मैं सो जाऊँ। ऐसा कभी हुआ है, अपने मन की बात कह डालिए, मन हल्का हो जायेगा। मायका में कोई बात हुई है क्या?" जोतिबा ने पत्नी की पीठ सहलाते हुए कहा।

"नहीं कोई विशेष बात नहीं है। माँ ने पूछा था कि बेटी कई साल हो गये शादी को। अभी तक नानी बनने का अवसर नहीं दिया। जमाई राजा तो ठीक हैं ना?" सावित्रीबाई ने सकुचाते हुए कहा।

"तब आपने क्या कहा?" जोतीराव ने पूछा।

मैंने कहा, "भगवान की जब कृपा होगी...।"

"हर औरत जैसे माँ बनना चाहती है वैसे ही हर आदमी बाप बनना चाहता

है। यह बात मैं भी कभी-कभी सोचता हूँ। कई साल हो गया। अब तक तो कुछ...चलो, कल वैद्यजी की सलाह लेते हैं। हमारे घर में बच्चों का अभाव तो नहीं है, पर सासू माँ ने सही कहा, अपना खून तो अपना ही होता है।'' जोतीराव ने सलाह दी।

इन बातों में उलझे जोतीराव दम्पति को नींद लग गयी। नींद टूटी तो छह बज चुके थे।

''सावित्री, आपको स्मरण होगा। बापू ने एक दिन कहा था, बेटा तुम लोग तो जनकल्याण के कार्यों में व्यस्त रहते हो, पर मैं अकेला घर पर रहता हूँ। घर में कोई बच्चा होता तो मेरा मन लग जाता। बेकार बैठने से मन ऊबने लगता है।''

गोविन्दराव की व्यथा बोझिल बातों को वे समझ गये थे, पर बेबस थे। उनकी आन्तरिक पीड़ा उनके मुखमंडल पर भी झलक गयी थी। दोनों मन ही मन सोचते, 'ईश्वर हमारे कर्म में क्या कमी है। हमलोग जन कल्याण के कार्य कर रहे हैं, शिक्षा का प्रचार कर रहे हैं। कोई ऐसा काम नहीं किया, जिससे ईश्वर की अकृपा का भागी बनें। हमारे बुजुर्गों ने पुनर्जन्म की बात की है। लगता है कि पूर्वजन्म का परिणाम भोग रहे हैं, हमलोग। इस जन्म के सद्कार्यों का सुफल अगले जन्म में मिलेगा। पुनर्जन्म होगा भी या नहीं। यदि होगा भी तो 'जंगल में मोर नाचा किसने देखा' की कहावत चरितार्थ होगी।'

''अधिक चिन्तित होने की बात नहीं है,'' सावित्री ने अपने पति को ढाँढ़स बँधाया। ''होइ है वहै जो राम रचि राखा।''

सावित्री जी आपकी बात मैं समझता हूँ, पर पिताजी को कैसे समझायें। जैसे पति-पत्नी पिता-माता बनने को इच्छुक होते हैं, वैसे ही हमारे सास-ससुर, नानी-नाना बनने की और बापूजी, दादा बनने की कामना पालते हैं। यह तभी सम्भव है जब हम लोगों को कोई सन्तान हो। कबीर ने ठीक ही कहा है, 'पहले जनम भये बेटा के फिर बेटा के बाप। आजा कै तो घूमै भावंरी, नाति परोसे भात।'' अर्थात् सन्तान के पैदा होने पर ही आदमी बाप बनता है।

गोविन्दराव फुले ने सावित्री के पिता श्री खण्डोजीराव नेवसे को पूना में आकर मिलने की सूचना भेज दी। खण्डोजी नेवसे का निवास पूना से करीब 40 मील की दूरी पर ग्राम नायगाँव में था। दो-तीन दिनों के बाद वे गंजपेठ पूना आ गये। दोनों समधियों ने कुशलमंगल का आदान-प्रदान किया। खण्डोजी नेवसे ने ही बात की पहल की। ''समधी जी सब कुशल तो है। आपका सन्देश पाकर मैं तो चिन्तित हो गया था परन्तु यहाँ आकर बाबा भैरवनाथ की कृपा से सब ठीक-ठाक लगा।''

''समधी जी ठीक-ठाक लग रहा है पर है नहीं। सावित्री बहू को अभी तक कोई बच्चा नहीं हुआ। इससे आप भी चिन्तित होंगे। नाना बनने का सुख ही ऐसा है। मैं भी दादा बनना चाहता हूँ, पर क्या करें। बेटे से कुछ कहने का साहस नहीं होता। संकेत से मैंने कुछ कहा भी पर दोनों चुप रहे। आप ही कुछ बातें करें' गोविन्दराव ने कहा।

''क्या बात करें। समझ में नहीं आता। चिन्ता तो हमें भी है। मेरी पत्नी ने भी सावित्री से इस बारे में बात की थी। बेटी सावित्री को ईश्वर ने सब कुछ दिया है-धन-दौलत, शोहरत सिवाय घर के चिराग के। पर इसमें हम आप क्या कर सकते हैं। ईश्वर की जैसी इच्छा।'' नेवसे पाटिल ने चिन्तित मुद्रा में कहा।

''सब कुछ तो ईश्वर ही करता है, भाई साहब। लेकिन आदमी के वश में जो है, वह उसे तो करना चाहिए।'' गाविन्दराव ने खण्डोजी पाटिल से कहा।

''भाई साहब, आप क्या कहना चाहते हैं। माफ कीजिए। आप जो भी सलाह हमें देंगे, मैं वह करने को तैयार हूँ।''

''तो आप अपने दामाद से क्यों नहीं कहते कि वह दूसरी शादी कर ले। प्रश्न वंश-वृद्धि का भी है। हमें लगता है कि बहू को कोई आपत्ति नहीं होगी।'' गोविन्दराव ने सलाह दी।

''मैं अपनी बेटी के दाम्पत्य जीवन को तोड़ने के लिए कैसे कह सकता हूँ भाई साहब, यह तो अपने पैर में कुल्हाड़ी मारने जैसा होगा।'' नेवसे पाटिल ने कहा।

''आप यही बात अपने बेटे-बहू से क्यों नहीं कहते। आपकी बात का वजन अधिक होगा।''

''भाई साहब, आप तो जानते हैं कि जोतीराव मेरी बातों को तर्क से काट देता है। वैसे मैंने सांकेतिक भाषा में कहा था पर दोनों चुप रह गये। इसलिए तो आपको बुलाना पड़ा।''

''आपकी बात में दम है भाई साहब। आज शाम को बात करते हैं। ईश्वर ने चाहा तो दामाद भी मान जायेंगे। अपनी बेटी को भी मनाने का प्रयास करूँगा।'' पाटिल ने धैर्य एवं विश्वास का प्रदर्शन किया।

मनुस्मृति ने पूरे समाज को अपने प्रावधानों से ग्रस लिया है। सदियों से मनुस्मृति के नाम पर ब्राह्मणों ने शूद्रों, अतिशूद्रों का शोषण किया है। शूद्रों और औरतों के शोषण का प्रतिकार करने वाला कोई नहीं था। यह अन्धविश्वास आज के वैज्ञानिक युग में भी मान्य है कि ब्राह्मणों का जन्म विराट पुरुष के

मुख से, क्षत्रिय का बाहु से, वैश्य का जंघा से और शूद्रों का पैर से हुआ है। शूद्रों का जन्म तीनों वर्गों की सेवा के लिए है। वे धन एकत्र नहीं कर सकते। अच्छा वस्त्र नहीं धारण कर सकते, और अच्छा खाना भी नहीं खा सकते। विद्या या शिक्षा से उन्हें दूर रखा गया, यह कहकर कि 'शूद्राय मतिं न दद्यात् ।''

स्त्रियों के जन्म की कहानी अविश्वसनीय है। फिर भी पंडितों की वाणी से निकलने के कारण वह सर्वमान्य है, अन्यथा ईश्वर नाराज होकर कोपदृष्टि से भस्म कर देंगे। इससे कौन नहीं डरेगा। मनु ने कहा कि ब्रह्मा ने अपने शरीर के दो भाग किये। आधे से पुरुष और आधे से स्त्री बनाया। दोनों के मैथुन कर्म से विराट पुरुष की सृष्टि हुई। मतलब विराट पुरुष से पूर्व ब्रह्मा थे–

'द्विधा कृत्वात्मनो देहमर्धेन पुरुषोऽभवन।
अर्धेन नारी तस्यां स विराजमसृजत् प्रभूः।।'

जोतीराव ने कहा कि ब्रह्मा के शरीर के दो भाग कर दिये, फिर भी वे जीवित कैसे रहे। इसका उत्तर दिया गया कि ईश्वरीय कृत्यों पर प्रश्न नहीं उठाया जा सकता। स्त्रियों को शिक्षा ग्रहण करने से वर्जित कर दिया गया। उन्हें कुमार्गी कहा गया। उसे पूरी जिन्दगी पिता, भाई, पति के अधीन रहने को बाध्य किया गया। स्वतन्त्र जीवन वर्जित कर दिया। 'भजेत्स्त्री स्वतन्त्रताम्।

पति की सेवा से ही स्त्री स्वर्गलोग में पूजित होती है। 'पति शुश्रूयते येन तेन स्वर्गे महीमहे।' वह पति की मृत्योपरान्त अपना शरीर क्षीण कर ले और परपुरुष का कभी नाम तक न ले।

जोतीराव ने सावित्री से विमर्श किया और कहा, ''समाज में व्याप्त इन अतार्किक अन्धकूपी भावनाओं से अज्ञानियों, शूद्रों, अतिशूद्रों, अन्त्यजों, स्त्रियों को मुक्ति दिलानी है। शिक्षा का प्रचार ही इसका कारगर उपाय है। यही मानव मस्तिष्क को सोचने, समझने और तर्क करने की शक्ति प्रदान करती है।''

''हाँ, आप ठीक कर रहे हैं। लेकिन मैं सोचती हूँ कि जबतक मनुस्मृति जैसा कोई वैकल्पिक ग्रन्थ नहीं सृजित होगा तब तक शायद समाज को नया मार्ग दिखाना सम्भव न होगा। समाज को और समाजियों को नियंत्रित करने के लिए आप ही विकल्प तैयार कर सकते हैं।'' सावित्री ने अपने पति की आँखों में झाँकते हुए कहा।

जोतिबा फुले ने पत्नी के सुझाव पर मनन किया और सोच-विचार के बाद संकल्प लिया कि वे समाज को एक ऐसा ग्रन्थ देंगे जो हिन्दू स्मृतियों का विशेषकर मनुस्मृति का विकल्प साबित हो सके। उन्होंने 1873 में एक

संविधान तैयार किया। सत्यशोधक समाज के लिए प्रणयित इस संविधान का नामकरण किया 'सार्वजनिक सत्यधर्म सत्यशोधक समाज।' इसके सचिव थे नारायण तुकाराम नगरका। सत्यशोधक समाज की शाखाएँ शहर और ग्रामीण क्षेत्रों में स्थापित की जाने लगीं। इसके सदस्यों की संख्या में अप्रत्याशित वृद्धि होने लगी। कारण था इसके सभी प्रावधान तर्क पर खरे उतरने वाले थे और इसके कार्य पारदर्शी थे। सत्यशोधक समाज का लेखा-जोखा अत्यन्त ईमानदारी से तैयार किया जाता था। इसकी समितियों का गठन लोकतांत्रिक रीति से किया जाता था।

सत्यशोधक समाज की शाखाओं का तेजी से विस्तार हुआ। इसकी शाखाएँ मावुंडे ग्राम तहसील हवेली, जिला पुणे, ग्राम हड़पसर, पार्वती पुणे, ग्राम मिलाकर तहसील जाखंड़ी, जिला सतारा और बम्बई (मुम्बई) में कार्य करने लगीं। इस प्रसार कार्य में जिन्होंने तन-मन-धन से सक्रिय सहयोग दिया उसमें प्रमुख थे कृष्णराव मालेकर, रावजी शिरोड़े, समैया वेंकैय्या, नरसिंह राव, सायबू बड़नाला व्यंकूवालोजी कालेलकर और गोविन्दराव बापू जी मिलादे आदि।

सत्यशोधक समाज के जो नियम थे, उनमें मुख्य थे शादी-ब्याह और श्राद्धकर्म एवं बच्चों के जन्म और नामकरण आदि धार्मिक एवं सामाजिक अनुष्ठानों को सम्पन्न पंडितों-पुरोहितों के माध्यम से नहीं अपितु स्वयं सम्पन्न करें और फिजूलखर्ची को प्रतिबन्धित करे। इससे होनेवाली बचत का व्यय अपने बच्चों की शिक्षा पर करें।

सत्यशोधक समाज में पूजा-पाठ, शादी-ब्याह, श्राद्धकर्म आदि के लिए नियम बनाये गये। नियमों में यह प्रावधान किया गया कि शादी के पूर्व अपने निर्माणकर्त्ता और महिषासुर की पूजा करनी चाहिए। फूल-मालाओं का सेहरा बाँधना चाहिए। दूल्हे के हाथ में कटार रखनी चाहिए। लड़की को भी साड़ी, चोली, फूलों का सेहरा, फूलों का हार, गजरा और कच्चा सीधा देकर ब्याह मण्डप में ले जाना चाहिए। जोतीराव ने शादी के समय गाये जानेवाली मंगलगाथा, तैयार किया। उन्होंने लिखा-

वर कन्या है ये इन्हें भव्य शक्ति देने।
समर्थ है वह दुनिया को बनाया जिसने।।
मन में स्वकर्त्ता का सही स्मरण करो।
बलि कुलस्वामी का ध्यान करो।।
वैसे ही विध्ना वलि स्वामिनी को।
स्मरण करो अपने कालभैरव को।।

दूल्हा-दुल्हिन के लिए जोतिबा ने प्रतिज्ञा तैयार की जिसे मेहमानों और परिवारवालों के समक्ष लेना चाहिए।

वर प्रतिज्ञा–''मैं आज से तुमको अपनी पत्नी के रूप में स्वीकार करता हूँ और पाँच पंचों के सामने यह प्रतिज्ञा करता हूँ कि आज से तुमको पलभर के लिए भी अकेली छोड़कर कहीं नहीं जाऊँगा। इसलिए अपने निर्माणकर्त्ता और कुलस्वामी का स्मरण करते हुए प्रतिज्ञा कर रहा हूँ।''

कन्या प्रतिज्ञा–''मैं आज से तुमको अपने पति के रूप में स्वीकार करती हूँ, और पाँच पंचों के सामने यह प्रतिज्ञा करती हूँ कि मैं आज से तुमको पलभर के लिए भी अकेला छोड़कर कहीं नहीं जाऊँगी। इसलिए अपने निर्माणकर्त्ता और कुलस्वामी का स्मरण करते हुए प्रतिज्ञा कर रही हूँ।''

'सार्वजनिक सत्यधर्म' पुस्तक को प्रश्नोत्तरी के माध्यम से सुख, निर्माणकर्त्ता पूजा, नामस्मरण, नैवेद्य या अन्नदान, अनुष्ठान, स्वर्ग, नर-नारी, पाप, पुण्य, जातिभेद, जानवर, चिड़िया और मानव प्राणियों में भेद, धर्म, नीति, तर्क, किस्मत, आर्यभट्ट ब्राह्मणों के वेद और उनकी सार्वजनिक सत्य से तुलना, सत्य, आसमान के ग्रह, जन्म कन्या या पुत्र का नाम संस्कार, अन्न-संस्कार और शिक्षा-संस्कार, शादी-ब्याह, दुष्ट आचरण, मातृ-प्रार्थना, मृत शरीर की अन्तिम स्थिति, श्राद्ध आदि मानव जीवन से सम्बन्धित संस्कारों पर विस्तृत निर्देश-सिद्धान्त का प्रतिपादन किया गया है। जोतीराव चाहते थे कि इन्हीं सिद्धान्तों पर समाज का संचालन किया जाय तो लोगों को समान सम्मान मिलेगा। सम्पूर्ण ग्रन्थ में गणपतराव, लक्ष्मण, यशवन्त, आदि के प्रश्नों का सन्तोषजनक उत्तर जोतीराव ने दिया। सवाल-जवाब पद्धति से इस ग्रन्थ की रचना करने से हर व्यक्ति को समझने में आसानी होगी। ऐसी सही सोच थी जोतीराव की। इस पुस्तक ने ब्राह्मण वर्ग को छोड़कर पूरे समाज में क्रान्ति की लहर बहा दी।।

जोतीराव का मानना था–''एक देव आहे खरा।
सर्वकर्त्ता देव एक ।।''

सार्वजनिक सत्यधर्म पुस्तक की एक प्रति सावित्रीबाई सदैव अपने पास रखती थी । पाठशालाओं, स्कूलों और रात्रि पाठशालाओं में पढ़ने वालों को इसे स्वयं पढ़कर सुनाती थी। उन्होंने सार्वजनिक सत्यधर्म पुस्तक के प्रावधानों को घर-घर तक पहुँचाने का अथक प्रयास किया।

19वीं शदी के मध्य में जोतीराव दम्पति ने शिक्षा प्रसार की जिन योजनाओं को लागू किया, उन्हीं योजनाओं को स्वाधीन भारत में लागू करने का प्रयास

चल रहा है। प्रौढ़ पाठशाला, रात्रि पाठशाला, लड़कियों की शिक्षा आदि के माध्यम से शिक्षितों की संख्या बढ़ाने का काम किया जा रहा है। करीब डेढ़ सौ साल बाद भी हमारे देश में शिक्षा का प्रतिशित 75 के पार नहीं जा सका। शिक्षा लोकतन्त्र को सुदृढ़ करने के लिए आवश्यक है। इसीलिए डॉ. भीमराव आम्बेडकर ने संविधान में यह प्रावधान किया था कि चौदह वर्ष तक के बच्चों को नि:शुल्क शिक्षा दी जाय। अब तो शिक्षा के अधिकार को मौलिक अधिकार घोषित कर दिया गया है।

जोतिबा दम्पति आज कुछ विलम्ब से घर आये। सावित्रीबाई प्रतिदिन की भाँति खाने-पीने का इन्तजाम करने के लिए रसोई घर में चली गयी। जोतिबा अपने ससुर नेवसे पाटिल के साथ बैठ गये। नेवसे पाटिल ने ही बात शुरू की, ''बेटा आपका काम कैसा चल रहा है।''

''ईश्वर की कृपा और आपके आशीर्वाद से स्कूल और ठेकेदारी दोनों का अच्छा काम चल रहा है। घर-परिवार में सब ठीक तो है ससुरजी।'' जोतिबा ने प्रतिप्रश्न किया।

''बेटा हम लोग तुम्हारे कामों की सफलता से अतिशय प्रसन्न हैं। पर, एक ही चिन्ता है कि घर में अभी तक कोई नाती-पोता नहीं आया। लगता है कि अब कोई उम्मीद भी नहीं है। शादी के कई वर्ष गुजर गये। समधी जी और मेरी सलाह है कि तुम दूसरी शादी कर लो। मैं सावित्री से बात कर लूँगा। वह सहमत हो जायगी।'' जोतिबा के ससुर ने ठिठकते हुए सुझाव रखा।

जोतिबा ने अपने ससुर की सलाह पर मन-ही-मन विचार किया। उन्होंने सोचा कि वंश-वृद्धि के लिए सन्तान का होना आवश्यक है। परन्तु यदि स्वसन्तान-सुख न मिले तो गोद लेने का विकल्प है। उन्हें तो इसकी भी आवश्यकता नहीं होगी। उन्होंने खुले मन से सोचा कि हमारे घर में बच्चों की कहाँ कमी है? सभी बच्चे तो हमारे ही हैं। इस अनाथ बच्चों को यदि मैं अच्छा नागरिक बना सका तो जीवन का उद्देश्य ही नहीं पूरा होगा, बल्कि देश की प्रगति में योगदान भी होगा। हमारे समाज में कहावत भी है कि 'पूत सपूत तो का धन संचय। पूत कपूत तो का धन संचय।''

जोतिबा मुखर हुए। उन्होंने अपने ससुर से सादर कहा, ''आपकी सलाह बिल्कुल सही है, पर हमारे घर में बच्चों की कहाँ कमी है?''

''बेटा, हमारे ऋषियों ने कहा है कि, स जातो येन जातेन याति वंश: समुन्नतिम्। वंश वृद्धि के लिए अपनी सन्तान का होना आवश्यक है हमारे समाज में। यदि तुम सहमत हो तो हमारे ही एक निकट सम्बन्धी की सुन्दर

कन्या है जो आपके सर्वथा योग्य है। लड़की के पिता साधन सम्पन्न हैं, समाज में अच्छी इज्जत है। हमें विश्वास है कि वे आपकी हर शर्त्त पूरी करेगे।''

''ससुर जी, आप सावित्री के पिता हैं। मैंने सोचा था कि वंश-वृद्धि के प्रश्न पर विचार करते हुए अपनी बेटी के भविष्य का अवश्य ध्यान रखेंगे। मैं और मेरी पत्नी सावित्री अन्तरात्मा से एक हैं। सुख-दुख के समान भागीदार है। पुनरपि आपके प्रस्तुत प्रस्ताव पर विचार करने के पूर्व मेरी एक शर्त्त हैं। आपकी अनुमति हो तो कहूँ।'' जोतीराव ने सम्मान प्रदर्शित करते हुए कहा।

''हाँ-हाँ बेटा क्या शर्त्त है बोलो?'' पाटिल ने प्रसन्न मन से कहा। उन्होंने सोचा कि उनका प्रस्ताव शायद निशाने पर लगा है।

''आप सावित्री की सौत लाने को कह रहे हैं। मेरी शर्त्त है कि मुझे भी सौता लाने की अनुमति दीजिए। क्या आप मेरी इस शर्त्त को मानकर सावित्री को दूसरे विवाह की इजाजत देने को तैयार हैं?''

जोतीराव की शर्त्त सुनते ही उनके ससुर का पारा चढ़ गया। अपनी आयु का लाभ उठाते हुए बिगड़ कर बोले, ''जंवाई जी, क्या बात कर रहे हैं, आप। यह मजाक अच्छा नहीं है।''

''ससुर जी, आप अपनी बेटी की सौत लाने को कह रहे हैं, क्या यह क्रूर मजाक नहीं है? बाबूजी यदि किसी स्त्री को बच्चा नहीं होता है तो इसके लिए वह स्त्री ही दोषी नहीं। उसका पति भी दोषी हो सकता है? फिर अकेली स्त्री पर बाँझ होने का आरोप क्यों लगाया जाय? यदि कोई स्त्री कहे कि मैं दूसरा पति लाना चाहती हूँ तो क्या पति को यह गँवारा होगा? पत्नी को बच्चा नहीं होता, इसलिए पति का दूसरा विवाह करना अत्यन्त अवांछनीय निष्ठुर प्रथा है। यह भी विचारणीय है कि यदि दूसरी शादी के बाद भी बच्चा नहीं हो तो...।''

''बेटा, मैं तुम्हारे साथ बहस नहीं कर सकता। हम तो अनपढ़ गँवार हैं, जो बाप-दादा के समय से चला आ रहा है वही सोच सकता हूँ, उसी को मान सकता हूँ। तुम और सावित्री सुशिक्षित हो और दूर तक देख सकते हो, जो उचित समझो, वह करो। हमारा आशीर्वाद सदैव तुम्हारे साथ है।'' जोतिबा के ससुर नेवसे पाटिल ऐसा कहकर चुप हो गये।

दूसरी शादी के प्रस्ताव का पटाक्षेप हो गया।

खण्डोजी नेवसे पाटिल अपने घर नायगाँव चले गये, परन्तु जोतिबा के पिता गोविन्दराव फुले ने हार नहीं मानी। उन्होंने अपने सगे-सम्बन्धियों और मित्रों को सचेत किया कि वे जोती को समझाएँ । पर इससे कोई लाभ नहीं

हुआ। जोतिबा ने स्पष्ट कर दिया कि केवल सन्तान सुख के लिए दूसरा विवाह करने की प्रथा उन्हें स्वीकार्य नहीं। वे समाज में प्रचलित अन्धविश्वासों, कुरीतियों और अतार्किक प्रथाओं से समाज को मुक्त करने के लिए निकले हैं। स्वयं ही पथभ्रष्ट हो जाँय, यह कदापि उचित नहीं।

जोतिबा के पिताश्री गोविन्दराव फुले की मानसिक शान्ति डगमगाने लगी। स्वास्थ्य फिर से गिरने लगा। पुत्र-बहू का सान्निध्य भी कारगर नहीं हो रहा था। उनके मन की अशान्ति का मुख्य कारण था वंश वृद्धि पर पूर्ण विराम। जोतिबा और सावित्री वैद्य की दवा भी किये। गाँव-देश में प्रचलित दवाओं का भी उपयोग किया। म्युनिसपैलिटी के डॉक्टर से भी दवा कराई, परन्तु सावित्री गर्भधारण नहीं कर सकी। जोतीराव के पिता की चिन्ता बढ़ती गयी। कहावत है कि जैसे चिता शरीर को जलाकर पंचतत्व विमिश्रित कर देती है वैसे ही चिन्ता जीवित शरीर को खोखला कर देती है। जोतीराव के पिता का स्वास्थ्य लगातार गिरता गया। वैद्य और डॉक्टरों का उपचार कराया पर सब बेकार। वे अपने पिताश्री को नहीं बचा पाये। 1868 में पिताश्री गोविन्दराव का वरहस्त उनके सिर से सदा के लिए उठ गया।

जोतिबा और सावित्री अपने पिता की मृत्यु से आहत हुए। उन्होंने अपने सगे-सम्बन्धियों की मदद से पिता का अन्तिम संस्कार किया।

जोतिबा ने पिता की अन्त्येष्टि क्रिया और श्राद्ध आदि क्रियाकर्म अपने ग्रन्थ 'सार्वजनिक सत्यधर्म' पुस्तक के नियमों के अनुसार किया। ब्राह्मण ग्रन्थों में निर्धारित नियमों को मान्यता नहीं दी। तर्पण करने, पिण्डदान करने और पिण्डों को कौवों के द्वारा छूने की प्रथा पर उन्हें आस्था नहीं थी। उन्होंने मनुस्मृति के उन निर्देशों को नकार दिया, जिनमें कहा गया है कि, ''ब्राह्मणों को जो वस्तु अच्छी लगे, वह प्रसन्न होकर उन्हें दें।''

जोतिबा ने ब्रह्मभोज के बदले अनाथों और विकलांगों को भोजन कराया। गरीब और मेधावी छात्र-छात्राओं को बिना किसी जाति भेद के, पठन-पाठन की सामग्री का दान किया। स्वाधीन भारत की सरकारों ने भी ऐसे विद्यार्थियों को छात्रवृत्ति और पुस्तक अनुदान की नीति अपनाई है। लड़कियों को सायकिल, पोशाक और निःशुल्क शिक्षा देने के कार्यक्रम और नीतियाँ राज्य सरकारें अमल में ला रही हैं। मिडडे मील में बच्चों को दोपहर का खाना दिया जाता है। इन योजनाओं के कारण स्कूल जानेवाले विद्यार्थियों की संख्या में वृद्धि हो रही है। साक्षरता का प्रतिशत बढ़ रहा है।

पिताश्री गोविन्दराव की अन्त्येष्टि, श्राद्धकर्म आदि के लिए घर का पूरा

दायित्व सावित्री ने सँभाल लिया था। घर के बाहर का इन्तजाम करने का भार जोतिबा ने स्वयं उठाया था।

जोतीराव अपनी पत्नी के साथ बाहर बरामदे में बैठे थे। सावित्री ने ही पहल की। ''मेरे पिताजी अचानक आ गये थे उस दिन और सुबह में ही वे प्रस्थान कर गये। किसी विशेष काम से आये थे क्या? मैं तो रसोई घर में रह गयी।''

''नहीं कोई विशेष बात नहीं थी। वे तुम्हारे लिए सौत लाने का प्रस्ताव लेकर आये थे।'' यह कहकर जोतिबा ठठाकर हँस पड़े।

''आपने प्रस्ताव को मान लिया?'' मायूसी से सावित्री ने कहा।

''क्यों नहीं मानता। ससुरजी की बातों का सम्मान करना मेरा कर्तव्य है। तुम प्रसन्न हो ना।'' जोतिबा ने गम्भीर मुद्रा बनाकर पूछा।

''मैंने कभी आपकी बात का प्रतिकार किया है क्या? आपकी खुशी ही मेरी खुशी है।''

''अरे पगली। आपने क्या मुझे इतना गिरा हुआ आदमी समझा है? मैंने उन्हें दो टूक कह दिया कि उनका प्रस्ताव अस्वीकार्य है। यह सब केवल वंशावली को आगे बढ़ाने के लिए ही है ना।''

''हर माता-पिता की इच्छा होती है उसकी वंशवृद्धि हो। उनका नाम चलता रहे। फुले परिवार को आगे बढ़ाना भी जरूरी है। अब तो पिताश्री भी नहीं रहे।'' सावित्री ने कहा।

''हाँ सावित्री, परिवार का नाम आगे बढ़ाने के लिए समाज में दत्तक पुत्र की व्यवस्था का प्रावधान है। यदि आप सहमत हों तो आज के बाद जो भी प्रथम महिला हमारे बालहत्या निषेध भवन में आयेगी और यदि वह अपने बच्चे को छोड़ना चाहे तो उसे हमलोग गोद ले लेंगे। वही हमारी वंशावली बढ़ायेगा या बढ़ायेगी, वह हमारे पारिवारिक नाम का हिस्सा होगा।'' जोतीराव ने सावित्री की आँखों में झाँककर कहा।

''आपका प्रस्ताव अच्छा है। देखिये भविष्य के गर्भ में क्या है।'' सावित्री ने हामी भरी।

1874 की सन्ध्या वेला। अन्धकार की चादर बढ़ती जा रही थी। जोती दम्पति घर के बरामदे में बैठे थे। एक छाया उनकी ओर बढ़ती हुई दिखाई दी। पास आयी। उसने अपने शरीर को चादर में ढक रखा था। सामने आकर हाथ जोड़कर कहा, ''बा मैं एक अभागिन विधवा हूँ। मेरे उदर में बच्चा पल रहा है। समय आ गया है। मैं आपके सान्निध्य में आयी हूँ। शरण दे।''

"आओ बेटी। बा के घर आने के लिए अनुमति की आवश्यकता नहीं होती। तुम अभागिन नहीं हो। अभागा तो वह है जिसने तुम्हें धोखा दिया और बाप की पदवी से वंचित रह गया। चलो अन्दर चलो।"

महिला का नाम था काशीबाई। वह एक ब्राह्मण परिवार की विधवा थी। दूसरे दिन उसने एक सुन्दर बच्चे को जन्म दिया। उसने कहा, "बा इस बच्चे की परवरिश की जिम्मेदारी मैं नहीं उठा पाऊँगी। क्या करूँ? कुछ समझ में नहीं आता।"

"बेटी तुम कौन हो, कहाँ से आयी? मैंने नहीं पूछा, क्योंकि पहला काम था बच्चे को इस दुनिया में लाना। तुम्हारे कहाँ जाऊँ? क्या करूँ?, जैसे प्रश्नों के उत्तर मिलेंगे, परन्तु इससे पूर्व तुम अपनी आपबीती बताओ निःसंकोच।"

"बा, मेरा नाम है काशीबाई जैसा मैंने पहले ही दिन बता दिया था। शादी के कुछ ही माह बाद मैं विधवा हो गयी। घरवालों ने मुझे गृह-निष्कासित कर दिया। मैके में भी शरण नहीं मिली। जीवन से हताश मैं नदी की शरण लेना चाहती थी। तभी कहाँ से केशोपन्त नाम के सज्जन ने मुझे आत्महत्या करने से बचा लिया और अपने घर में नौकरानी बना लिया। पर, उसकी नीयत अच्छी नहीं थी। उसने अपनी हवस का शिकार बना लिया। मैं मजबूर थी। जब उसे अवैध गर्भ का पता चला तो उसने मुझसे मुँह मोड़ लिया। गर्भ गिराने के लिए मजबूर किया। परन्तु मैं किसी न किसी बहाने अपने बच्चे को बचाती रही। इसी समय आपके बालहत्या प्रतिबन्धक गृह की जानकारी मिली और फिर आपकी शरण में। ऐसी बहुत सी अभागिनी है जो या तो बच्चा जनकर किसी निर्जन स्थान में या घूर पर फेंक देती है, या कुएँ में कूदकर आत्महत्या कर लेती हैं।"

"अच्छा हुआ तुमने अपना अतीत बताकर मन का बोझ उतार लिया।" दो-तीन तीन बाद काशीबाई नाम की औरत सावित्रीबाई का घर त्याग कर कहाँ चली गयी, कोई पता नहीं।

सावित्रीबाई और जोतिबा ने उस नवजात बच्चे का अपना दत्तक पुत्र बना लिया। उसका नाम रखा यशवन्त। बाद में वह डॉ. यशवन्त फुले नाम से प्रसिद्ध हुआ।

जोतीराव दम्पति के बालहत्या प्रतिबन्धक गृह में काशीबाई जैसी अभागिन औरतों का आना बढ़ता गया। ये महिलाएँ ब्राह्मण या ऐसे सवर्ण परिवारों की होतीं जहाँ विधवा विवाह वर्जित है। सम्पत्ति में हिस्सा न मिले, इसलिए वे अपनी विधवा बहुओं को घर से निकाल देते थे या घर के एक कोने में पड़ी रहने की अनुमति देते थे। घर के किसी सदस्य या बड़े घरों में काम करनेवाले

मजदूरों से वे एकान्त पाकर यौनवृत्ति करतीं। गर्भ रह जाने पर वे कुएँ में गिर कर आत्महत्या कर लेतीं या देशी दवाएँ खाकर गर्भपात करातीं। ऐसी ही औरतों को बालहत्या प्रतिबन्धक गृह में शरण मिलने लगी थी।

जोतीराव दम्पति ने काशीबाई ब्राह्मणी के पुत्र को यशोदा के रूप में पाला-पोसा। समय जाते देर नहीं लगती। यशवन्त राव चन्द्रकला-गति से बढ़ने लगा। सावित्री ने अपने ही स्कूल में दाखिला कर लिया। पुणे के कॉलेज से पढ़कर डॉक्टर बन गया। उसका पालन-पोषण ऐसे वातावरण में किया गया कि उसकी संवेदनशीलता जाग्रत हो गयी। गरीबों, अन्त्यजों, आधारहीन और अतिशूद्रों का निःशुल्क उपचार करता। उसकी ख्याति पुणे से बाहर विस्तार पाती गयी।

आज अवकाश का दिन था। स्कूल-कॉलेज बन्द थे। सरकारी कार्यालय भी बन्द थे। जोतिबा फुले और सावित्री फुले घर के बाहर वट वृक्ष-छाया में बैठे थे। जोतिबा ने सावित्री का ध्यान आकर्षित करते हुए कहा, "आपको स्मरण होगा अंग्रेज सरकार ने 1854 में भारत के लिए एक शिक्षा नीति बनाई थी। करीब 30 साल हो गये हैं। ब्रिटिश सरकार ने उस शिक्षा नीति की समीक्षा के लिए एक आयोग गठित किया है जिसके अध्यक्ष है विलियम हंटर। वे बम्बई (मुम्बई) में आ गये हैं। उन्होंने शिक्षा प्रेमियों से राय माँगी है।"

"मैं तो स्कूलों के संचालन में व्यस्त रहती हूँ। बाहर दुनिया में क्या हो रहा है, हमें कहाँ पता चल पाता है। हमारे सूचना-स्रोत तो आप ही हैं। आयोग ने सुझाव माँगा है तो आप एक भविष्यदर्शी ज्ञापन अवश्य दीजिए। मैं तो इतना कह सकती हूँ।" सावित्री ने अपनी प्रतिक्रिया सहजभाव में प्रस्तुत की।

"मैं जानता था आप यही कहेंगी। परन्तु सावित्री जी पढ़ाई-लिखाई, स्कूल संचालन आदि से मैं दूर रहता हूँ। ठेकेदारी और नगरपालिका के कार्यों में व्यस्त रहता हूँ। इसलिए शिक्षा की समस्याओं और सुधार पर आप अपना विचार दीजिए। ज्ञापन तैयार करने में आपकी अहम भूमिका बांछित है।" जोतिबा ने कहा।

"मैंने जो कुछ भी अनुभव किया है, उससे आप पूर्णतया परिचित हैं, पुनरपि लड़कियों की शिक्षा से सम्बन्धित समस्याओं को बताना चाहूँगी। ये समस्याएँ नयी नहीं हैं, इन पर हमलोग प्रायः प्रतिदिन विमर्श करते हैं, उसी आधार पर आप ज्ञापन तैयार करिये। हमलोग विचार-विमर्श करते रहेगे।" सावित्री फुले ने पति का हाथ अपने हाथों में लेते हुए कहा।

शिक्षा आयोग जिसे हंटर आयोग के नाम से जाना जाता है, को सम्बोधित

जोतीराव गोविन्दराव फुले ने अपनी भार्या से विमर्श के आधार पर एक ज्ञापन दिया जिसमें उन्होंने लिखा–

''शिक्षा से सम्बन्धित मेरा अनुभव मुख्यरूप से पूना और उसके निकट ग्रामों तक ही सीमित है। 1954 से लेकर अब तक हमलोग लड़कियों के लिए, अन्त्यजों के लिए और समाज के आर्थिक रूप से कमजोर बच्चों के लिए कई स्कूल चला रहे हैं। सर एर्सकिन पेरी शिक्षा बोर्ड के सभापति और श्री लुम्सडेन सरकार के सचिव ने इन स्कूलों का निरीक्षण किया है और स्कूलों के कार्यकलाप से प्रसन्न हुए थे। मैंने और मेरी पत्नी ने अध्यापन कार्य भी किया है अतः शिक्षा की समस्या से मैं परिचित हूँ।

अपनी अनुशंसा प्रस्तुत करने के पूर्व यह कहना उचित समझता हूँ कि अभी सरकार का राजस्व उच्च शिक्षा और समाज पर व्यय किया जा रहा है। मेरा सुझाव है कि सरकार अपने राजस्व का व्यय आम लोगों की शिक्षा पर अधिक करे, जिससे इस वर्ग में अच्छे चरित्र वाले और योग्य लोग मिलने लगें।

सरकार और शिक्षा ब्राह्मणों के चंगुल में है इसलिए शूद्रों और अतिशूद्रों की शिक्षा पर ध्यान नहीं दिया जा रहा है। अतः निवेदन है शूद्रों के लिए हर गाँव में स्कूलों की व्यवस्था की जाय और उनके अध्यापक ब्राह्मण नहीं, बल्कि शूद्र हों। शूद्र ही देश की जीवनधारा हैं और ताकत हैं। सरकार इस सम्बन्ध में उनकी आर्थिक, सामाजिक और राजनीतिक कठिनाइयों का निदान करे। यदि शूद्रों का दिल और दिमाग प्रसन्न और सन्तोष होगा तो ब्रिटिश सरकार को भविष्य में उनकी निष्ठा और वफादारी पर सशंकित होने की आवश्यकता नहीं होगी।

इस परिप्रेक्ष्य में मैं शिक्षा में सुधार के लिए जनाकांक्षाओं को इस ज्ञापन के माध्यम से आपको सौंपता हूँ।

पहले की अपेक्षा प्राथमिक विद्यालयों की संख्या में वृद्धि हुई है परन्तु उनकी संख्या आवश्यकता से अत्यल्प है। सरकार शिक्षा के नाम पर विशेष शुल्क लेती है परन्तु उसका उपयोग शिक्षा के लिए नहीं किया जाता है। इस प्रेसीडेन्सी में करीब दस में नौ ग्रामों या करीब दस लाख बच्चे प्राथमिक शिक्षा से वंचित हैं। शिक्षा की दयनीय स्थिति से किसानों में शिक्षा का अभाव है और यही उनकी अकिंचनता, आत्मनिर्भरता की कमी और पढ़े-लिखे एवं शिक्षा सम्पन्न लोगों पर निर्भरता का कारण है।

नगरों में भी ब्राह्मण, प्रभु आदि जो कलम पर जीविका चलाते हैं को छोड़कर व्यापारी वर्ग भी शिक्षा की सुविधा का लाभ नहीं उठाते। इन वर्गों के कुछ लोग प्राथमिक और उच्च स्कूलों में मिलते हैं परन्तु गरीबी के कारण

पढ़ाई छोड़ देते हैं। इन लोगों के लिए कोई विशेष सुविधा नहीं दी गयी है अतः छोटी-मोटी नौकरी मिलते ही वे पढ़ाई अधर में छोड़ देते हैं।

गाँवों की हालत और भी दयनीय है। गरीबी के कारण खेतिहार किसान और श्रमिक शिक्षा से अलग रहते हैं और अपने बच्चों को स्कूल न भेजकर पशुओं को चराने में और कृषि कार्य में लगा देते हैं। मेरा सुझाव है कि इन वर्गों के बच्चों में शिक्षा के प्रति रुझान पैदा करने के लिए प्रेरणास्वरूप छात्रवृत्ति, अर्धवार्षिक और वार्षिक पुरस्कार देने की व्यवस्था की जाय। प्राथमिक शिक्षा को बारह साल तक के बच्चों के लिए अनिवार्य किया जाना चाहिए।

मुसलमान लोग इन स्कूलों से स्वयं को अलग रखते हैं क्योंकि उनमें मराठी या अंग्रेजी भाषा में कोई दिलचस्पी नहीं है। उनके बच्चे अपनी भाषा उर्दू की पाठशालाओं में जाते हैं।

माँग और महार या अन्य नीची जातियों के बच्चों को सभी स्कूलों से बहिष्कृत किया जाता है। उनके बच्चे सवर्ण बच्चों के साथ स्कूल में बैठ नहीं सकते हैं। सरकार इन अछूत बच्चों के लिए कुछ स्कूल खोले अवश्य हैं परन्तु वे बड़े शहरों तक ही सीमित हैं। जातीय एवं धार्मिक पूर्वाग्रह के कारण अन्त्यजों के बच्चों को इन स्कूलों में नहीं लिया जाता है। अतः मैं सिफारिश करता हूँ कि माँग, महार और अन्य नीची जातियों के लिए, जहाँ उनकी संख्या अधिक है, अलग स्कूलों की व्यवस्था की जाय।

आज के सरकारी प्राथमिक स्कूलों में शिक्षकों और पाठ्यक्रम में पूर्णतः संशोधन की आवश्यकता है।

सरकारी स्कूल के सभी अध्यापक ब्राह्मण हैं और कुछ को छोड़कर सभी अप्रशिक्षित हैं। उनका वेतन कम है। मेरा सुझाव है कि सरकारी प्राथमिक स्कूलों में जहाँ तक हो खेतिहर वर्ग के प्रशिक्षित अध्यापक रखे जायँ क्योंकि जहाँ ब्राह्मण अध्यापक धार्मिक पूर्वाग्रह के कारण विद्यार्थियों से स्वयं को अलग रखते हैं, वहीं वे विद्यार्थियों में घुलमिलकर उनकी कमियों और इच्छाओं को ब्राह्मणों की अपेक्षा अधिक समझ सकेंगे।

शिक्षकों की ट्रेनिंग में अन्य विषयों के अतिरिक्त कृषि एवं सफाई के साधारण ज्ञान को शामिल किया जाना चाहिए। अच्छे अध्यापकों को अच्छा वेतन भी दिया जाना चाहिए। जिस स्कूल में बच्चे अधिक संख्या में पढ़ते और उत्तीर्ण होते हैं, वहाँ के अध्यापकों को विशेष प्रोत्साहन भत्ता दिया जाना चाहिए।

इन स्कूलों के पाठ्यक्रम में पढ़ना, लिखना, बालबोध और एकाउन्ट्स, इतिहास, भूगोल, ग्रामर (व्याकरण), कृषि, मोरल ड्यूटी और सैनीटेशन (नैतिक

शिक्षा एवं स्वच्छता) आदि रखा जाना चाहिए। कृषि में शिक्षण के लिए आदर्श कृषि फार्म लाभप्रद होंगे।

प्राथमिक और आंग्लोवर्नाकुलर स्कूलों की टेक्स्टबुक को व्यावहारिक और प्रगतिशील बनाना होगा। इसमें टेक्निकल एजुकेशन (तकनीकी शिक्षा) और नैतिकता, स्वच्छता और कृषि उपयोगी कला (आर्ट्स) आदि के पाठों को प्राथमिकता देना उचित होगा। बच्चों से कम से कम फीस ली जाय।

सरकारी स्कूलों का निरीक्षण पर्यवेक्षण त्रुटिपूर्ण और अपर्याप्त है। साल में एक बार के निरीक्षण से लाभ नहीं होगा। कम से कम तिमाही निरीक्षण एवं पर्वेक्षण की व्यवस्था की जाय।

मैं अपनी अनुशंसाओं को सुविधा के लिए संक्षेप में रख रहा हूँ–

प्राथमिक विद्यालयों की संख्या बढ़ाई जाय। ऐसे स्थानीय स्कूल जिनमें प्रशिक्षित अध्यापक हों उन्हें अधिक से अधिक अनुदान (Grant in Aid) दी जाय।

शिक्षा शुल्क की आधी आय प्राथमिक विद्यालयों को दिया जाय।

नगरपालिकाओं को, अधिनियम बनाकर, उनके क्षेत्र में पड़ने वाले स्कूलों को अनुरक्षण का भार दिया जाय। प्रदेशीय या इम्पीरियल स्रोत से आवश्यक फण्ड की व्यवस्था की जाय।

विद्यार्थियों को इनाम और छात्रवृत्ति एवं अध्यापकों को प्रोत्साहन स्वरूप विशेष भत्तों की व्यवस्था करने से स्कूलों का संचालन और शिक्षा उत्तम होगी।

स्कूलों का पूरा खर्च नगरपालिका उठाये, परन्तु स्कूलों का पर्यवेक्षण शिक्षा विभाग द्वारा किया जाय।

निजी अंग्रेजी स्कूलों, जिनका परीक्षाफल अच्छा हो, को नगरपालिका अनुदान की व्यवस्था करे। इसके लिए अधिनियम बनाया जा सकता है।

प्राथमिक स्कूलों के फण्ड पर निदेशक लोक शिक्षा (Director of Public Instructions) का नियन्त्रण रखा जाय।

शहरों, नगरों और बड़े गाँवों में बहुत से देशन स्कूल (Indigenous School) चलाए जा रहे हैं। इन स्कूलों के अधिकांश अध्यापक अप्रशिक्षित हैं। वे मात्र पहाड़ा कंठस्थ कराते हैं और मराठी भाषा पढ़ाते हैं। इन स्कूलों की फीस बहुत कम हैं। ऐसे स्कूलों का पता लगाया जाय और उनके स्तर को उठाने के लिए सरकार पर्याप्त अनुदान की व्यवस्था करे। यह अनुदान ऐसे स्कूलों को ही दिया जाय, जिनमें प्रशिक्षित अध्यापक हो और जिनका परीक्षा परिणाम अच्छा होता हो। यहाँ के योग्य एवं अप्रशिक्षित अध्यापकों के प्रशिक्षण की व्यवस्था सरकार को करनी चाहिए।

प्राथमिक शिक्षा के विस्तार के साथ सरकार को उच्च शिक्षा के प्रसार के बारे में भी सार्थक पहल करनी चाहिए। लोगों में यह विश्वास गलत नहीं है कि सरकार ने उच्च शिक्षा का लाभ उच्च वर्ग को दिया है। यह अनुदान की राशि से स्पष्ट हो जायगा।

समाज की ऊँची जातियाँ ब्राह्मण और प्रभू आदि ने ही उच्चतर शिक्षा का लाभ उठाया है। अतः सरकारी सहायता या अनुदान की राशि शनैः-शनैः कम की जानी चाहिए। परन्तु ऐसा करने में यह ध्यान रखना होगा कि इसका विपरीत प्रभाव मध्य एवं निचले वर्ग की शिक्षा पर न पड़े। ऐसी शिक्षा की जिम्मेदारी निजी संस्थाओं के हाथ में नहीं देनी चाहिए अन्यथा शिक्षा का बाजारीकरण हो जायगा। प्राथमिक और उच्चतर शिक्षा की जिम्मेदारी सरकारी मशीनरी को उठानी चाहिए।

शिक्षा-प्रसार के हित में ऐसे लोगों को सरकारी अनुदान देकर उच्च शिक्षण संस्थानों को खोलने का प्रोत्साहन दिया जाना चाहिए जिन्हें सरकारी नौकरी नहीं मिल पायी, क्योंकि निजी संसाधनों से उच्च स्कूल चलाना लाभकर नहीं है। पूना में श्री विष्णुशास्त्री चिपलूणकर और श्री भावे ऐसे स्कूल चला रहे हैं।

गवर्नमेंट हायर स्कूलों में शिक्षण चरित्र व्यावहारिक नहीं है। इससे साधारण जीवन की आवश्यकताएँ पूरी नहीं होतीं। ऐसी शिक्षा से लिपिक और स्कूल मास्टर पैदा किए जा रहे हैं। उच्चतर शिक्षा की ऐसी व्यवस्था की जानी चाहिए जिसका लाभ हर स्तर के लोगों को मिल सके। मैट्रीकुलेशन परीक्षा की पुस्तकों का प्रकाशन सरकारी गजट में होना चाहिए जैसा कि मद्रास और बंगाल में किया जाता है। ऐसा करने से प्रायवेट पढ़ाई को प्रोत्साहन मिलेगा और देश में ज्ञान का अधिक प्रसार हो सकेगा। बम्बई विश्वविद्यालय मैट्रीकुलेशन की परीक्षा देने वालों को मान्यता देती है। बी.ए., एम.ए. की डिग्री की प्राइवेट पढ़ाई को भी बढ़ावा दिया जाना चाहिए।

सरकार की छात्रवृत्ति योजना में भी खोट है क्योंकि यह योजना ऐसे लोगों को अनावश्यक प्रोत्साहन देती है जो पूर्व से ही शिक्षा का लाभ ले रहे हैं और इससे गरीब और शूद्रातिशूद्र वर्ग के लोग वंचित रह जाते हैं। छात्रवृत्ति योजना में संशोधन करके ऐसी व्यवस्था करनी चाहिए जिससे इसका लाभ वंचित लोगों को मिल सके। शिक्षा का पाठ्यक्रम ऐसा होना चाहिए जिसे पढ़-लिख कर लोग अपंगु न बन जायँ, बल्कि अपनी क्षमतानुसार और कोई व्यवसाय आदि कर सकें।

अन्त में मैं शिक्षा आयोग से निवेदन करता हूँ कि नारी शिक्षा के प्रसार पर विशेष ध्यान दिया जाय।''

शिक्षा आयोग को देने के लिए ज्ञापन तैयार करने में दो-तीन दिन लग गये। प्राय: हर बिन्दु पर वे सावित्रीबाई से विमर्श करते रहते थे। 19 अक्टूबर 1882 को ज्ञापन तैयार हो गया। उन्होंने अपनी पत्नी को ज्ञापन सौंपते हुए कहा कि आप इसे देख लें और यदि कोई सुझाव हो तो तद्नुसार संशोधन कर लें।

सावित्रीबाई ने ज्ञापन की प्रति हाथ में लेकर अपने माथे से लगा ली और कहा, "इसमें कोई भी सुधार करने के लिए मैं सक्षम नहीं हूँ। इसे आप जाकर हंटर साहब को सौंप दीजिए। मुझे विश्वास है कि सरकार इसकी सभी अनुशंसाओं को स्वीकार कर लेगी। अब आप ईश्वर का नाम लेकर इस पर हस्ताक्षर कर दीजिए।"

जोतीराव फुले ने ज्ञापन की प्रति ली और हस्ताक्षर कर दिया–

पूना

19 अक्टूबर 1882 जोतीराव गोविन्दराव फुले

मरचेण्ट और कल्टीवेटर और

म्युनिशिपल कमिश्नर

पेठ जून गंज

जोतीराव दम्पत्ति के सामने यशवन्तराव के विवाह की समस्या उठी। माली-जाति के लोग अपनी लड़की देने को तैयार नहीं थे। जोतीराव एक ओर सार्वजनिक सत्यशोधक के नियमों का प्रचार कर रहे थे, वहीं दूसरी ओर उन्हें अपनी ही जाति की बहू नहीं मिल रही थी। यशवन्तराव को माली लोग ब्राह्मण पुत्र मानते थे। जोती दम्पति हार मानना जानते ही नहीं थे। जोतीराव का स्वास्थ्य अच्छा नहीं रहता था। वे चाहते थे कि अपने जीवन-काल में ही पुत्र-वधू को आशीर्वाद दें, इसलिए कम उम्र में ही यशवन्त की शादी का निर्णय लिया। अन्तत: जोतीराव के प्रगतिशील स्वजातीय मित्र हड़पसर निवासी ज्ञानोका कृष्ण सहाणे की पुत्री राधा लक्ष्मी के साथ यशवन्तराव का परिणय संस्कार दिनांक 4 फरवरी 1889 को कर दिया। बहू की उम्र करीब ग्यारह वर्ष थी। घर लाकर सावित्री ने उसको अपने स्कूल में दाखिल कराया। वयस्क होने पर वह शिक्षिका बनी और सावित्री की जिम्मेदारी में हाथ बँटाने लगी।

1876-77 में पुणे के आस-पास अकाल की स्थिति उत्पन्न हो गयी। कुएँ सूखने लगे। ताल-तड़ाग पहले से ही सूख गये थे। मजदूरों को काम नहीं मिल रहा था। जोतीराव-सावित्री ने अकाल की स्थिति का प्रत्यक्ष सर्वेक्षण किया। अकाल की क्रूर छाया बिना जाति-वर्ण-धर्म भेद किये गाँव के गाँव को लीलने लगी। बच्चों की बुरी हालत थी। जोतीराव दम्पति ने सत्यशोधक

समाज के सदस्यों से अकाल पीड़ितों की खुले हृदय से मदद देने की अपील की। कई स्थानों पर 'विकोरिया बालाश्रम' की स्थापना की गयी। सत्यशोधक समाज के सदस्यों ने अपना श्रम दिया। बालाश्रम कार्यशील हो गये। इंदापुर, मिरज, तास आदि गाँवों में स्थापित बालाश्रम में अपने बच्चों को भेजने की अपील की गयी। बच्चों के लिए खाना, कपड़ा, पानी का समुचित प्रबन्ध किया गया। जोतीराव अपने कुछ साथियों के साथ स्थानीय मजिस्ट्रेट से मिले और अनुरोध किया कि सेठों की गोदामों से भरे अनाज को बाहर निकाला जाय। गरीब मजदूरों को काम दिया जाय। अच्छा होगा यदि काम के बदले अनाज दिया जाय। इससे अकाल पर काबू पाया जा सकता है। जोतीराव के साथ आये मजमें को देखकर मजिस्ट्रेट ने प्रभावी कार्रवाई का आश्वासन दिया। अकाल की विभीषिका से प्रभावित जोतीराव का दिल कह उठा–

'सूखे-सूखे से पेट पालते।
उसी से ही धन्य समझते।
रहता कपड़ा-लत्ते का अभाव,
सो जाते एक दूसरे से लिपट के मन भाव।'

x x x

'नंग-धड़ंगा वह वंव लँगोटी बहादुर,
चिथेड़िया सिर पर धुस्से भी।'

ऐसे ही भावों का चित्र बर्ड्स ने अपनी कविता 'द वेगर' में और निराला ने अपनी कविता 'भिखारी' में खींचा है जिसकी निरन्तर चर्चा साहित्य-जगत में होती रहती है, परन्तु जोतीराव फुले की इस कविता (अभंग) को लोग जानते तक नहीं। यह विकट विडम्बना ही तो है।

बेटे यशवन्त की शादी और राधा बहू के आकर्षक स्वभाव से जोतीराव दम्पति प्रसन्न थे। खुशी से रक्तचाप बढ़ गया। परिणामस्वरूप 1890 में जोतीराव को लकवा मार गया। उनका दायाँ अंग स्पंदनहीन हो गया। उन्होंने इस विपत्ति में भी अपने आत्मबल को बढ़ाये रखा। सार्वजनिक सत्यशोधक पुस्तक अधूरी थी। उन्होंने लकवा का मुकाबला किया । बायें हाथ से लिखने का अभ्यास किया और पुस्तक पूरी की। यही पुस्तक 'सार्वजनिक सत्यधर्म' के नाम से जानी गयी।

यशवन्तराव की पढ़ाई अबाधगति से चलती रही। घर में राधा उर्फ लक्ष्मी के आने से अच्छा वातावरण बन गया था। उसकी भी शिक्षा ठीक से चल रही थी। सावित्री दिनभर स्कूल के काम से बाहर रहती। घर का काम उसे ही करना पड़ता। राधा के आने से कुछ मदद मिल जाती थी।

यशवन्तराव जोतीराव फुले पर जोतिबा दम्पति का संस्कार बाल्यावस्था से ही स्पष्ट होने लगा था। दीन-दुखियों, अकिंचन, शूद्रातिशूद्रों के प्रति उनकी सहानुभूति एवं संवेदनशीलता बढ़ती जा रही थी। इसे देखकर जोतिबा दम्पति का हार्दिक सन्तोष होता था। जोतीराव फुले और सावित्री का कार्यक्षेत्र पुणे से हटकर बम्बई हो गया था। बम्बई के कोलीबाड़ा में उन्होंने एक बड़े स्थल का चयन किया। इसी स्थल पर पूना और आस-पास के माली समुदाय के लोग फूल, सब्जी और मौसमी फल साझे की बैलगाड़ियों पर लादकर लाते थे और स्थानीय बाजार में आपूर्ति करते थे। इससे उन्हें अच्छा पैसा मिल जाता था। यह बाजार आज भी 'महात्मा फुले बाजार' के नाम अभिहित है।

बम्बई में समय अधिक मिलता था। पुणे के स्कूलों का संचालन सुचारु रूप से चल रहा था। इसलिए जोतिबा दम्पति ने बम्बई के कोलीबाड़ा में एक पीपल वृक्ष के नीचे स्थानीय बच्चों के लिए स्कूल खोल दिया। सावित्रीबाई अपना अधिकांश समय इस स्कूल को देती थी। यहाँ पर पढ़नेवाले अधिकांश बच्चे कोली, मछुआरों के थे। जोतीराव का मानना था कि पीपल के वृक्ष के नीचे बैठकर गौतम ने बुद्धत्व प्राप्त किया था। बुद्ध के जीवन से प्रभावित होकर जोतीराव ने यहाँ के बच्चों को 'बुद्ध' बनाने का संकल्प लिया। स्वयं भी अपनी पत्नी के साथ इसी पीपल की जड़ पर बैठकर ज्ञानार्जन और ज्ञानविचार किया करते थे। पीपल का एकमात्र वृक्ष है जो चौबीस घण्टे ऑक्सीजन निःसृत करता रहता है। इसे ही प्राणवायु कहा जाता है।

अब जोतीराव पुणे के ही नहीं अपितु पूरे महाराष्ट्र के हो गये थे। वे सभी वर्ण-जाति के आदर्श हो गये थे। उनका कभी विरोध करनेवाले लोग भी अब उनके और उनके कार्यों के प्रशंसक हो गये थे।

ऐसे समय में पूना, अहमदनगर, सतारा, बम्बई आदि शहरों के प्रबुद्ध मराठा लोगों ने और जोतीराव के प्रशंसकों ने समवेत रूप से निर्णय लिया कि जोतीराव फुले को उनके सार्वजनिक और समाज सुधार के क्षेत्र में अमूल्य योगदान के लिए और गरीब लोगों में आत्मसम्मान जाग्रत करने के लिए किये गये अभूतपूर्व कार्यो के लिए अभिनंदित किया जाय। लोक सम्मान किया जाय। इस प्रस्ताव का हर वर्ग, वर्ण, जाति धर्म और सम्प्रदाय के लोगों ने स्वागत किया।

11 मई 1888 को बम्बई (अब मुम्बई) के माण्डवी स्थित कोलीबाड़ा के शिवनेरी सभागार में जोतीराव फुले के अभिनन्दन का भव्य आयोजन किया गया। इसी के पास वह पीपल का वृक्ष और जोतीराव फुले बाजार है।

पीपल का वृक्ष, जिसकी छाया में बैठकर जोतीराव और सावित्रीबाई कोली बच्चों को निःशुल्क शिक्षादान करते थे, वह अब सभ्यता की भेंट चढ़ गया है। वहाँ भव्य भवनों का निर्माण हो गया है परन्तु जोतीराव फुले बाजार आज भी फुले दम्पति का स्मरण दिलाता रहता है। अभिनन्दन समारोह की अनुमति आयोजकों ने जोतीराव से ले ली थी। जोतीराव निश्चित तिथि एवं समय पर अपनी पत्नी के साथ पुश्तैनी पोशाक में उपस्थित हुए। सफेद सादा कुर्त्ता, उस पर बंडी, धोती और सिर पर आकर्षक पगड़ी। सभागार खचाखच भरा था। लोग पीछे और अगल-बगल के गलियारों में खड़े हो गये थे। जोतीराव दम्पति के सभागार में प्रवेश करते ही लोगों ने खड़े होकर करतल ध्वनि से अभिनन्दन किया। आयोजकों ने आगे आकर स्वागत किया। सावित्रीबाई को सम्मान आसन दिया गया। जोतीराव को जैसे ही आयोजक मंच पर ले गये, लोगों ने 'जोतीराव जिन्दाबाद' के नारों से वातावरण को गुंजायमान कर दिया। उन्होंने हाथ जोड़कर लोगों का अभिवादन स्वीकार किया। जोतीराव ने आसन ग्रहण किया। जयकारों का तुमुल कोलाहल शान्त हो गया।

अभिनन्दन समारोह की प्रक्रिया प्रारम्भ हुई। आयोजन के सचिव ने आगत अतिथियों का स्वागत किया। सावित्रीबाई फुले को पुष्पगुच्छ दिया गया। बड़ौदा नरेश सयाजीराव गायकवाड़ के सचिव धबल सफा, मिरजई और धोती से सुसज्जित खड़े हुए। उन्होंने गुरु-गम्भीर वाणी में कहा, "सम्मान समारोह की विधिवत कार्यवाही प्रारम्भ होने के पूर्व मैं महाराजा सयाजीराव का सन्देश प्रस्तुत करना चाहता हूँ। वे स्वयं आने में असमर्थ हैं। अतः उन्होंने जोतीराव फुले का अभिनन्दन कर रही इस सभा से अनुरोध किया है कि जोतीराव गोविन्दराव फुले को उनके अभिवन्दनीय ही नहीं अपितु अनुकरणीय सामाजिक कार्यों के लिए 'भारत के बुकर टी वाशिंगटन' की सम्मानोपाधि से विभूषित किया जाय।" रायबहादुर श्री बिट्ठलराव बंडेकर द्वारा आये आदि गण्यमान श्रेष्ठजनों के सम्बोधनोंपरान्त जोतीराव गोविन्दराव फुले को 'महात्मा' की पदवी से अलंकृत किया गया और प्रशस्ति पत्र दिया गया।

प्रशस्ति-पत्र मराठी में था जिसका अनुवाद हिन्दी में भी पढ़ा गया, "अज्ञान, अन्धश्रद्धा, रूढ़िवादिता, झूठा धर्म, ब्राह्मणवाद, साहूकारवाद इन समस्त दुर्गुणों के विरुद्ध आवाज, मानववाद तथा विश्वधर्म का ध्वज लहराकर और शूद्र व अतिशूद्र भाइयों को पीढ़ी-दर-पीढ़ी की सामाजिक दासता से मुक्त करने के लिए कण-कण में सामाजिक क्रान्ति की अगर मशाल जलाकर रखने हेतु, जोतीराव फुले, इस महामानव को महाराष्ट्र की निर्धनतम अकिंचन जनता

ने 11 मई 1888 के दिन बम्बई स्थित माण्डवी कोलीबाड़ा में जाहिर सभा आयोजित कर 'महात्मा' की पदवी अर्पित की।''

जोतीराव गोविन्दराव फुले ने अपने अभिभाषण में आयोजकों के प्रति आभार व्यक्त किया। उन्होंने अपनी पत्नी को सम्बोधित करके कहा कि यदि सावित्रीजी मेरे जीवन में नहीं आतीं तब मैं जीवन की लम्बी यात्रा करते हुए यहाँ तक नहीं आ पाता। उन्होंने सभागार में आये लोगों की ओर हाथ उठाकर कहा कि मानवाधिकारों से सदियों से वंचित दीन-हीन, शूद्रादि-अतिशूद्रों, पिछड़े, आदिवासी लोगों के अधिकारों के लिए यह अल्प-सा कार्य मैंने ईश्वर की प्रेरणा से किया है। मैं आज तक यही मानता रहा हूँ कि जन सेवा ही सच्ची ईश सेवा है और यह मैं आगे भी करता रहूँगा। आप सभी ने सत्यशोधक समाज के कार्य में सहायता देकर उन्हें आगे बढ़ाया है, जिन्हें हजारों वर्षो से शूद्रातिशूद्र अन्त्यज समझा जाता रहा है। उन्हें मानव अधिकार दिलाने को ही मैं धर्म मानता हूँ। यही हर एक का कर्त्तव्य है। मैंने कोई विशेष कार्य नहीं किया है, लेकिन जो कार्य मैंने किया है, वह केवल कर्त्तव्य समझकर किया है।

21वी शदी का एक दशक बीत गया है। अभी भी समाज के कमजोर वर्ग के लोग मानवाधिकारों से वचित हैं। वंचितों की संख्या कम नहीं हो रही है यद्यपि देश की सरकार मानव अधिकारों की रक्षा का संकल्प दोहराती रहती है। केन्द्रीय मानवाधिकार आयोग का गठन केन्द्रीय सरकार ने किया। राज्य सरकारों ने राज्य मानवाधिकार का गठन किया । वे क्रियाशील हैं परन्तु ऊँट के मुँह में जीरा के समान। सूचना के अधिकार और शिक्षा के मौलिक अधिकारों ने मानवाधिकार को मजबूत किया है। महात्मा फुले की आत्मा वंचितों के अन्दर विद्रोह करने को मचल रही है। महात्मा फुले की निम्न वाणी से लोग प्रभावित हुए हैं–

''उठो, अतिशूद्र भाइयो जागो।
पारम्परिक गुलामी तोड़ने को तैयार हो जाओ।''

यदि वंचितों के हाथों को काम न मिला, उनकी क्षुधातृप्ति नहीं हुई और उनके खाली मस्तिष्क को शैक्षिक खुराक नहीं दी गयी तो वे शासन व्यवस्थ के विरुद्ध खड़े हो जायेंगे, जिसका निदान कठिन होगा। नक्सलवाद, उग्रवाद आदि को नियंत्रित करने के लिए महात्मा फुले के सपनों को साकार करना होगा।

जोतीराव ने अपने ग्रन्थों के माध्यम से समाज में व्याप्त अन्धविश्वासों, रूढ़ियों, अतार्किक प्रथाओं अज्ञान का विरोध किया। नारी शिक्षा, प्रौढ़ शिक्षा और पुनर्विवाह आदि का जोरदार समर्थन किया। धर्म और अछूतपन पर उन्होंने लिखा–

"पिता मानकर भजेंगे एक ईश्वर को,
मानेंगे सभी मनुष्यों को भाई ।
नहीं होगा जातिभेद धर्म में हमारे,
नहीं होगा स्पर्शास्पर्श का खेद।।"

बाबा साहेब डॉ. भीमराव अम्बेडकर ने भारतीय संविधान में महात्मा फुले के सपनों को साकार करने का प्रयास किया। अस्पृश्यता को समाप्त किया। स्वतन्त्रता, समानता और भ्रातृत्वभाव का वातावरण तैयार किया, संविधान के माध्यम से। संविधान में मौलिक अधिकारों में यदि राज्य के निर्धारित तत्वों को शामिल किया गया होता तो शायद समाज में कतिपय विसंगतियाँ न उभरतीं।

सावित्रीबाई फुले ऐसे समाज सुधारकों से मिलती रहती थी जो नारी अस्मिता, नारी शिक्षा, विधवा विवाह आदि की वकालत करते थे और जीवन में उतारने का प्रयास करते थे। इसी सिलसिले में उनका साक्षात्कार महादेव गोविन्द रानाडे से हुआ। वे उनके व्यक्तित्व से प्रभावित हुई परन्तु वह प्रभाव देर तक नहीं टिक सका। उनके पति जोतीराव ने जब बताया कि रानाडे केवल समाज सुधार की बातें करते हैं, परन्तु व्यवहार में नहीं लाते। उन्होंने अपनी विधवा बहन का पुनर्विवाह नहीं कराया। अपनी पत्नी की मृत्यु के बाद किसी विधवा से विवाह न करके अपने से आधी उम्र की ब्राह्मण कन्या से शादी की। कारण वे अपने परिवार और जाति में प्रचलित प्रथाओं के विरुद्ध नहीं जा सकते थे।

पंडिता रमाबाई की प्रशंसिका थी सावित्रीबाई। उन्हें यह जानकर प्रसन्नता हुई कि रमाबाई ने नारी सम्मान की रक्षा और कल्याण के लिए 'शारदा-सदन' नामक संस्था की स्थापना की। इस संस्था के माध्यम से वे नारी जागरण का सन्देश-सम्प्रेषण प्रसारित करती थीं। इसी सिलसिले में उन्हें बंगाल जाने का अवसर मिला। वहाँ पर राजा राममोहन राय, जैसे लोग सती प्रथा का विरोध कर रहे थे। वहाँ पर पंडिता रमाबाई ने एक अब्राह्मण से विवाह कर लिया। उनके इस क्रान्तिकारी कदम से महाराष्ट्र का पूरा ब्राह्मण समाज कोपाकुल हो गया। रमाबाई को महाराष्ट्र ही नहीं देश भी छोड़ना पड़ा। वे इंग्लैण्ड चली गयीं। वहाँ पर विभिन्न धर्मों का अध्ययन किया और हिन्दू धर्म को तिलांजलि देकर ईसाई धर्म अंगीकार कर लिया। यह वही पंडिता रमाबाई थी जो कभी पुणे में हिन्दू धर्म और ब्राह्मण समाज की भूरि-भूरि प्रशंसा करते नहीं थकती थीं।

जोतीराव और सावित्रीबाई ने रमाबाई के देशागमन पर आत्मिक अभिनन्दन किया। जोतीराव ने लिखा-

"धन्य है विदुषी रमा चमकी एक सितारा।
सिखाने जाती दादाओं को जो है वैभवशाली।।
स्वनारी को भी यदि ज्ञान देना सिखायें।
तो वही सितारा चमकेगी, जो रमा सिखायें।।
अच्छा हुआ विदुषी रमा ने,
ब्राह्मणी धर्म ठुकराया।"

महात्मा जोतिबा फुले का दक्षिणांश पक्षाधात के कारण रक्तसंचरणहीन हो गया था। वाणी अस्पष्ट-सी होने लगी थी। जिह्वा का शब्दोच्चारण स्पष्ट नहीं था। लेखनकार्य भी रुक-सा गया था। वे गंजपेठ के मकान में कैद से हो गये थे। बाहर-भ्रमण पर विराम लग गया था। उनके मित्र डॉ. विश्राम रामजी धोले निरन्तर औषधि उपचार कर रहे थे परन्तु स्वास्थ्य में विशेष परिवर्तन नहीं हो रहा था।

महात्मा फुले 'प्रत्यक्षकर्मी' और 'युगपुरुष' थे। कर्मविश्वासी कभी हार नहीं मानता। महात्मा फुले कब हार माननेवाले थे। उन्होंने 'सार्वजनिक सत्यशोधक समाज' पुस्तक को पूरा करने के उद्देश्य से बाँये हाथ से लिखने का अभ्यास किया।

सावित्रीबाई पर घर-परिवार, स्कूल संचालन, बालहत्या प्रतिबन्धक गृह आदि महत्त्वपूर्ण कार्यों का प्रबन्धन और महात्मा फुले के अधूरे सामाजिक कार्यों को पूरा करने का महत भार आ पड़ा था। दत्तक पुत्र यशवन्तराव की शिक्षा की चिन्ता थी। इन सब महान कार्यों का दायित्व वे समय प्रबन्धन से प्रभावी रूप से निर्वाह कर रही थीं, परन्तु अधिकांश समय पति की सेवा-शुश्रूषा में लगाती थीं।

भास्कर का प्रभाव क्षीण हो गया था। अन्धकार की चादर फैलती जा रही थी। सावित्रीबाई अपने पति की चारपाई के पास बैठी चिन्तित-सी कुछ सोच रही थी। महात्मा फुले ने कहा, "सावित्री, चिन्ता मत करो। सब ठीक हो जायगा।"

"मार्गदर्शन के लिए आप हैं ना। फिर चिन्ता कैसी?" सावित्री ने कहा।

"सावित्री जी, मैं चलने में असमर्थ हूँ। आपके कन्धों पर अपरिमापीय-भार पहले से ही है। यदि समय मिले तो, मैंने जो काम नगरपालिका के सदस्य के रूप में प्रारम्भ कराया था, उन्हें देख लिया करना। वे सभी काम गरीबों के कल्याण के लिए हैं। विभिन्न पेठों में मद्यपान निषेध, शुद्ध पेय जल की व्यवस्था, शिक्षा-विद्यालयों के लिए भूमि आवंटन, स्वास्थ्य केन्द्रों का संचालन

ये चार मुख्य कार्य हैं जिन्हें करना तो है नगरपालिका को, परन्तु नगरपालिका के सदस्यों को स्मरण कराते रहना समाज का काम है। इसमें आपकी विशेष भूमिका रहेगी।''

''आप चिन्ता न करें। ये काम भी मैं देख लूँगी।'' सावित्री ने विश्वास दिलाया। महात्मा फुले ने अपने पुत्र यशवन्तराव को बुलाया और अपने पास बिठाकर धीमी आवाज में समझाया। ''बेटा यशवन्त तुम मन लगाकर अध्यन करो। अपने को इस काबिल बना लो कि जिससे समाज में व्याप्त सामाजिक, धार्मिक, आर्थिक और सांस्कृतिक शोषण का प्रतिकार कर सको। कुरीतियों, अन्धविश्वासों और शोषण से मुक्ति दिलाने में सक्षम बनो। समय कम है, काम अधिक है। मेरे अधूरे कार्यों को पूर्णता देने में अपनी माँ का हाथ बँटाना। शरीर नश्वर है, इसीलिए इसका पुनर्जन्म होता है। देहान्त होने पर सभी पंचतत्व अपने-अपने तत्व में समिश्र हो जाते हैं और पुनः एकत्र होकर शरीर का रूप धारण करते हैं। शरीर का ढाँचा वीर्य और अंडों के संगम से तैयार होता है और उसमें जब आत्मा या जीवन का वास हो जाता है, तब शरीर जीवित हो उठता है। यह 'निर्मिक' का निराला खेल है।''

''पिताश्री आप ये सब बातें क्यों कह रहे हैं। आपका निर्देशन हमें मिलता रहेगा। फिर भी आप चिन्ता न करें। मैं आपकी कसौटी पर खरा उतरूँगा।'' यशवन्त राव ने पिताश्री महात्मा फुले को आश्वस्त किया।

सावित्रीबाई घर से बाहर गयी थी। महात्मा फुले के अनुयायी, प्रशंसक और सहयोगी मित्र उनकी चारपाई के आस-पास बैठे थे। इससे महात्मा जी कभी अकेलापन नहीं महसूस करते थे। उनके एक अनुयायी ने कहा, ''महात्मा जी, हमलोगों को अपने कुछ अमूल्य प्रवचनों से उपकृत्य करें।'' सूर्य का प्रस्थान शनैः-शनैः पश्चिमी क्षितिज का स्पर्श करने को बढ़ रहा था। उसकी रश्मियों का तेज कमतर होता जा रहा था और लालिमा का प्रसार बढ़ता जा रहा था। महात्मा फुले ने कुछ कठिनाई से मुँहपट खोले और कहा, ''प्रवचन क्या करना है। मैं तो एक अकिंचन सेवक हूँ। सेवा करना ही मानव धर्म है। मेरे ज्ञान की झोली बहुत छोटी है। ईश्वर का भण्डार वृहत् है। उसमें से जितना अपनी झोली में भर सको, भर लो। भगवान बुद्ध ने भी अन्तिम समय में अपने शिष्य आनन्द से यही कहा था। प्रकृति वाटिका में अकूत पुष्प हैं पर उसमें से अपनी अंजुरी भर ही फूल ले सकते हो।''

महात्मा फुले की वाणी में थकावट स्पष्ट थी। कुछ देर बाद उन्होंने कहा, ''बहुत काम बाकी रह गया है। वह अब तुमलोगों को करना है। मुझे आत्मिक

सन्तोष है। आप सबको देखकर कि आप सबमें जिज्ञासा के बीज अंकुरित हो गये हैं। इस जिज्ञासा को पल्लवित, पुष्पित और फलित होने देना।''

महात्मा फुले की श्वाँस फूलने लगी। वे शान्त हो गये। कुछ देर बाद पुनः बोलने का प्रयास किये और कहा, ''मेरी सीख है कि किसी भी बात या उक्ति को मानने से पूर्व उस पर मनन करो, विचार करो, तर्क पर ठीक लगे तब उसको जीवन का अंग बनाओ। किसी की आलोचना-समालोचना की परवाह किये बिना अपने मन की सुनो। संस्कृत का एक श्लोक है, जिसमें कहा गया है कि-

'निन्दन्तु नीति निपुणा यदि वा स्तुवन्तु,
लक्ष्मी समाविशतु गच्छतु वा यथेष्टम्।
अद्यैव मरणमस्तु युगान्तरे वा,
न्यायात्पथः प्रविचलन्ति पदं न धीराः।।'

धैर्य को अपना सम्बल बनाओ। धीर बनो। निन्दा और प्रशंसा या धन की चिन्ता किये बिना न्याय पर चलते रहो। मृत्यु आज आये या युगान्त पर अपना धैर्य धारण कर 'कर्मण्येवाधिकारस्ते मा फलेषु कदाचन।' कृष्ण की वाणी का अनुपालन करते रहना।''

महात्मा फुले के पक्षाघात की बीमारी की खबर वायुवेग से चतुर्दिक फैल गयी। बड़ौदा नरेश महाराज सयाजीराव गायकवाड़ ने अपना सचिव भेजा। यथेष्ट धन के साथ वे महात्मा फुले से उनके गंजपेठ मकान पर मिले। उन्होंने महाराज का सन्देश दिया कि इस बीमारी के उपचार में जो भी आवश्यकता होगी, वह महाराज उपलब्ध करायेंगे। डॉ. विश्राम रामजी धोले जो जोतिबा के स्वास्थ्य की देखभाल कर रहे थे, ने कहा, ''महाराज को सूचित कर दीजिएगा कि महात्मा जी के स्वास्थ्य की पूरी देखभाल की जा रही है, सम्भव औषधीय उपचार किया जा रहा है। मैं स्वयं इनके स्वास्थ्य का परीक्षण करता हूँ। महाराज को किसी प्रकार की चिन्ता करने की आवश्यकता नहीं है।''

महात्मा फुले ने महाराज सयाजीराव गायकवाड़ के प्रति अपनी कृतज्ञता ज्ञापित की और कहा कि डॉ. विश्राम जी स्वयं मेरी देखभाल कर रहे हैं। अतः महाराज को चिन्ता करने की आवश्यकता नहीं। यदि किसी प्रकार की आवश्यकता हुई तब हम महाराज को अवश्य स्मरण करेंगे।

सावित्रीबाई फुले ने महात्मा फुले के मुख-मंडल को गीले कपड़े से पोंछा और कहा, ''आपको अधिक बोलने की मनाही है।''

''यह बात तो मुझे भी मालूम है। मुझे क्यों कहती हो। मेरे शुभ चिन्तकों को यह बात बताओ ना कि वे चिन्ता ना करें।'' महात्मा फुले ने बुदबुदाते हुए कहा।

"ये सभी आपके स्वास्थ्य के प्रति चिन्तित हैं इसीलिए आपके पास आते हैं। आप तो स्वयं दृढ़ आत्मविश्वासी हैं फिर भी 'सार्वजनिक सत्यशोधक धर्म' पुस्तक संहिता के लिए क्यों चिन्तित रहते हैं।" सावित्री ने कहा।

"आप नहीं समझती सावित्री जी। 'सार्वजनिक सत्यधर्म' पुस्तक समाज के संचालन के लिए मैं लिख रहा हूँ। अवैज्ञानिक, अन्धविश्वासी ब्राह्मणी व्यवस्था से मुक्ति के लिए लिख रहा हूँ। आप जानती हैं कि पूर्व के सद्पुरुषों ने अपने समय और परिस्थिति के अनुसार जो ग्रन्थ लिखे हैं उनमें कुछ न कुछ सत्य है अवश्य, इसीलिए उनका अनुपालन हो रहा है। एक ही परिवार का एक व्यक्ति 'त्रिपिटक' पढ़कर बौद्ध बन जाता है, दूसरा व्यक्ति 'नया टेस्टामेंट' पढ़कर ईसाई धर्म अपना लेता है। एक व्यक्ति 'कुरआन' पढ़कर महमदी धर्म का अनुयायी हो जाता है। ये धर्मग्रन्थ न हों तो अनेकता में एकता कहाँ से आती। स्वामी दयानन्द सुना है 'सत्यार्थ प्रकाश' लिख रहे हैं। हो सकता उसी परिवार का एक अन्य सदस्य कभी 'सार्वजनिक सत्यधर्म' पढ़कर सार्वजनिक सत्यधर्मी बन जाय या 'सत्यार्थ प्रकाश' पढ़कर आर्य समाजी बन जाय। परिवार के सभी सदस्य एक ही निर्माणकर्त्ता की सन्तानें हैं, इसलिए सभी अपने को एक ईश्वर की सन्तान मानकर प्रेम और श्रद्धा के साथ समाज को आगे बढ़ाये। इसीलिए यह ग्रन्थ मैं इसी जीवन में पूरा करना चाहता हूँ।" महात्मा फुले ने आँख बन्द किए हुए सम्बोधित किया।

"अच्छा लीजिए थोड़ा-सा दूध पी लीजिए। लम्बा प्रवचन दिये। हलक सूख गयी है। और कुछ देर के लिए मौन धारण कर लीजिए।"

"सावित्री जी, कुछ देर के लिए क्यों मैं तो चिरशान्ति की ओर बढ़ रहा हूँ।"

"आप कहीं नहीं जा रहे हैं। थोड़ा आराम कर लीजिए।" यह कहकर सावित्री ने अपने हाथ से महात्मा फुले को चम्मच से दूध पिलाया।

'सत्यमेव जयते' के सिद्धान्त को माननेवाले महात्मा फुले ने आजीवन सत्य का अनुसरण किया। लकवा की बीमारी से शरीर कमजोर होता जा रहा था परन्तु उनका जोश और होश जाग्रत रहा। मन कभी कमजोर नहीं पड़ा। लगता है कि ईश्वर को ईर्ष्या होने लगी। दिसम्बर 1890 में दूसरी बार पक्षाघात ने आक्रमण कर दिया। वे सत्यशैया पर लेट गये।

सवित्री बाई फुले और बेटे यशवन्तराव के जीवन में गम्भीर परीक्षा की घड़ी की सुई बढ़ती जा रही थी। महात्मा फुले भविष्य द्रष्टा थे। वे सच्चे सन्त थे। सन्तों में आनेवाली घटनाओं का आभास करने की आत्मिक शक्ति होती है। 27 नवम्बर 1890 की गोधूली में उन्होंने अपने परिजनों, हितैषियों,

अनुयायियों और सार्वजनिक सत्यशोधक समाज के सदस्यों को अपने निकट बुलाया। क्षीण स्वर में उन्होंने डॉ. विश्राम रामजी धोले से कहा, "अब इलाज का कोई उपयोग नहीं है।"

डॉ. विश्राम रामजी धोले ने उनके कान में कहा, "हमें क्या करना है, क्या नहीं, इसका निर्णय हमीं को करने दीजिए। अभी बहुत काम शेष है।"

"ठीक है विश्रामजी, आप अपनी औषधि ज्ञान को देखिए। मैं ईश्वर से कुछ वार्तालाप करता हूँ।" यह कहकर महात्मा जी ने लोगों की ओर मुँह किया और कहन लगे, "मित्रो, अब मेरे जाने का समय आ गया है। मैंने अपने जीवन में जिन-जिन कार्यों को लिया। उन्हें लगभग पूरा किया है। आप सभी ने मेरे काम में जो मदद की, उसका मूल्य आँकना सम्भव नहीं है। मेरी पत्नी सावित्री ने हरदम परछाई की तरह मेरा साथ दिया। मेरा पुत्र यशवन्त अभी छोटा है, लेकिन उसमें कुछ करने की उमंग है। मैं इन दोनों को आपके हवाले करता हूँ।"

वह कुछ और कहते, परन्तु उनके अक्षुकोष से अश्रुधारा बहने लगी। बगल में बैठी सावित्री ने अपने आँचल से उनके आँसू पोंछे और कहा, "आप ये सब क्या कह रहे हैं।" धीमी आवाज में वे कहते रहे, "मेरे जाने से स्वाभाविक रूप से आपको दु:ख होगा, लेकिन जो जन्मता है, उसकी मृत्यु भी स्वाभाविक है। पहले हमारे पूर्वज गये, पिताजी गये, अब मैं जा रहा हूँ, कल आप भी जायेंगी। जब यह निश्चित है, तब व्यर्थ में शोक क्यों किया जाय।"

महात्मा फुले की साँस फूलने लगी। डॉ. विश्राम ने उन्हे चित लिटा दिया। सावित्री ने कहा, "आप व्यर्थ में मृत्यु की बात करते हैं? अभी तो आपको बेटे को समाजसेवक बनाना है। डॉक्टर बनाना है। आप कैसे जा सकते हैं इस प्रकार।"

"सावित्री जी, मुझे पूरा विश्वास है। यह सब काम आप करने में सक्षम हैं। मैं निश्चित जा रहा हूँ। देखना मेरे मृत शरीर पर अवसाद का तिलक भी नहीं रहेगा। मेरे मुख पर मुस्कान रहेगी।"

सावित्री की आँखों में आँसू भर आये। उन्होंने दूसरी ओर देखकर आँचल से मुँह ढक लिया।

महात्मा फुले अपने लोगों की ओर पुन: मुखातिब हुए। सम्बोधन में कहा, "आपलोग अपना कर्तव्य करते रहें और सत्यशोधक समाज के विचारों को अपनाएँ। आपको मेरे साथ बहुत तकलीफें सहनी पड़ीं। आगे इनसे भी अधिक तकलीफें सहनी पड़ सकती हैं, लेकिन उनसे डरें नहीं। ईश्वर के प्रति आदर रखते हुए आप लोग अपना काम करते रहें।"

उनका बेटा यशवन्तराव भी आ गया। वह अपनी माँ की बगल में बैठ

गया। उन्होंने महात्मा पिता को इशारे से बोलने से मना किया और कहा, ''आप धैर्य रखें, सब ठीक हो जायगा।''

महात्मा फुले ने अपनी पत्नी और बेटे को सान्त्वना देते हुए कहा, ''बोलने का समय बीतता जा रहा है सावित्री! अभी नहीं बोलूँगा तो फिर बोलने का कभी अवसर नहीं मिलेगा। मैं शान्ति के सागर में गोते लगा रहा हूँ। बेटे को देखने का फिर अवसर नहीं मिलेगा। बेटे को देखकर...।''

रात्रि गहराती जा रही थी। डॉ. विश्राम रामजी धोले बगल में बैठे थे। हर क्षण वे महात्मा जी के स्वास्थ्य का परीक्षण कर रहे थे। महात्मा जी की आँखें बन्द थी, लगा कि प्रगाढ़ नींद में हैं।

महात्मा फुले ने आँखे खोलीं और कहा कि, ''आप सब लोग प्रार्थना करें। यह शरीर रिक्त हो रहा है। जीवात्मा को जाते हुए देख रहा हूँ। वह नवीन शरीर की खोज में है।''

डॉ. विश्राम महात्मा का हाथ अपने हाथ में लिए थे। उनकी उँगलियाँ नाड़ी पर थीं। वह कुछ बोलते कि महात्मा आँख बन्द किए हुए बुदबुदाये...।

''सावित्री मैं सदैव तुम्हारे साथ साया की तरह रहूँगा। यह आत्मा दो साल तक तुम्हारे आस-पास चक्कर काटती रहेगी। दो साल बाद नया घर मिलेगा, जिसमें वह अपना निवास बनायेगी। वह नवीन शरीर ही मेरे कार्यों को पूरा करेगा। मेरे सपनों को पूरा करेगा।''

यह कहते-कहते महात्मा फुले की साँस बन्द हो गयी। डॉ. विश्राम ने उनकी नाड़ी और हृदय की धड़कन का परीक्षण किया और अश्रुपूर्ण नेत्रों से कहा, ''महात्मा चिर-निद्रा में सो गये। शरीर को घर से बाहर निकालकर रखिये।''

सावित्री और यशवन्तराव भोकार छोड़कर रोने लगे। गंजपेठ का पूरा वातावरण शोकमग्न हो गया। सुबह होते-होते पूरा गंजपेठ मुहल्ला जोतीराव उर्फ महात्मा फुले के सगे-सम्बन्धियों, अनुयायियों, सहकर्मियों, सत्यशोधक समाज के सदस्यों और नगरपालिका के गण्यमान्य व्यक्तियों एवं सामान्य जनों से पट गया। हर आदमी महात्मा के दर्शन को लालायित था। घर के बाहर निर्जीव शरीर रखा था। पूरा पार्थिव शरीर अनधोये मारकीन वस्त्र में अवगुंठित था। हवा के झोंकों से कफन का कपड़ा रह-रहकर लहरा जाता था। लगता था शरीर सजग हो रहा है। महात्मा की नासिका-छिद्रों में इत्रस्नात रूई का फाहा गमक रहा था। अगरबत्तियों की सुगन्ध वातावरण में फैल रही थी। महात्मा के मुख पर स्मित प्रसन्नता झलक रही थी। लगता था वे कुछ कहना चाहते हैं। अनुभवी लोगों ने कहा कि महात्मा के प्राण पखेरू मुँह से उड़ गये।

महात्मा फुले ने अपने वसीयतनामा में इच्छा व्यक्त की थी कि, "हम दोनों के मृत शरीर को हमारे परम्परागत रिवाज के अनुसार यथा सामर्थ्य नमक डाल करके दफन कर देना चाहिए। हमारे मृत शरीर को अग्नि को समर्पित नहीं करना चाहिए।"

महात्मा फुले की इच्छानुसार सावित्री फुले ने अपने पति के शव को मकान के परिसर में दफन करना चाहा, परन्तु तत्कालीन सरकार ने इसकी अनुमति नहीं दी। अतः महात्मा के शव को श्मशान घाट ले जाया गया। जोतिबा के पुत्र यशवन्त राव ने सार्वजनिक सत्यधर्म के विधान के अनुसार अन्तिम संस्कार किए। जोतीराव गोविन्दराव फुले उर्फ जोतिबा उर्फ महात्मा फुले का शरीर पंचतत्व में विलीन हो गया।

महात्मा फुले के देहावसान के पश्चात् सावित्रीबाई फुले अकेली हो गयी। यशवन्तराव मात्र सोलह वर्ष का था। उसकी पढ़ाई-लिखाई, शिक्षा का भार उनकी बहुत बड़ी जिम्मेदारी थी। उसे संवेदनशील पूर्ण मानव बनाना था। इसके अतिरिक्त लड़कियों और अछूतों के बच्चों के लिए चलाए जा रहे स्कूलों को चलाना था। सत्यशोधक समाज का विस्तार करना था। महिला सेवा मंडल को आत्मनिर्भर करना था। जोतीराव के अधूरे कार्यों को पूरा करना था।

सावित्रीबाई फुले ने महात्मा फुले द्वारा विरचित 'सार्वजनिक सत्यधर्म' पुस्तक को प्रकाशित कराकर लोगों तक पहुँचाया। जोतीराव का यह अधूरा स्वप्न था जिसे सावित्री ने पूरा किया। इस ग्रन्थ का लोकार्पण घर के परिसर में ही कराया। बड़े-बड़े विद्वानों ने भाग लिया। समाचार-पत्रों ने इसे मुखपृष्ठ पर छापा। जोतीराव की आत्मा को अवश्य ही शान्ति मिली होगी, ऐसा विचारकों ने कहा।

बेटे यशवन्तराव का पाणिग्रहण जोतीराव ने अपने समय में ही कर दिया था। नाबालिग बहू को उन्होंने पढ़ने की प्रेरणा दी। शादी के समय वह कक्षा तीन की छात्रा थी। सावित्री जी ने अपनी देख-रेख में उसे उच्च शिक्षा दी। बेटे यशवन्तराव को पढ़ा-लिखाकर डॉक्टर बनाया। डॉ. यशवन्तराव सपत्नीक लोक सेवा में अधिक समय देते। वे अपने कार्यों से प्रसन्न और आनन्दित थे। उनके हँसते भविष्य को देखकर सावित्री की इच्छा होती कि वे कहें, "देखिए आपके बच्चे कितने प्रसन्न हैं। यह सब आपके संस्कार का प्रभाव है।"

जोतीराव के समय में ही सावित्रीबाई का संवेदनशील व्यक्तित्व निखरने लगा था। अपने पति को अभंग कविताएँ लिखते देखकर प्रेरणा लेती थीं। उन्होंने बेटे को सम्बोधित करते हुए स्कूल के सभी बच्चो को लिखा—

प्रातःकाल में जाग जाओ बेटे।
हाथ मुँह धोकर बनो चुस्त।।

नहा धोकर बनो तरोताजा।
करो माता-पिता को वन्दन।।
स्मरण करो गुरुजनों को।
पढ़ाई में लगाओ मन।
समय बरबाद ना करो।
बड़ा ही कीमती है दिन।।
करो हासिल ज्ञान। विद्या को देवता जान।।
लीजिए विद्या का लाभ। दृढ़ निश्चय कर।।
विद्या धन है बच्चा सभी दौलत से बढ़कर।।
विद्या का संचय जिसके पास।
ज्ञान का संचय जिसके पास।
ज्ञानी मानते हैं उसे सब जन।।"

यह गीत फुले दम्पति द्वारा संचालित पाठशालाओं में सुबह की प्रार्थना के रूप में गाया जाता था। इससे बच्चों को विद्यार्जन, माता-पिता-गुरु का आदर करने की प्रेरणा मिलती थी। लगता है कि सावित्री जी को इस कविता को लिखने की प्रेरणा अंग्रेजी गीत और संस्कृत के श्लोकों से मिली थी। बच्चों को सिखाया जाता है–

Early to bed and early to rise.
makes a man healthy and wise.

संस्कृत में कहा गया है, "सा विद्या या विमुक्तये।" या "विद्या धनं सर्वधनं प्रधानम्।" सावित्रीबाई को पति की भाँति विद्यार्जन की लत थी।

बच्चों को समय के महत्त्व को बताते हुए सावित्री जी कविता के माध्यम से उपदेश दिया करती थीं। उन्होंने 'बालक को उपदेश' कविता में लिखा–

'काम करना है जो आज, उसे अब कर तत्काल।।
जो करना है दुपहरी में, उसे कर अब जाकर।।
कुछ घण्टों के बाद का कार्य,
इसी वक्त करो पूरा जोर लगाकर।।
हो गया समाप्त कार्य या नहीं,
न मौत पूछती है कारण।।'

समय के महत्त्व का भाव लगता है उन्हें हिन्दी के निम्नांकित दोहों से मिला था–

'कल करै सो आज कर, आज करै सो अब।
छिन में प्रलय होत है, बहुरि करोगो कब।।'

आलसी लोगों के लिए लिखा गया–

'आज करै सो कल करै, कल करै सो परसों।
छिन में प्रलय होता क्या, समय पड़ा है बरसों।।'

जोतीराव अंग्रेजों की कार्यशैली और अंग्रेजी भाषा से भी प्रभावित थे। उनका मानना था कि लार्ड मैकाले ने शिक्षा और अंग्रेजी भाषा सीखने का वातावरण पैदा किया था। शिक्षा-प्रसार में जाति-धर्म का भेदभाव नहीं था। सावित्रीबाई भी अपने पति से प्रभावित होकर अंग्रेजी सीखी थीं और अंग्रेजी की अनेको पुस्तकों का अध्ययन किया था। अंग्रेजी पढ़ने के लिए उन्होंने 'प्रेरणा अभंग' लिखा था। 'अंग्रेजी पढ़ो' अभंग शीर्षक से उद्धृत हैं ये पंक्तियाँ–

'स्वावलम्बन का उद्योग, ज्ञान, धन का संचय करो निरन्तर।।
विद्या के बिना व्यर्थ जीवन पशु जैसा, आलसी बन चुप ना बैठो।।
विद्या प्राप्त करे शूद्रों-अतिशूद्रों के दु:ख निवारण हेतु।
अंग्रेजी का ज्ञान हासिल करने का शुभ अवसर हाथ आया।
अंग्रेजी लिख पढ़कर जात-पात की दीवारों को ढहा दो।
भट्ट-वामनों के षड्यंत्रों के पिटारों को दूर फेंक कर।।'

1960 के दशक में अंग्रेजी हटाओ का नारा दिया गया भारत में। अंग्रेजी पोस्टरों, पुस्तकों को जलाया गया। गाड़ियों के नम्बरों को कालिख से पोता गया। यह अभियान हिन्दी प्रदेशों में और उत्तर-मध्य भारत में तेजी से चलाया गया। इस अभियान की प्रतिक्रिया स्वरूप दक्षिण भारत में हिन्दी भाषा का विरोध किया गया। परिणामस्वरूप दोनों भाषाओं का नुकसान हुआ। आज समय बदल गया है। सावित्री के विचारों को आपनाया जा रहा है। अंग्रेजी भाषा का ज्ञान प्रारम्भिक कक्षा से ही दिया जाता है। अंग्रेजी को नियोजन की भाषा माना जा रहा है।

सावित्री की कविताओं से स्पष्ट होता है कि उनके विचारों पर संस्कृत और अंग्रेजी का प्रभाव था। 'उद्योगिनं सिंहमुपैति लक्ष्मी' या 'सा विद्या या विमुक्तये' का प्रभाव है। जोतीराव फुले की भाँति सावित्रीबाई ने भी भट्ट ब्राह्मणों की चालाकी से सावधान रहने को सचेत किया।

सावित्रीबाई एक अच्छी कवयित्री थी, लेखिका थी, विचारक थी। उनकी कविताओं (अभंग) का कोई संकलन उपलब्ध नहीं है। कुछ लोगों का मानना है कि उनकी छह पुस्तकें प्रकाशित हुई थीं परन्तु ऐसी एक भी पुस्तक उपलब्ध नहीं है। अपने पति से प्रेरित होकर लिखी गयी कविताओं का संग्रह 'काव्यफुले' नाम से प्रकाशित हुआ था परन्तु वह भी उपलब्ध नहीं है। उनकी एक कविता (अभंग) का शीर्षक है, 'उसे आदमी कहें क्या?'–

'ज्ञान नहीं विद्या नहीं अर्जित करने की जिज्ञासा नहीं।
बुद्धि होकर भी उसपर जो चले नहीं उसे इन्सान कहें क्या?
दे दो ईश्वर बिना काम किये बैठे बिठाए खाट पर।
ढोर-डंगर भी ऐसा कभी कहता नहीं।।
जिसका कोई विचार-अस्वार नहीं उसे इन्सान कहें क्या?
पत्नी विचारी काम करती रहे, और फोकट में वह मौज उड़ाये।
दूसरों की जो मदद ना करे, सेवा, त्याग, दया-माया आदि।
जिसके पास यह सद्गुण नहीं, उसे इन्सान कहें क्या?
इस बात का ज्ञान जिसे नहीं उसे इन्सान कहें क्या?।।'

इन पंक्तियों में सावित्रीबाई के विचार स्वतः स्पष्ट हैं उनकी भाषा-शैली इतनी सरल और सहज होती थी कि कम शिक्षित व्यक्ति भी आसानी से समझ सकता है।

सावित्रीबाई हर पल अपने पति का स्मरण करती रहती थीं। उनके आदर्शों से प्रेरणा ग्रहण करती थीं। अपने कर्त्तव्यों का निर्वाह किया करती थीं। उनके द्वारा संचालित प्रतिष्ठानों और संस्थाओं से सम्बन्धित लोग सावित्रीबाई से प्रसन्न थे। कुछ ही दिनों में उन्हें जोतीराव की कमी की भरपाई मालूम होने लगी। सावित्रीबाई को सामाजिक कार्यों के सम्पादन में जब कभी पथ स्पष्ट नहीं मिलता था, तब वे अपने पति का ध्यान करती थीं और सही निर्णय लेने में समर्थ होती थीं।

उन्हीं के शब्दों में अभंग की ये पंक्तियाँ स्मरणीय हैं–

'जिनके कारण करती हूँ मैं कविता,
जिनकी कृपा से चित्त को आनन्द है मिलता।
जिनसे मिली है बुद्धि इस सावित्री को,
लाख-लाख प्रणाम करती हूँ स्वामी जोतीराव को।।'

सावित्रीबाई को आदमी की सच्ची पहचान थी। उन दिनों समाज में बहुत से ढोंगी, अन्धविश्वासी, ओझा, देवा और अनपढ़ पण्डित लोगों को ठगते थे। वेद-पुराण-उपनिषद के नाम पर, धर्मग्रन्थों के नाम पर ईश्वर को बेचते थे विशेषकर अज्ञानी औरतों को। सावित्री ने इसका विरोध किया। सन्त की परिभाषा देकर लोगों को शिक्षित करने का प्रयास किया। उन्होंने कहा कि जो व्यक्ति त्याग करता है, परमार्थ सेवा करता है, मधुरभाषी होता है, दूसरों के सुख-दुःख का भागीदार होता, और मानवता का सम्मान करता है, वही सच्चा सन्त है–

'जो वाणी से उच्चार करे,
वैसा ही बर्ताव करे,
वे ही नर-नारी पूजनीय।
सेवा परमार्थ,
पालन करे व्रत यथार्थ, और
होवे कृतार्थ, वे सब वन्दनीय।।
सुख हो या दुख,
कुछ स्वार्थ नहीं,
जो जतन से करे अन्यों का हित।
वे ही ऊँचे,
मानवता का रिश्ता जो जानते हैं, वे सब,
सावित्री कहें, सच्चे सन्त।।'

सावित्रीबाई का संवेदनशील हृदय पति की मृत्यु के पश्चात् और क्रियाशील हो गया था। कारण उन्हें अब समाज की सभी समस्याओं का स्वयं हल ढूँढ़ना पड़ता था। उन्होंने गरीबी, शोषण, अत्याचार को स्वयं भोगा था। इसलिए समाज के शूद्रातिशूद्रों और अन्त्यजों को उन्होंने अभंग कविता में उतारा था, परन्तु उनके अभंगों का संकलन प्रकाश में नहीं आया। छिटपुट कविताएँ ही उपलब्ध हो सकी हैं।

पति जोतिबा के साहित्यिक कार्यों को उन्होंने सत्य शोधक समाज के माध्यम से लोगों तक पहुँचाया। इस कृत्य का उन्होंने अपना कर्त्तव्य मानकर पति की विरासत को जीवित रखने के लिए किया। सार्वजनिक सत्यधर्म पुस्तक का प्रकाशन कर समाज को दिया, जिसके विधान का अनुकरण आज पूरे महाराष्ट्र के शूद्र अतिशूद्र करते हैं।

सावित्रीबाई पति के ग्रन्थों को पढ़कर प्रेरणा लिया करती थीं। उन्होंने तृतीय रत्न 1853, पवांडा दम्पति शिवाजी राजा भोसले का (1869), पवांडा-शिक्षा विभाग के ब्राह्मण अध्यापक का (1869), ब्राह्मणों की चालाकी (1869), गुलामगीरी (1873), किसन का कोड़ा (1883), सत्सार (1885), सत्यशोधक समाज के लिए उपयुक्त मंगलगाथाएँ तथा सभी पूजा विधि (1885), सार्वजनिक सत्यधर्म पुस्तक (1889) आदि का वे स्वयं अनुशीलन करती थीं और इन ग्रन्थों के सारतत्व को शूद्रों, अतिशूद्रों और अछूतों तक पहुँचाती थीं। सत्यशोधक समाज की बैठकों में वे प्रायः महात्मा फुले के इस सन्देश को प्रेरणास्वरूप सुनाया करती थी–

'सत्य सभी का है आदि घर।
सभी धर्मों का है पीहर।।
दुनिया से दुख है सार।
खास सत्य का है वह हितकर।।
सत्य सुख का है आधार।
बाकी सारा है अन्धकार।।'

सावित्रीबाई शूद्रों और अतिशूद्रों को विशेषकर और आमलोगों को सामान्यत: कहती थीं कि–

'देवता हुए हैं बहुत,
देवता की सजी हैं दुकानदारियाँ बहुत।।
प्रेतों, पिशाचों और देवता का ढकोसला,
एक हो गया।।'

प्रमुख ईश्वर है कौन? का उत्तर देते हुए वे कहती थीं कि इन सभी प्रेतों, पिशाचों, और देवताओं के चक्कर में न पड़ें। अज्ञान पर विजय पाने के लिए और शिक्षित हों। शिक्षा से ही प्रमुख ईश्वर का ज्ञान हो सकेगा। विद्या से ही आदमी की बुद्धि का विकास होता है। वह इन्सान बनता है। इन्सान जो लेना नहीं देना जानता है।

वह कहती थीं कि ब्राह्मण जन पाप-पुण्य, स्वर्ग-नरक, धर्म-अधर्म, नीति-अनीति आदि का भय दिखाकर अशिक्षित, अज्ञानी शूद्रों का शोषण करते हैं। इसका प्रतिकार मात्र ज्ञानार्जन से किया जा सकता है। सार्वजनिक सत्यधर्म पुस्तक का अध्ययन करने के लिए विद्याध्ययन आवश्यक है। विद्या वह दिया है जो अन्धकार का विनाश करता है।

पति जोतीराव के दायित्वों की विरासत को अक्षुण्ण रखते हुए लोगों को जोड़ने का काम वे लगातार करती रहीं। सत्यशोधक समाज का वार्षिक सम्मेलन करना एक अमोघ कार्य था। जोतीराव फुले अपने जीवनकाल में ऐसी बैठकें किया करते थे और आय-व्यय का ब्योरा देते थे। सावित्रीबाई ने 1893 मे पूना जनपद के सासबड़ तालुका में सत्यशोधक समाज का वार्षिक सम्मेलन किया। उसकी अध्यक्षता का भार सावित्रीबाई को सौंपा गया। सम्मेलन में आय-व्यय का अंकेक्षित और सत्यापित प्रतिवेदन प्रस्तुत किया गया। इससे सत्यशोधक समाज के कार्यों और सदस्यों की निष्ठा पर विश्वास प्रगाढ़तर हो गया।

सावित्रीबाई अपने पुत्र यशवन्तराव की शिक्षा पर विशेष ध्यान देती थीं। वह डॉक्टर बन कर आ गया। बेटे का सर्टिफिकेट देखकर उनकी आँखों में आँसू

छलक आये। उन्होंने बेटे से कहा कि तुम्हें जनसेवा विशेषकर वंचित लोगों की सेवा का एक अवसर ईश्वर ने दिया है, उसे हर हाल में निष्ठा के साथ करना। इससे तुम्हारे पिता की आत्मा की तुष्टि होगी। उनकी महती इच्छा थी कि वे अपने पुत्र को वंचितों की सेवा करते देखें। वे अवश्य देख रहे होंगे।

डॉ. यशवन्तराव जोतीराव फुले ने सिर झुकाकर माँ के सम्बोधन को स्वीकार किया।

सावित्रीबाई सार्वजनिक कार्यों में बहुत व्यस्त हो गयी थीं। उनको समय की तंगी का अनुभव होता था। बहू को अधिक समय नहीं दे पाती थी। यशवन्त की शिक्षा पूरी होने से उन्हें सन्तोष हुआ कि अब वंश और बहू एक साथ रह सकेंगे। बहू का एकाकीपन दूर हो जायगा।

सावित्रीबाई दिन भर के काम से थकी-माँदी घर आयी। कुछ लोग उनकी प्रतीक्षा कर रहे थे। वे गाँव से आये थे। सावित्री ने पूछा, ''इतनी रात गये आप लोग यहाँ?''

''बा जी हमलोग आपकी मदद के लिए आये हैं। ग्रामीण क्षेत्रों में अकाल की स्थिति उत्पन्न हो गयी है। पानी के अभाव में कृषि सूख गयी। अन्न के एक-एक दाने के लिए हम मोहताज हो गये हैं। सरकार सुनती ही नहीं। आप ही कुछ कीजिए।'' ग्रामीणों ने सविनय सावित्री बा से प्रार्थना की।

''अच्छा, आपलोग अपने घर जाइये। कल मैं आपके गाँव आऊँगी। साथ में सत्यशोधक समाज के सदस्य भी रहेंगे। आपकी दशा की जानकारी लेकर सरकार के प्रतिनिधियों को बाध्य किया जायगा कि वे लोग आप सबको आवश्यक खान-पान की सुविधा उपलब्ध करायें। मैं अपनी संस्था की ओर से भी शिविरों का आयोजन करूँगी।'' सावित्री ने ग्रामीणों को आश्वस्त किया।

दूसरे दिन सावित्रीबाई ने सत्यशोधक समाज के गण्यमान्य सदस्यों को अपने गंजपेठ मुहल्ले के मकान पर आमंत्रित किया। उनको साथ लेकर वे अकालग्रस्त गाँवों को देखने गयी। लोगों से सही तथ्यों की जानकारी ली और वहाँ से सीधे पूना में सरकारी कार्यालय में जाकर अधिकारियों से मिलीं। उन्हें अकाल की भयंकरता की जानकारी दी और अनुरोध किया कि सरकार की ओर से ग्रामीणों को काम दिया जाय। काम के बदले खाद्यान्न दिया जाय, जिससे वे अपने खाने की व्यवस्था कर सकें। अपंग और असहाय लोगों के लिए भोजनालय चलाये जायँ। उनके स्वास्थ्य के लिए डॉक्टर और औषधि का प्रबन्ध किया जाय।

हमलोग सत्यशोधक समाज की ओर से शिविर का आयोजन कर रहे हैं

परन्तु अकाल की स्थिति इतनी बड़ी है कि बिना सरकार की मदद के इस समस्या पर काबू नहीं पाया जा सकता।

भीषण अकाल की समस्या का निदान इन्द्र भगवान की कृपा पर था। सावित्रीबाई अपने साथियों के साथ कई शिविर चला रही थीं।

दु:ख कभी अकेले नहीं आता। अकाल की भीषणता पर काबू पाने के प्रयास सफल हो ही रहे थे कि 1897 में प्लेग की महामारी फैलने लगी। शहर और गाँव के लोग प्लेग के शिकार होने लगे। उन दिनों हैजा और प्लेग की महामारी प्राय: होती रहती थी। आज की भाँति उन दिनों औषधीय उपचार उपलब्ध नहीं थे। गाँव के लोग घर छोड़कर बाग में शरण लेते थे। सावित्रीबाई फुले को पता चला कि जिस घर से प्लेग पीड़ित की सूचना मिलती थी, सरकार के कर्मचारी उसे उठाकर अस्पताल ले जाते थे परन्तु महामारी और लोगों को ग्रसित न करे, इसके लिए कोई कारगर प्रबन्ध नहीं था।

सावित्रीबाई अपने सहयोगियों के साथ प्लेगग्रसित गावों और मुहल्लों का गहन-भ्रमण करने लगीं। घर-घर जाकर उन्हें बतातीं कि प्लेग का कारण चूहे होते हैं। घर में नीम की पत्ती का धुआँ दें। सफाई पर ध्यान दें और बीमार को अलग रखें, जिससे महामारी घर के अन्य सदस्यों तक न फैल सके। यह छुआछूत की बीमारी है। घर के जो लोग बीमार की देखभाल करते हैं वे स्वयं स्वस्थ और स्वच्छ रहें। सावित्रीबाई प्लेग के बीमारों को अपने घर लातीं। घर के बाहर एक शिविर लगा दिया था। प्लेग की बीमारी का उपचार उनके पुत्र यशवन्तराव स्वयं करते थे। कई महीनों के अथक प्रयास से महामारी का प्रकोप क्षीण होने लगा। परन्तु वे स्वयं प्लेग के कीटाणुओं से प्रभावित हो गयी। उनका स्वास्थ्य दिन-प्रतिदिन गिरने लगा। बेटे यशवन्तराव ने दिन-रात माँ की सेवा की। बीमारी का उपचार किया। वे अशक्त होकर खटिया पर पड़ गयी। उनकी बीमारी की सूचना पाते ही उनके सहयोगी मिलने के लिए आने लगे। उनके स्कूलों में उनके स्वास्थ्य के लिए प्रार्थना की जाने लगी, परन्तु साहसी सावित्रीबाई, जो दूसरों के लिए लड़ती रही, स्वयं प्लेग के रूप में आयी मौत से हार गयी। 10 मार्च 1897 को उन्होंने अन्तिम साँस ली।

□□